立志青春，超越自我

Lizhi Qingchun, Chaoyue Ziwo

张箭 饶水林／著

華中科技大學出版社
http://www.hustp.com
中国·武汉

图书在版编目(CIP)数据

立志青春,超越自我/张箭,饶水林著.—武汉:华中科技大学出版社,2018.9(2019.9 重印)
ISBN 978-7-5680-4637-4

Ⅰ.①立… Ⅱ.①张… ②饶… Ⅲ.①大学生-思想政治教育-中国-文集 Ⅳ.①G641-53

中国版本图书馆 CIP 数据核字(2018)第 219942 号

立志青春,超越自我 张 箭 饶水林 著
Lizhi Qingchun,Chaoyue Ziwo

策划编辑:曾 光
责任编辑:张 娜
封面设计:孢 子
责任监印:朱 玢
出版发行:华中科技大学出版社(中国·武汉) 电话:(027)81321913
武汉市东湖新技术开发区华工科技园 邮编:430223
录 排:华中科技大学惠友文印中心
印 刷:武汉科源印刷设计有限公司
开 本:710 mm×1000 mm 1/16
印 张:19.75
字 数:274 千字
版 次:2019 年 9 月第 1 版第 2 次印刷
定 价:39.00 元

本书若有印装质量问题,请向出版社营销中心调换
全国免费服务热线:400-6679-118 竭诚为您服务

前言

QIANYAN

书临付梓，还想说几句心里话。撰写本书，并非无病呻吟，亦非附庸风雅，而是出于笔者一片寸心，一点丹忱。

一者，出于对当代大学生的爱心。大学生乃天之骄子，国之栋梁，家庭的希望，未来世界的主宰，可敬可爱。爱才之心，人皆有之，我更有之，故谨以此书，作为笔者的一份微薄献礼。

二者，出于对当代大学生的关心。俗话说，不怕不会做事，就怕不会做人。古今多少贤人志士，都曾感叹“做人难，难做人”，可见为人处世的艰难，可知为人处世的重要。当代大学生，多是独生子女，有较丰富的物质作保障，有家人的疼爱、呵护，曾经过文化知识的强化训练，学习方面已显出较强的优势；但由于缺乏做人方面的交流与教育，部分大学生在为人处事方面，还存有缺憾。如，抗挫折能力较差，吃苦精神不够，注重自我享乐，缺少诚信意识，缺乏感恩意识，怯于直面竞争，不敢迎难而上。这些问题，尽管发生在少数人身上，但已暴露出大学生教育中的缺失。笔者欲以此书，以尽绵薄之力。

三者，出于对当代大学生的信任。古语云：酒逢知己饮，诗向会人吟；酒逢知己千杯少，话不投机半句多。大学生天资聪颖，善解人意。笔者相信，他们定知良药苦口、开卷有益之理。寸衷之忱，谅能体察。

四者，出于职业的责任心。学校教育的根本，就是教人做人。教育家叶圣陶曾说：“千教万教教人做人，千学万学学做真人。”笔者从教多年，自知执教之艰，更知育人任重。每每抚心自省，尤觉任重道远。作为一名高校执教者，尤其又是一名高校管理者，我有责任认真贯彻党的教育方针，办好人民满意的高职教育，培养受社会欢迎的高素质技能人才；我有义务，洒尽心血，使尽心力，教好书，育好人。这本是我的天职啊！唯有如此，才无愧于国家，无愧于人民，亦无愧于我做人的良知。

故此，笔者细细回顾平生，将多年在管理和教学中所积累的有关大学生思想教育的资料和素材重新整理，反复思考，从中得出心得一二，汇之成集，以“立志青春，超越自我”为主题，苦心运思，细心结构，历经三年，十易其稿，终定六个课题，即理想、求学、修身、处世、情感和立业。笔者以为，这几个课题，基本涵盖了有关当代大学生的学习、生活诸方面。每一课题下，再设置数个小课题，意在对课题进行逐层解析，入题深化，力求析事明理，如剥茧抽丝，层层引导，娓娓道来，使莘莘学子对应问题，能自查自勉，认识问题，能自测自疗，从而让所遇问题迎刃而解。

付梓之际，抚稿自忖，笔者又忽觉茫然，惶恐不已。笔者自知，学识浅薄，见闻有限，深感文化底蕴不厚，书中不足之处颇多。幸有大学生的渴望之情，尚有同行专家的鼓励之意，作我底气，不揣冒昧，敢作抛砖引玉之举。错误之处，热切希望读者、同行诸君批评指正，谨此，特致拳拳谢意。

张箭
2018 年 4 月 30 日

目录

MULU

第一章　理想

第二章　求学

第三章 修身

第四章　处世

第五章　情感

第六章 立业

第一章

理　想

俄国作家列夫·托尔斯泰说:“理想是指路明灯,没有理想,就没有坚定的方向,而没有方向,就没有生活。”中国古人也说过:“志不立,天下无可成之事”,“志不立,如无舵之舟、无衔之马”。

一、理想的本质

1. 理想是前进的航标和动力

理想是什么？理想是一种精神支柱，是一种诱人目标，是人类生存和发展的动力源泉。

俄国作家列夫·托尔斯泰说："理想是指路明灯，没有理想，就没有坚定的方向，而没有方向，就没有生活。"中国古人也说过："志不立，天下无可成之事"，"志不立，如无舵之舟、无衔之马"。

理想是什么？

什么是理想？理想是人对未来的向往和追求，是信仰和希望。通俗点说，理想是人生的奋斗目标，是人生所追求的目的。

理想是鼓励人们去追求的动力。法国作家罗曼·罗兰说："一种理想就是一种力！"

理想就是希望，是目标，指引着我们去实现美好的愿景。英国作家斯迈尔斯说：理想是正常的希望，是造物主赋予人的自然的精神，使之为高尚的目标活动；苟理想与现实能适宜配合，向人生的正确路程前进，则现实迷于指向时，理想必能为其指引，以返于康庄大道。

理想是人生旅途中的指南针，没有理想就无法前进。法国作家雨果说："生活好比旅行，理想是旅行的路线，失去了路线，只好停止前进。"

俄国作家克雷洛夫把现实、行动和理想作了一个形象的比喻："现实是此岸，理想是彼岸，中间隔着湍急的河流，行动则是架在川上的桥梁。”

有理想才会有追求，有追求才有靓丽的人生。有理想、有追求才有奔头，有激励，有寄托。

你想让你的人生靓丽，想让你活得精彩，有滋有味，不碌碌无为，不枉来人世，那么，你就必须树立崇高的理想。

每个人都应该对未来充满希望，充满期待。理想会使人生发生无法估量的精彩变化，使人的生命价值得到最大限度的体现。

其实，理想就是一个人对前程的设计，它关乎一个人终生的成败，所以是无比重要的，特别是对于我们年轻的一代。没有理想的人，就像行船失去了航向，生活也将失去激情和乐趣。试想，如果有一天我们步入耄耋之年，回首往事，发现自己的人生之路是那么曲折而富有意义，你一定会觉得无比欣慰，感叹不虚此生；而当你发现过去全是被碌碌无为的生活所充满，一无所获时，你就会感到无比悲哀，追悔莫及。

人为什么要有理想？

据传说，长安城西的一家磨坊里，有一匹马和一头驴子。马和驴子是好朋友。马去外面拉货，驴子在屋里拉磨。贞观四年，这匹马被玄奘大师选中，出发经西域前往印度取经。

13年后，这匹马驮着佛经回到长安城。它到磨坊会见驴子朋友。老马谈起这次旅途的经历，浩瀚无边的沙漠，高入云霄的葱岭，凌山的冰雪，热海的波澜，驴子听了大为惊异！

驴子惊叹地说：“你真伟大，你有多么丰富的见闻呀！那么遥远的道路，你是怎么走完的，我简直连想都不敢想。”

“其实，”老马说，“我们跨过的步子是大体相等的，当我向西域前进的时候，你也没闲着，你一步也没有停止，你我走过的路程大抵相等。不同的是，我同玄奘大师有一个虽然遥远但是明确的目标，始终沿一贯的方向前进，所以我们打开了广阔的世界，而你被蒙住了眼睛，一生就围着磨盘盲目

地打转，所以永远也走不出这个狭隘的天地。”

这则故事告诉我们，人生不在于整天忙忙碌碌，而在于为自己所追求的目标去忙碌，去奋斗。有目标，即使是走得很慢的蜗牛，即使是老牛拉车，也能有进步。缺乏目标，即便付出很大的辛劳，也会徒劳无功。驴子和马都不懒惰，但是它们工作的价值却相差太多。

世上任何事物，都为达到它所追求的目标而努力。世上没有叶子不想发绿，天上没有星星不想发光。法国有句谚语：“绝望是走向死亡的一种疾病。”理想、希望、追求是生命的源泉，否则，生命将逐步走向衰退。

人有了理想，生命才更有价值。没有理想的人，就像一艘无舵的孤舟，终将被大海吞没；不肯为理想奋斗的人，就像黑夜里的一颗流星，不知会陨落何方。

人类有了理想，社会才会不断进步。马克思为实现解放全人类的崇高理想奋斗了一生。他在图书馆研读了无数篇著作，数十年如一日，座位下的地面竟然被磨掉了一层。他积极投身于火热的工人运动之中，在工人运动实践的基础上创立了马克思主义理论体系。马克思主义的诞生是人类思想史上的伟大革命，它第一次确立了科学的世界观和方法论，不仅为全世界无产阶级和全人类的解放指明了正确的道路，而且为各门科学的发展提供了有利的武器。

化学家诺贝尔为了减轻工地上挖土工人的繁重劳动，决心发明炸药。他废寝忘食，四年里做了几百次试验。最后一次试验时，他聚精会神地盯着燃烧的导火线。一声巨响之后，在旁边的人们惊叫：“诺贝尔完了！”而诺贝尔却从浓烟中跳出来，面孔乌黑，身上还带着血，兴奋地狂呼：“成功了！”

这些杰出的人物正是被一种崇高的理想所鼓舞，才产生了惊人的毅力与忘我的精神。正是理想的浪涛激励着他们去刻苦奋斗。有诗人说：“理想是石，敲出星星之火；理想是火，点燃熄灭的灯；理想是灯，照亮夜行的路；理想是路，引你走到黎明。”其实有时候理想就是一个人的梦想，用梦想来定义虽然不像诗里说的那样伟大、神圣，但它的确会成为我们披荆斩棘不断前行的动力,就像一首歌里唱的那样:“有梦就有希望”。

塞涅卡说过:“有人活着却没有目标,他们在世间行走,就如同河中的一棵小草随波逐流。”如果一个人在年轻的时候,没有选择一个合适而明确的人生方向,也许在之后忙碌一生也将是一事无成。

还有的人本来已经有了一个好理想,却不作长远规划,只梦想着一夜美梦成真;或者订有计划,却从不认真完成,不断放松要求,直至时日荒废;还有的人这山望着那山高,不停地更改当初的目标,今天向南明天朝北,总是找不准方向,捡了芝麻丢了西瓜,忙碌一生,到头来仍是一无所成、两手空空,那才是人生最大的遗憾。

一分耕耘,一分收获,在未来这个广袤的沃野里,你期望收获什么便种下什么,在今天种下希望,你用辛勤的汗水浇灌它、培育它、呵护它,未来的一天你的收获就是理想。所以说,只要你立志,只要你努力,你的理想就一定会实现。也许明天,你就是一位启迪人类灵魂的精神导师,是一位开创新文明时代的哲人,是一位技术革命的科学家,是一位善经营、会管理的企业家,是一位改革创新的创业者……

心灵感悟

理想是改变命运的手段,有什么样的理想,就有什么样的人生。一个人没有理想就等于人生没有航向,终将碌碌无为,得过且过的生活态度在这个竞争的时代是可耻的。其实,每个人都希望自己成功,但请一定要牢记,在行动之前请认真地为自己定个目标。理想无论高低,只要是积极的,有利于个人和社会发展的,就值得赞美。

2. 理想不是幻想和妄想

从心理学的角度来说,幻想是指违背客观规律的,不可能实现的荒谬

的想法或希望，是人经常会出现的一种心理反应。一方面，积极的幻想可以创造想象，比如艺术多来自于幻想。它由个人愿望或社会需要而引起，是一种指向未来的想象，反映了人们美好的理想和愿望，往往是人的正确思想行为的先导。另一方面，幻想还会发展成妄想，这样问题就严重了，因为妄想是一种不理性、与现实不符且不可能实现的歪曲的信念，是病态的推理和判断，是思维变态的一种主要表现。正由于妄想是在病理基础上产生的，所以妄想经常会导致精神类疾病，如妄想症等。所以从这个意义上来说，幻想和妄想并不等同于理想。

理想和幻想的关系

理想并不是幻想，因为幻想是一种虚无缥缈的东西，人一旦习惯了沉浸在幻想之中，就会白白地浪费大好的时光和精力，所以，幻想不仅有害于身体健康，也会严重地影响个人的学业、事业和家庭。而理想是一种有着明确目标的、有可能实现的、符合事物发展规律的人生规划或者方向。只要确立了理想并坚持努力，人生必将取得成功。

一般来说，幻想也有积极的一面，例如，科学家的创造发明有时候也来自于幻想，这种幻想往往不完全脱离理论根据，而且有极大的可能实现，这种积极的幻想促使科学家不断地有新的研究成果问世；艺术家的创作灵感大部分也是来自于幻想，因为艺术可以不必完全遵从现实，所以艺术的形式和内容就可以有多样化的表现。在此，我们也可以将这种积极的幻想称作梦想，梦想最后也可能发展为理想。

幻想有时候是荒谬的，就像一个个美丽的肥皂泡，一旦遇到外力和阻碍，最终只会走向幻灭。时间久了，人会养成一种不敢面对现实的消极心理，还可能变成一个整天只会做白日梦的人。白日梦可能会暂时带给人快感，但这种快感就如毒药，只能起到饮鸩止渴的作用。人是社会的人，是群体中的人，永远也无法回避现实，人在现实中不断碰壁时，痛苦将会随着时间的推移逐渐增大，最后，悲剧性的命运就产生了。

适当幻想有益身心，但也只应该将其当作一种短暂的心理行为，如过眼云烟般，切不可沉迷。如果一个人总是把理想当作幻想，从不主动地去实现它，那么这种理想就等于空想。在人的一生当中，不仅要有理想，而且应时时刻刻将其当作一种信念，天天为其计划，时时为其奋斗。所以说只有树立了理想并不断地努力才能使梦想成真，才能实现人生的价值。

现实生活中，有很多人都还没有弄清幻想与理想的区别。怀揣着幻想总以为已经有了理想，有了理想却把它当作幻想，不付诸实施。所以行动之前务必正确区分二者的关系，有些人认为符合自己的天赋特长、能力和环境的梦想就是理想，反之就是幻想。这种认识普遍存在但有失偏颇。理想在形成之初并不总是那么真切，如果不给自己作一个合理的规划，并按规划一步步实现，那这根本就不是什么理想，而只能说是一种幻想。

我们只能用一个人实际的行动来分辨幻想和理想。只要一个人能一直坚守自己为国为民、建功立业的奋斗方向，不为利诱所动摇，不为危难所击垮，不为挫折而丧气，不为享乐而舍弃，就这样努力下去，这就是理想。反之，如果最初的理想随着个人境遇的变化和欲望的扩充而经常摇摆不定，那当初所说的理想只能说是幻想。幻想是激情时一闪而逝的火花，看似美丽却不持久；理想却能够在人的大脑中不断重复加深而成为坚定的信念并留下美好的生命印记，成为强者的生命航向。

能始终坚持理想的人决不是为了追求单纯的成功，而是把这种追求的过程当作一种生活态度，当成是生命中不可或缺的部分。

妄想不是理想

妄想在心理学上是这样定义的：妄想是一种不理性、与现实不符且不可能实现的歪曲的信念，是病态的推理和判断，是思维变态的一种主要表现。生活当中有一部分人常常喜欢妄想，沉迷其中，自己还从未发觉，这种人固执、自负甚至目空一切，继续发展下去则很有可能成为妄想症患者。

小赵是某大学的一位学生，他勤奋好学，成绩优异，深受同学和老师的

赞赏，是大家公认的有抱负、有理想的年轻人。一天，他自称发明了提炼石油的新方法，使炼油工艺大为简化。他撰写了一本厚厚的著作，开始是由教研室和院系专家审阅，都认为行不通。后来经他反复申诉，由学校领导出面邀请校内外许多专家组成鉴定委员会进行科学评定，结果还是一致认为行不通。

专家在指出了若干重大错误的同时也肯定了这位大学生知识的广博、钻研精神和为国家创造财富的良好愿望，并鼓励他改正错误进一步钻研。可小赵完全拒绝鉴定委员会的意见，认为那是“压制新生力量”。精神科医生抱着同情和理解的态度与他交谈时，发现小赵很高傲，似乎他已经成了世界一流的发明家和科学家。在交谈中小赵说，他估算用他的方法炼油每年可以为国家节省许多钱。他打算用这笔钱办一个图书馆和一个研究所，由他任馆长和所长，还以他的名字设立奖学金，在学校里给他树立一个铜像等。谈起专家的意见时，小赵完全回避，只字不提人家的意见，有的只是气愤。

医生耐心地告诉小赵，他的愤怒是可以理解的，但愤怒无助于解决问题。相反，小赵需要的是冷静、思考和采取有效行动去克服产生“压制新生力量”的专家势力的想法。遗憾的是，小赵完全听不进去。几个月以后，小赵逐渐出现了确定的病态反应。最后一次交谈中，小赵已经不谈他的“发明”，甚至连问及他的著作时，他也“忘记”放在什么地方了。可见，关于提炼石油的“发明”只不过是其体现自我价值的一个临时的外壳，是他个人对理想的一种强烈的偏执性的妄想而产生的病态反应。

所以说，妄想绝不是理想。渴望成功的心情是可以理解的，但在实现理想的过程中得尊重现实，不能违背事物发展的规律和解决问题的逻辑。

健康向上的理想是科学的理想，是值得人不断追求乃至可以付出一生精力的理想。每个人都不希望自己的努力最后白费，所以在树立理想时一定要找准适合自己的目标，积极地听取别人的好的建议，让自己前行中的每一步都留下坚实的脚印。

心灵感悟

在确立理想之前，一定要弄清幻想、妄想与理想之间的关系，千万别错把幻想、妄想当作理想。因为，幻想不一定会实现，只是人的一种美好期望罢了。而妄想更是一种病态的想象。有正确理想的生活才是真正有意义的生活，理想是人们生活的原动力。它最大的意义就是给予人一个正确的方向，一个美好的目标。有些人之所以伟大就在于他们通过奋斗将理想当作终生目标来追求，将幻想、妄想当作理想的人不会有成就，反而会贻害或耽误自己的一生。

3. 理想不以享乐为目的

人活着的目的究竟是什么？

有人问亚里士多德："你和平庸的人有什么不同？"亚里士多德回答说："他们活着是为了吃饭，而我吃饭是为了活着。"

活着是为了吃饭的人，其对人生的态度是非理性的纯生物观点，推崇人的生物本能和原始欲求。有的人认为人生在世，就是吃喝玩乐、男女结合、生儿育女，只为个人活着。这种人与其他动物没有区别，因为对社会没有创造与贡献。

人来到世界，就应该像诗人艾青在《光的赞歌》中所描绘的那样活着：

即使我们是一支蜡烛，
也应该"蜡炬成灰泪始干"；
即使我们只是一根火柴，
也要在关键时刻有一次闪耀；
即使我们死后尸骨都腐烂了，
也要变成磷火在荒野中燃烧。

理想排除低级趣味

人为什么活着涉及一个人的理想，这应该是一个严肃的问题。古往今来，我们的很多先哲尽毕生之力来研究它、思考它。它的意义也不断地随着时代的变迁而更新。这个问题关系到人的价值观，直接影响着一个人一生的发展、前途和成就。明确活着的目的对于一个人来说的确是非常重要的。

人活着的目的首先得摒弃低级趣味。爱因斯坦曾经说过：每一个人都有理想，这种理想决定着他的努力和判断的方向。爱因斯坦批评了“猪栏的理想”，并阐发了自己的理想，他说：“照亮我的道路，并且不断地给我新的勇气去愉快地正视生活的理想，是善、美和真。要是没有志同道合者之间的亲切感情，要是不全神贯注于客观世界——那个在艺术和科学工作领域里永远达不到的对象，那么在我看来，生活就会是空虚的。”爱因斯坦把追求善、美和真当作自己最高的理想，抛弃安逸和享乐。他以自己不懈的努力和天才的智慧，提出了狭义相对论和广义相对论，彻底改变了人们自牛顿以来对宇宙时空的看法。即使退休后，爱因斯坦仍继续他的科学研究，仍在探索善、美和真的道路上奋斗不已。他说：“人们所努力追求的庸俗的目标——财产、虚荣、奢侈的生活——我总觉得都是可鄙的。”正是这种崇高的道德和孜孜不倦的努力，使爱因斯坦登上了科学的顶峰，赢得了人们的爱戴和尊重。

“猪栏的理想”仍然是许多人追求的目标，因为人们总是以为如果不能实现自我，那就一定要享受自我。“猪栏的理想”是人们躲避现实的一种方式，有这种理想的人看不到人生真正的意义和希望，而享乐的背后必然伴随着迷茫和空虚。享乐并不是错误，但如果把它当作人生终极的目标，就大错特错了。没有享乐的人生不是完美的人生，但只有享乐的人生则是完全不美的人生。

对于一个人，作为独立的个体，可以做的就是不断地完善我们的精神和身体，让我们的精神世界更加完美，让我们的身体更加强壮。在如今这个物资非常丰富的社会里，追求个人生活的舒适和适当的享乐是人的本能需要。不过，要知道人的本性里含有贪婪和懒惰，一旦掉进了欲望的泥淖中不能自拔时，人的斗志就会彻底丧失，就再也没有追求理想的动力可言了。长此下去，人与其他动物就没有什么区别，失去了高等动物的上进精神，就会从根本上失去做人的积极意义。

享乐过后将是无尽的空虚，人只有在奋斗和探索中才能不断地领略过程中的精彩，才能使生命的本身充满质量。只要精神达到了一定的境界，人的理想就不会低俗，所以说，一个人真正的理想是排除低级趣味的。

理想不为私欲

理想是一个高尚而神圣的名词，是一个人追求人生最高价值的方向和目标。从这个意义上来说，一切低级的、以个人欲望为出发点去定义它的词句，都是对理想的一种亵渎。

古今的伟人与那些贪官污吏、黑道之流以及贪生怕死、追求享乐的人是有着本质区别的。伟人之所以被人崇拜并得以千古流芳，除了他们的成就对人类的发展和进步有所贡献外，还有一种精神境界上的高度为世人所瞩目，这就是理想。

2010 年，重庆市原司法局局长文强涉嫌纵容包庇黑社会性质组织罪、受贿罪、强奸罪、巨额财产来源不明罪一案公开宣判。文强被控罪名成立，四罪并罚被判处死刑，剥夺政治权利终身，没收全部个人财产。

文强的仕途可谓一帆风顺。年轻时的文强很有抱负，工作也是不乏魄力的，他并非平庸之辈。2000 年 9 月，中国头号悍匪张君被擒获，主管刑侦工作的重庆市公安局副局长文强一时间成为风头出尽的“打黑英雄”。根据重庆当地媒体的报道，文强指挥侦破的重大案件，多次被公安部记一等功，其中，尤以张君案最为著名。他也因此迎来人生最辉煌的一刻。

如果文强按着当初的人生规划走下去，也许会成为万民景仰的“人民

好警察”。可是随着地位一天天地升高，权力一天天地增大，他的个人私欲也一天天地膨胀起来。文强罪恶深重，对文强的审判是我国反腐败斗争中取得的一个重要成果。

文强本是一个有理想的人，可是他的理想最后沦为满足个人私欲的邪念，文强作为一个反面教材也将永远地被钉在历史的耻辱柱上，警示后人。

这里还有一个发生在我们年轻人身边的例子。

28 岁的兰州女子林鹃（化名）从 16 岁开始就苦追香港明星刘德华，她发誓说：“不见刘德华，我决不嫁人。”12 年来，她先后三次前往香港和北京寻找和刘德华面对面的机会。父母劝说无果，其家人为了完成她和刘德华见一面的愿望不仅债台高筑，倾家荡产，就连家里不足 40 平方米的房子也卖了，甚至其父还要卖肾来为她圆梦。林鹃最大的愿望就是能够和刘德华见一面，并得到他的签名——这便是她多次高调宣扬的所谓“理想”。

刘德华获知这件事情后，通过经纪人批评其“不正确、不正常、不健康、不孝道”，表示他决不会理会林鹃的要求，并呼吁她停止过火的行为。可林鹃不但不思悔改反而变本加厉，并声称：“刘德华比我父亲重要！”

“刘德华比我父亲重要！”这一句话让所有的人震惊。其实，林鹃曾说过她也有“理想”。她的理想不是改变自己和家人贫穷的命运，以自己的奋斗来创造人生的价值，而是一个可笑可叹可气的追星梦！这能算是理想吗？这只是极度自私的私念，而作为刘德华的粉丝，不去学习他为事业奋力拼搏的精神，而是一味盲目地模仿，变态地去追随，浪费大好时光，到头来于人于己只能是伤害。

心灵感悟

高尚的理想是排除私欲，摒弃低级趣味，追求一种无上的人生境界，为改变自己甚至人类命运而甘愿付出自身全部的力量。年轻的大学生，如果你也想有一个完美的人生，有一个精彩的未来，请仔细审视自己的理想吧。

二、理想的意义 

1. 竹贵有节,人贵有志

北宋诗人林逋在《省心录》里这样说过:“心不清则无以见道,志不确则无以立功。”就是说人心里不清静就没法明白事理,要想成就一番大事业就必须有远大的志向,也就是树立理想。从这个意义上来说,古人对理想的认识是非常深刻的。正是由于我国历来有注重个人立志的优良教育传统,才使得世世代代的国人在评价一个人时自然而然地将“立志”放在评价标准的首要位置。

有志向的人定有成就

历史是一条长河,几千年来奔腾不息。芸芸众生就像是河里的沙子,其命运相近且数不胜数。但有一种人却是这沙里的黄金,无论岁月更替,即使身故后经年累月,世人总是无法将其忘记,这就是所谓的名垂青史。这些人有一个统一的名称——伟人。成功之初在于立志,成功者在行动之前都不忘给自己定下努力的方向。而人有了志向,必然就有了理想。

其实从广义上来说,志向也就是我们常说的理想。人正因为有了理想,生命才有了活力,创造才有了动力,一往无前时更有了自信。有自信便能自强,有自强才有人格魄力,有人格魄力就能得到世人的赞誉和景仰。最终,持续努力造就了不凡的成就,成就引领人类进步,从而使后世之人在享受这成果之时便有了一种感恩——对伟人的感恩。

伟人在一生中不管遇到多少艰难挫折，哪怕亲人离去、身染沉疴，仍然坚持不懈，顽强拼搏。他们不懈的努力靠什么力量支撑呢？靠崇高的理想。

他们是民族精英。屈原爱国忧民，辛弃疾投笔从戎，文天祥、史可法宁死不屈，戚继光“封侯非我意，但愿海波平”。他们树立了振兴民族、振兴国家的理想，并为实现这一理想甘愿献身、视死如归。

他们是革命雄杰。周文雍含笑走上刑场，方志敏在狱中坚持斗争。毛泽东在湖南长沙第一师范学校读书时，就强调“要立一理想，此后一言一行，皆期合此理想”。周恩来在青年时代就树立了为中华腾飞而奋斗的理想。老一辈无产阶级革命家，在崇高理想的导引下，经过几十年的艰难历程，终于建立了中华人民共和国，重振东方醒狮的雄风。

他们是科学巨匠。爱因斯坦忍贫独创相对论，达尔文在舒适和吃苦之间选择了后者，邓稼先为两弹隐姓埋名 28 年。他们举世瞩目的成就恰恰是同崇高的理想和正确的选择成正比的。

“天下之事，成于有志，而败于自辍。”

“志不可一日坠，心不可一日放。”

志有小志，也有大志。我们提倡立志是立大志。志存高远，爱国爱民。人要想干一番事业必须立大志，而立大志必须有远大的理想和目标。所谓远大的理想和目标，就是树立爱国家爱人民的高尚志向。国家是民族、家庭、个人生存发展的归宿，有国才有家。国家兴旺强盛，才会有个人的前途和利益。古今中外的仁人志士，凡是忧国忧民，急国家之所急，想国家之所想，就能站得高、看得远、顾全大局，就能“弃燕雀之小志，慕鸿鹄以高翔”，为国为民建立功业，就能展示自己的才华，彪炳青史。反之，胸无大志，利天下而不为，“安事一室”的为个人、为亲属的燕雀之志，就会使人鼠目寸光，庸碌无为。

人立志宜早。自古少年出英豪，青少年当立志，志不立，天下无可成之事。大学生是时代的宠儿，要有“志顶江山心欲奋，胸罗宇宙气潜吞”的豪迈气概。上大学与立志向有着密切的联系，学而不立，何用之为？大学生应当珍惜青春的时光，发奋学习，成为知识的富有者，否则“非学无以广才”，没有知识，志向也无法实现。

理想决定人生的境界

高尔基说过：“一个人追求的目标越高，他的才力就发展得越快，对社会就越有益。”

古人云：“为学须是先立大本”，这个“大本”便是人生的境界。人生境界的培养攸关做人做事的根本，对于大学阶段的学习更是如此。大学生不仅要把大学作为吸收知识的大课堂，而且更应当把大学作为接受人生洗礼、迈向更高的人生境界的神圣殿堂。

何为人生境界？

人生境界是人生意义的表现形式。追求有意义的生活是人之所以成为人的根本所在。人为什么不同于动物，就因为人的生命为意义论，意义是人生栖身的“家”，人活在世上追求的是一种意义；而动物的生命为存在论，为存在而活。以意义为内容的人的生命表现形式，当然离不开日常的人生，但又超越日常的人生，使人生从一种单纯的生理存在升华为一种真正的人的精神境界。

人生境界是人立足于社会的坚实基础。孔子说：“鸟兽不可与同群，吾非斯人之徒而谁与？”人是一种社会的存在，而人的这种社会属性使人与其他的人“共存”成为人生的必然。一个大学生如果没有一种较高的人生追求而囿于一己之私的话，那么很难设想他对社会的事业具有真正的献身精神，也难设想他能认真奉行公共道德准则并能与社会和他人和谐相处。

人生境界是分层次的，有理想的人才有较高的人生境界。

中国现代哲学家冯友兰提出过人生四境界说，这四境界是：自然境界，功利境界、道德境界和天地境界。他认为处在自然境界、功利境界的人是“现在就是的人”，是自然产物；处在道德境界、天地境界的人是“应该成为

的人”,是精神的升华与创造的产物。

处在自然境界的人,人的行为主要为保持其作为生物意义上人的生存,是“顺习而行”、“日出而作,日落而息”的自然人。

处在功利境界的人,主要是“为利”,有时客观上也会利他,虽然许多人有奋斗进取精神但本质上还是为己。

处在道德境界的人,是为天下社会、为国家民族去奋斗,人格是崇高的。道德境界对于功利境界而言,是人的精神的飞跃,是人格的升华。当代大学生不应当只为个人利益而不顾社会公德。与有中国特色的社会主义相适应的集体主义精神,应当是我们现代大学思想文化的主流。知识不是谋取私利的资本,而是实现修身、齐家、治国、平天下的道德理想的工具。当代大学生应当树立报效伟大祖国、实现中华民族振兴之大志,崇高的人生境界是一个人奋斗不息的精神源泉。

每当我们谈起理想,心里就充满了神圣感。这是因为人人都知道,一旦踏上通往理想的道路时,就意味着你将与众不同,你打算选择的是一种别样的人生,因为这种理想的选择,你的人生观和价值观也得到了质的飞跃,沿着理想之路走下去,你就是强者,你就是赢家,你就是主宰自己命运的主人!

生活当中,大多数人仅有一些平凡普通的小目标,这些小目标实现起来也许并不难。即使实现了也摆脱不了个人享乐的小圈子,甚至是低级趣味。

在大学生中有四种人。第一种人:大众型。这种人的理想就是毕业后能在一个喜欢的城市里找一份好工作,能养活自己,再买套房子,甚至买辆车子,舒适地过完一生。第二种人:拼搏型。这种人就是一种有理想、有抱负、干大事的人,他们把大学当作锻造自己的熔炉,打算在此锤炼一身过硬本领,毕业后能成为一名优秀的企业家,甚至是行业巨头;也有可能是想从事某个领域的研究,做一位科学家或者学者。第三种人:寄生型。这种人就是自觉或不自觉地被划入啃老族或者因为贪图享乐而沦为傍富婆或者傍大款的那种群体，这种人也有一个共同的名字——寄生虫。他们必然会受到良心和道德的强烈谴责，这种人不但没有丝毫的责任感，还丧失了做人的起码要求，更谈不上理想和抱负了。其最终结果是可想而知的，他们的人生何来境界呢？第四种人：毁灭型。这就注定要让人唾弃了。这种人更是令人发指，自甘堕落，或者无恶不作，成为社会的渣滓。

人生如果没有追求，没有理想，自甘堕落，到头来就会葬送自己宝贵的青春和似锦的前途，也让亲人蒙羞。国家培养一个大学生不容易，而作为父母，二十几年含辛茹苦的培养更不必说。为了一己之欲就做危害他人、触犯法律的事，甚至发展到无恶不作，等待他们的是恢恢天网和正义的法律，他们最终的结果不也就是走向毁灭吗？

理想是一种无形而深沉的力量。诗人臧克家的诗句脍炙人口："有的人活着，他已经死了；有的人死了，他还活着。"缺乏理想的人虽生犹死，虽荣华富贵却似行尸走肉。

心灵感悟

一个人的理想从一开始就决定了他的人生境界。如果你的眼界高、目标大、志向远，并且已经开始行动起来了，你人生的境界必将是一道精彩无限的风景。每一个人都渴望成功，要知道成功的人往往是有理想的人。如果你也认同我的观点，那么请牢牢记住成功三部曲吧：成功第一步——立志；成功第二步——牢牢抓住理想的翅膀并坚持到底；成功第三步——展开你的双臂尽情地收获成功。

2. 远大理想造就不凡之才

有志者事竟成，有志者必有大胸襟，他们视野开阔，心有丘壑，肩纳重

担，先天下之忧而忧，后天下之乐而乐。古往今来，正是这些有志之士，为人类社会的进步做出巨大贡献。这些有志之士正是有了崇高的理想和远大的目标才成为一代伟人。

伟人的理想

在浩如烟海的历史长河中，伟人如耀眼的星辰照亮我们前进的道路。伟人之所以被称为伟人，在于他们与普通人相比有不凡之处。这不凡之处全在于理想的差别。

毛泽东说过："自信人生二百年，会当击水三千里。"拿破仑也曾经说过："不想当将军的士兵不是好士兵。"人生的理想就如一盏照亮成功之路的明灯，一路护送你直达目标。而一个人一生成就的大小全在于志向的高低，你的目标如果是顶峰，那峰顶上最美的风景才会是你的。只有拥有了一览众山小的胸怀，才有登高临绝境的壮举。

范仲淹从小家境贫寒，但是他"少有大志，每以天下为己任"。为了读书，他省吃俭用，经常连饭也吃不上，即使餐餐吃粥仍坚持读书。终于，他的勤奋好学感动了寺院长老，长老送他到南都学舍学习。在南都学舍范仲淹依然坚持简朴的生活习惯，不接受富家子弟的馈赠，以磨砺自己的意志。经过刻苦攻读，他终于成了伟大的文学家。

贝多芬创作的作品集古典音乐的大成，同时开辟了浪漫时期音乐的道路，对世界音乐的发展有着举足轻重的作用，被后人尊称为"乐圣"。贝多芬曾突然患了耳疾并彻底丧失了听觉。在命运的严酷打击之下，贝多芬并没有屈服，他一次次从痛苦和折磨中站了起来，发誓说："我要向命运挑战！我要扼住命运的咽喉，不要让它毁灭我！"他在耳朵全聋、健康状况恶化和生活贫困、精神上受到折磨的情况下，仍以巨大的毅力创作了《第九交响曲》，总结了他光辉的、史诗般的一生，并展现了人类的美好愿望。

达尔文9岁时对父亲说："我想世界上肯定还有许多未被人们发现的奥秘，我将来要周游世界，进行实地考察。"为此他一直在积极准备，在希鲁兹伯里学校,校长斥责他是个想入非非的"不务正业"的学生。1831年,达尔文终于搭上海军勘察船"贝格尔"号作历时5年的环球旅行,在动植物和地质等方面进行了大量的观察和采集,经过综合探讨,形成了生物进化的理论,并于1859年出版了震动当时学术界的《物种起源》一书。他在书中提出以自然选择为基础的进化学说,从而摧毁了神造论、目的论和物种不变论。随后又发表了《动物和植物在家养下的变异》《人类起源及性的选择》等书,进一步充实了进化论的内容。达尔文终于成了英国著名博物学家和进化论的先驱。

钱学森记忆力非凡,3岁时已能背诵上百首唐诗、宋词,还能用心算加减乘除。5岁时,他已经可以读懂《水浒传》了。三十六天罡、七十二地煞,都是他心目中的英雄。有一天他对父亲说:"英雄如果不是天上的星星变的,那我也可以做英雄了。"父亲高兴地说:"你也可以做英雄。但是,必须好好读书,努力学习知识,贡献社会。""学习知识,贡献社会"的理想从此深深地印在了钱学森的心里。经过刻苦学习,钱学森在美国时已学业有成,成为当时一流的火箭专家。为了新中国的建设,他冲破种种阻力回国,为中国火箭、导弹和航天事业的发展做出了重大贡献。"两弹一星"的成功问世,石破天惊!这正是中国航天之父、导弹之父钱学森精心绘制的杰作。

人生因立志而发奋,才有精彩和永恒。无论结果成功与否,过程同样不朽。因为有志,人生不再是一片空白;因为有志,人生的价值才能得到最高体现。

做伟大之人,树伟大理想

俗话说:"无志者常立志,有志者立长志。"作为新时代的大学生当早日立志。当经过深思熟虑之后确定了理想,就不要轻易地更改。当然,还有最重要的一点就是立志要立大志,也就是树立一个远大的理想。

古人说得好:"取法于上,仅得为中;取法于中,故为其下",意思即为"确立的目标越高,达到的境界就越高"。哈佛大学曾经对毕业生的成功率

进行了追踪研究,其结论之一是:有无远大的目标,结果很不一样。一个人、一个组织或者一个国家,都应当有远大的目标。

张海迪 5 岁的时候,因患脊髓血管瘤高位截瘫,几次都处于死亡的边缘。在残酷的命运面前,张海迪没有沮丧和沉沦,对人生充满了信心。20 多年来,她用坚强的意志与病魔抗争,并以极大的毅力自学了 4 门外语,翻译了 16 万多字的外文著作,获得了哲学硕士学位,自学了针灸医术,为群众医治达 1 万多次。她身残志坚、勤奋学习、热心助人,被誉为"当代保尔"。

几乎丧失生活能力的海迪,却有着一种非凡的意志。她根据自己的实际情况一步步地树立人生的目标,坚持不懈地努力,最终实现了目标。身残志坚,要做一个对社会有用的人,这就是她最终的理想。正是这远大的理想爆发出来的巨大的力量支撑她创造了人生的奇迹。

远大的理想能使人发生本质上的变化,如果你曾经弱小,如果你曾经胆怯,如果你也曾自卑过或者你有重疾在身等,这些都不可怕。有了理想,你不再摇头叹息,也不再怨天尤人,更不会碌碌无为,总有一种信念在支撑你,总有一种希望在远处向你招手,因此你会觉得激情无限。

在生活中,在有远大理想的人心中总会有一个高的标准像尺子一样在检测着他的每一步行动。理想就像沙漠中的绿洲一样时刻激励着他们不停奋进。

而那些胸无大志、碌碌无为的人,是受人鄙视的。他们找不到人生的归宿感,永远都是随波逐流。他们对自己要求低、不求上进,因此导致人生的失败。

只有远大的理想才能使人生更有价值。在学习和生活中,如果你认为目标不重要,就会觉得自己的付出是没有价值的。相反,如果你觉得这是一个对你人生至关重要的目标,你就会不惜一切地去实现它。而这些至关重要的目标就是你的远大理想的组成部分,将这些目标实现后,你的远大理想自然就会成为现实。

明确的目标是一个人努力的方向,就像一个能看见的射击靶,将目标各个击破后,你就能成为强者。哲人说:“要谋求幸福,我们的人生就不能没有一个远大的目标。”“目标是朝向将来的,是有待将来实现的,但目标使我们能把握住现在。”这正说明了远大理想对把握人生的作用,也就是说,远大的理想教会人怎样使每一分每一秒都变得更有意义。

心灵感悟

远大的目标造就非凡的人生,它让生活充满着激情和希望,让人为之付出毕生所能都无怨无悔。在这样富于豪情的生命旅程中,一个辉煌的生命就像一道光,照亮自己的人生,也照亮了一群人。

每个人都希望自己成功,都希望自己不至于百年之后成为大地的一粒微尘。而远大理想的实现就能造就生命的不朽。有理想而无行动的人,只能在梦中得到收获,有理想并为之奋斗的人才能在现实生活中获得真正的成功。年轻的人们,快快垒起理想之塔,为希望、为梦想而努力吧!

三、理想的树立

1. 扬起理想的风帆

1957年,毛泽东在莫斯科大学对中国留学生讲过这么一段话:“世界是你们的,也是我们的,但归根结底是你们的。你们青年人朝气蓬勃,正在

兴旺时期，好像早晨八九点钟的太阳，希望寄托在你们身上！”是啊，作为21世纪的年轻人，人生的道路还只是刚刚开始，我们的未来就像一幅可以自由书写的蓝图。心有多大，梦想就有多大，人生的舞台就有多大。所以，我们必须珍惜时光，寻找属于自己的那颗理想的种子，把它播种在希望的田野上，让其生根、开花、结果。

播下理想的种子

理想，对于年轻人来说是一个永恒的主题。理想使我们热爱生命、热爱生活，使我们朝气蓬勃、奋发向上。理想就像一首歌，一首高亢的进行曲；理想更像一个梦，一个瑰丽非凡的梦。

我们的老一辈们每每抚首沉思时，经常会回到那个被理想激荡过的年代。正因为有了理想，他们才不至于有太大的遗憾，如果有一天他们悄然离去，他们会觉得今生无悔。年轻的朋友们，如果未来有一天谈到你的今天，你是不是也会这样激动不已呢？理想，就是你今天做的未来的梦，如果今天找不到理想的种子，你将会有一个什么样的未来呢？

很早以前，有个父亲给了孩子两个装满泥土的瓶子。他对孩子说，每天给这两个瓶子浇水，最后看看你会有什么发现。孩子好奇地按父亲的话做了，每天重复着同样的动作，而期望一天比一天强烈。孩子不知道这两个看起来平平常常的瓶子将会发生什么样的变化。有一天，当孩子拿起水杯正想往瓶子里浇水的时候，他发现其中一个瓶子里不知什么时候冒出了一个绿色的“小脑袋”，它的身子是弓着的，原来里面有种子发芽了！第一次发现生命的奇迹让他兴奋不已。接下来他又开始盼望另一只瓶子也会有惊喜的变化，不过，父亲对他说：知道为什么另一只瓶子久久不见新芽吗？原来，父亲只在一只瓶子里埋下了种子，另一只瓶子里什么也没有。听着父亲的话，孩子觉得有些不理解。父亲摸着孩子的头继续说：告诉你，这瓶子就像你的未来，你的梦想就是种子，如果你从一开始就将梦想的种子种下并精心呵护的话，终有一天你的梦想会实现。

如果你也有理想，就找到属于你的那颗种子，趁着青春的大好年华，把它播种在你年轻的沃土上，好好地去培育吧。总有一天，你的理想会生根、发芽、开花并结出收获的果实。

人类是需要精神来支持的高级动物，人的追求应该不仅以温饱为标准，不以享乐为终极，人之所以伟大也正在于此。真正有理想的人，可以克服一切困难，一往无前地直达目标。

如何给自己的理想定位？

有一天，一只小猴子下山来。它看见地里的玉米结得又大又多，非常高兴，就随手掰了一个。小猴子扛着玉米来到一棵桃树下。它看见满树的桃子又大又红，就扔了玉米去摘桃子。小猴子捧着几个桃子来到一片瓜地里。它看见西瓜又大又圆，就扔了桃子去摘西瓜。小猴子抱着一个大西瓜往回走。走着走着，看见一只小兔子蹦蹦跳跳的，很可爱。它就扔了西瓜去追小兔子。小兔子跑进树林里，不见了。小猴子只好空着手回家去。

这则故事给人的启示是做事情不能见异思迁，它还包含另一种含义——不知道自己理想所在的人，注定到头来两手空空。那么，对于猴子来说，玉米、桃子、西瓜、兔子，究竟它们哪一个才是猴子的理想呢？如果猴子在下山之前早就想好了目标的话，下山之后，它是有机会得到它想要的任何一种东西的。遗憾的是，它什么都想得到，最后却什么也没有得到。这个故事提出了一个值得反思的问题，那就是怎样确定自己的目标——理想。

罗曼·罗兰说："人生最可怕的敌人，就是没有明确的目标。"但是，有了明确的目标之后，还要有极强的目标感，并坚持不懈地走下去。目标是什么？目标是一个路牌，在迷路时为你指明方向；目标是一盏明灯，照亮了属于你的生命；目标是一方罗盘，为你指引人生的航向；目标是一支火把，它能燃烧每个人的潜能，牵引着你飞向梦想的天空。的确，目标是你追求理想的那颗种子，目标是衡量你理想实现的指标。失去了目标，你便失去

了方向；失去了方向，你的理想就失去了意义。

我们在确定自己的理想之前先要弄清下面几个问题。

首先弄清自己的人生目标所在。人生的目标就是你理想的坐标，是你倾其一生的热情所追求的方向。因为有这个目标，你生活中的一切将以它为中心。对于某些人而言，确定目标可能是个轻松快乐的过程，而对于另一些人来说，它也许意味着一段无从取舍的痛苦经历。如果你属于后者，那么在寻找目标之前先问自己几个问题，比如“我想成为谁?”“我想在我的一生中成就何种事业?”“当临终之时总结自己一生时，最能让我感到满足的是什么?”“在我的生活中是哪一类的成功最能使我产生成就感?”

通过这种方式，也许你就可以知道你的终极目标是什么。人是社会性的，对大多数人来说，不可能只从事自己喜爱的职业。对于有些幸运的人来说，自己所从事的职业正好与理想目标一致，那么，坚定你的职业方向，也就是坚守理想的一种最好的方式。如果很不幸的是，你的职业完全与自己的理想不沾边，那么，你应该调整自己的心态，做出更多的努力，在做好职业工作的同时，你须利用余下的更多的精力实现自己的理想目标。当你定下了自己的目标时，你必须明确，那是一个你愿意付出你一生艰辛努力的目标。

其次，弄清职业方面的人生规划。不管怎么样，对于现在的你来说已经有了一个明确的目标了，接下来，你就得为自己的这个目标奋斗。入校时，你得尽可能地选择一个与理想贴近的专业方向。毕业后，你更须对职业进行规划，选择一个明确的方向。职业不仅是你赖以生存的工具，它也是帮助你实现理想目标的载体。进行职业规划就像行军前先确定前进的路线，作战前先谋划战略方针。职业的规划决定你事业的成败，事业的成败体现你人生的价值，人生的价值是你实现理想的基石。

你可以问自己：“我的职业正在帮助我实现人生的最终目标吗?”如果答案是否定的，那就干脆更换职业。倘若更换职业是不现实的，那你可再进一步问自己：“是否有一种途径可以让我现有的职业与我的人生基本目标一致起来?"对于第二个问题，答案常常是肯定的。例如，一个事业有成但并不满足于物质上富有的律师，可能会利用他的部分精力做些公益活动并从中得到精神满足；一个受雇于一家大公司的审计师可能会在工作之余搞一些科学发明；一个从事艺术教学的老师利用晚上休息时间从事艺术创作等。总之，在这种努力的过程中，既避免了职业选择上的不足，也实现了个人的理想，丰富了人生经验，从而最大化地体现了人的价值。

对于理想的确定和职业方面的人生规划，可以理想先行，也可以二者同时进行。作为当代大学生，在理想一旦确立以后，就应付诸实践，为实现理想而努力奋斗。在这个时候，只要你明确了自己的人生大目标，你就会知道你要选择或接受一份什么样的职业。毫无疑问，你选择的一定是那份将有助于你实现人生目标的职业。

只要你还没有到安享晚年的时期，任何时候开始你的理想规划都不算晚。无论你是20岁左右，刚刚踏上人生旅程的年轻人，还是40岁左右陷在一份你不喜欢的工作之中的中年人，现在仍然是你进行理想规划的好时机。

心灵感悟

你的理想的那颗种子在哪里呢？有时候我们"踏破铁鞋无觅处"，有时却"得来全不费工夫"，"众里寻他千百度，蓦然回首，那人却在，灯火阑珊处"。只要你是一个有追求的人、上进的人，理想就在你的心中，理想就在你的生活中。找到它，生活因为理想而滋味丰富，人生因为理想而精彩纷呈，事业因为理想而焕发生机。

2. 学习偶像，超越偶像

积极的人生态度会将偶像的外延扩大——偶像成长的经历、成功的范

例，有许多地方值得我们学习，学习偶像不是盲目崇拜，而是让偶像成为自己去效仿、去赶超的榜样，最终帮助自己完成自我升华。那些散发着人格魅力、品性高尚、意志坚定、善良宽厚、吃苦耐劳的偶像应该成为大家的榜样，让我们跟随着榜样的脚步走向成功吧。

实现理想的动力——偶像的作用

据统计，以当代大学生为代表的年轻人中有70%左右的人都有自己的偶像。其实偶像一直没有离开过我们每一个人——在小学阶段以英雄人物为主，如雷锋、董存瑞、赖宁，还有代表正义的人物，如警察、法官、军人，或者是神话世界里的人物，如孙悟空、哪吒；到了中学阶段，开始转变为一些带有名人色彩的或者是在某一领域卓有成就的人，如歌星、影星、体育明星、科学家、作家、伟人等；到了高中阶段，对偶像又会有新的理解。

“告诉我你崇拜谁，我就能判断你是个什么样的人，至少可以了解你的潜能、志趣和品格。”这是1871年问世后一直在全球畅销不衰的《品格的力量》一书中的精彩论述。该书作者——被誉为“精神导师”的英国伦理学家斯迈尔斯接着写道：你崇拜卑鄙的人吗？——那么，你自己也是一个卑鄙的人。你崇拜有钱的人吗？——那么，你是一个世俗的人。你崇拜头衔吗？——那么，你是个溜须拍马的人，或者是个阿谀奉承的人。你崇拜诚实、勇敢和刚毅的人吗？——那么，你自己也是一个诚实、勇敢和刚毅的人。

可谓“近朱者赤，近墨者黑”。伟大的思想家孔子十分崇拜老子，当孔子面向其求教后感慨地说，老子是“深不可测的龙”。这位后来被尊为“万世师表”的儒学创始人，从老子的教诲中充实了自己的思想。曾经为我们留下“先天下之忧而忧，后天下之乐而乐”名言的北宋范仲淹，从小就仰慕刚正不阿的唐代名相狄仁杰，仿之效之，他自己也成长为杰出的名臣。毛泽东青年时代就十分崇拜马克思。据统计，在他一生的著作中，曾经913次提到马克思。由于他信仰、研究并结合中国革命来实践马克思主义，发展马克思主义，终于成为当代伟大的马克思主义者。

群体崇拜的偶像会深刻地影响着群体。作为中国青年崇拜的偶像雷锋，不仅影响和推动了整个中华民族素质的提高，还出现了以苏宁、李向群为代表的许多优秀人物，他们都是雷锋的崇拜者和雷锋精神的实践者。

在中国，涌现了吴运铎、张海迪等保尔式的英雄。在已逾“不惑之年”的人当中，许多人都会背诵奥斯特洛夫斯基那句名言“不因虚度年华而悔恨，不因碌碌无为而羞愧……”这些闪光的语言，多少年来一直在影响、激励着人们奋发向上、积极进取。

然而，曾几何时，许多人把雷锋淡忘了，对保尔陌生了。取而代之的是“大款”、“大腕”们，如有些年轻人所崇拜的偶像大多是演艺界的“星”、社会名流中的“款”。许多有劣根性甚至消极阴暗的典型人物反而成了一部分人向往甚至追随的“偶像”。看看那些被反腐利剑挥斩下马的人员名单，有多少人正是因为羡慕贪官的弄权作威、暴发户的挥金如土，从而铤而走险，一步步坠入腐朽的泥坑，最终成为人民的罪人、社会的渣滓。

“从善如登，从恶如崩”。在社会变革让人眼花缭乱、传统道德伦理受到严重挑战的今天，从善不仅需要人有识别真伪的眼力，更需要有不与俗流为伍的勇气。卢梭说：“美德永远与钟爱它的人在一起，它比世界上任何财富都更宝贵。”让我们以疾恶如仇、从善如流的态度选准自己崇拜的偶像作为学习的榜样，把握住人生航程的方向，不懈地去追求真、向往善、塑造美，努力做一个品德高尚、志向远大的人。

有时候我们崇拜的偶像不止一位，不是具体的某个人物，而是一个多重偶像的化身。集诸多偶像的优点于一体而重新在内心建立起一个新的形象，其实这个新的形象就是他日成功后的自己。当然，人不可能成为完人，但是在偶像的积极影响下，在自身的持续努力下，总有一种适合自己的理想会实现。或许，你会成为一个科学家、诗人、律师、工程师等，因为有偶像的作用，你在奋斗的过程中将不再心存疑虑，你会对自己目标的实现更自信，从而也会增添许多坚持的毅力。

偶像是通往理想之路的火炬，是征程跋涉中的向导，是精神力量的源泉，是向上不已的动力。因为偶像，你可以找准自己行动的方向；因为偶像，你从此便拥有了实现人生价值的参照。自然，偶像也会温暖你遭受挫折的心灵，让你在拼搏的路上不再感到孤单。

理想的终极目标——超越偶像

我们所说的偶像的作用，是一种激励人奋发向上的动力，是旗帜、是标杆、是衡量人生价值的标准。但是，要明确的是，人生奋斗的终点并不是在偶像的高度止步。可以这么说，偶像只是起引路的作用，而我们的目标是超越偶像。人的潜能是无限的，只要有意识地去开发，就会取得更大的成功。

超越偶像的例子在伟人中有很多，人类社会是进步的，而人类各行各业的进步总是建立在先前的积累之上的。许多关系人类重大变革的进步是由伟人创造的。殊不知，生活在看似平静的外表下面，正一天天发生着翻天覆地的变化。这也是人类超越自我的本性所带来的变化。

超越不是一个新的名词，放眼四顾，无论古今，以伟人为偶像并超越偶像取得成功的例子不胜枚举。

国画大师张大千年轻时在画坛是个无名的后生小辈，仅靠仿摹名作、绘制一些名家赝品谋生。他特别崇拜明末清初的画家石涛，把他作为自己的偶像，并临摹了大量的石涛的作品。他临摹的石涛的作品，其神韵、表现手法和构图特点几乎到了可以以假乱真的地步，与真迹毫无二致，活脱脱一个“石涛复生”。他的临摹作品甚至骗过了当时著名的画家兼书画收藏家陈半丁的眼睛。有一次，陈半丁搜集到一册石涛画页，视为挚宝，特设宴邀请诸多艺林名家到家中赏画。当时张大千也在座，当看过陈半丁的那本收藏画册时，他竟大笑说：“这是我画的。”此言一出，把著名的书画鉴赏大师陈半丁和在座的众书画名家惊得目瞪口呆。

但张大千毕竟是张大千，这位靠临摹石涛、八大山人、清初“四王”而小有名气的年轻人很快就有了自己的画,他师古而不泥古,上溯唐、宋、元、明,纵横百家,恣意临摹,取唐人的气势,宋人的法度,元、明的意境,上下千年,融会贯通,并不仅仅满足于汲取先辈的营养,更通过自己的学习和努力,独创一体,自成一派,终成为饮誉海内外,被誉为中国画"五百年来第一人"的画坛巨擘,中国画的一代宗师。

崇拜偶像,但不盲从和迷信,通过学习偶像的优点,挖掘自己的潜能,就可以比偶像做得更好。从崇拜、模仿到学习、吸收,最后实现超越,张大千能带给我们许多关于成功的启示。

许多伟人也是因为对偶像的崇拜加上自己坚持不懈的努力而取得成功的。如青年毛泽东曾极为崇拜华盛顿、林肯等,他曾经从同学那里借了一本《世界英雄豪杰传》,反复阅读,还在书上圈圈点点,写了许多批语,圈得最密的是华盛顿、拿破仑、彼得大帝、惠灵顿、卢梭、孟德斯鸠和林肯等人的传记。还书时,毛泽东对同学说:"中国也要有这样的人物。"又如,1978年的诺贝尔奖获得者、女科学家雅娄在高中时期,就把居里夫人作为自己的偶像,时常鼓励自己要做一名像居里夫人一样的科学家,从而走上了科学研究之路。

每个时代的人都会有偶像崇拜,偶像崇拜者给偶像人物赋予了无穷的魔力。年轻人崇拜偶像正是他们走进社会之前人生准备的需要,也是他们理想、事业和成功心理发展的必要过程。人生的奋斗中经常会遭受挫折和自我怀疑,通过对不同偶像的认同和依恋可以进行自我价值肯定,寻求自我发展的可能。这些是初期的偶像崇拜。

追随偶像的后期,也是个体对事业认知全面成熟的时期,这个时期,也许正是事业理想小有成就之时,其成就可能与偶像的成就刚刚平齐,也正处于视野开拓、经历丰富,有一定基础的时候,随之自然产生一种渴望超越的欲望。因为,每个人真正想成为的是自己,模仿始终不是自己的本色。从这个意义上来讲,其实偶像也正起到加速促使内心积极因子增长的作用。于是,自己更加坚定了方向,如果冲劲十足地沿着这个方向再坚持下

去，就可以达到超越的境界。

心灵感悟

偶像的力量是无穷的，在给自己定下理想目标之前，如果摇摆不定，无从选择，从偶像的角度来做一番长远的计划也不失为良策。如果你有了偶像，那么，不要迷信，也不要停止，让行动使你与心中的巨人平齐并有朝一日勇敢地超越他们。

四、理想的实现

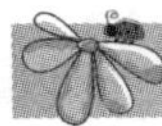

1. 志存高远，脚踏实地

人的一生，要想活得有价值，首先一点就是立志。有了远大的理想，接下来要做的就是日复一日的坚持。俗话说“坚持就是胜利”，那么，在坚持的过程中，我们每天所要做的可能都是一些看似很微小的事情，但正因为这些小事情的日积月累，才能到达胜利的彼岸。

小事做起，积沙成塔

成功必须从小事做起，要下决心培养为实现目标而不怕困难、坚持不懈的精神。我们为了实现远大的志向，必然要制订一定的目标和计划。在实现目标、完成计划的行动中，自始至终都会遇到这样那样或大或小的困难。如果遇到困难就畏缩、害怕和逃避，我们为之努力的事情就会半途而废、前功尽弃。我们应该把困难当作培养坚强意志的磨刀石，迎着困难前行，在同困难作斗争的过程中，培养为实现目标而坚韧不拔、百折不挠、坚持到底的意志。

诚然，轰轰烈烈的斗争、艰苦的劳动、险恶的环境能磨炼人的意志，但是平凡的生活也能磨炼人的意志。作为年轻人应注重从生活的一切方面锻炼意志，如遵守个人或学校制定的学习与生活制度，及时地、独立地完成学习目标计划，做事有始有终，坚持锻炼身体，待人始终如一。“冰冻三尺，非一日之寒”，坚强的意志就是在无数件小事中逐步培养起来的。

例如，记外语单词，虽然可以使用许多巧妙的记忆方法，但总的来说，背外语单词还是比较单调和乏味的。可是，从终身发展来看，它又是很有意义的事。如果把记外语单词当作一个锻炼意志的方法，坚持下去，就能既学好外语，又磨砺自己的意志。

世上有小事吗？当然有小事。我们平常的言、行、举、止大多是些小事，并不轰轰烈烈，但是小事见精神、显风貌，从一滴水可以看大海。从这个意义上讲，世上又无小事。世上许多大事，成于小事。“千里之堤，溃于蚁穴”，“一着不慎，满盘皆输”，“千里之差，失之毫端”，“虽星星之火，能烧万顷之田”。世上许多大事，又败于小事。

但人生无小事。人生如对弈，眼看胜局已定，不料一着失算，形势骤变，胜局立刻变为败局。任何一方面的失误，任何一项活动的不当，某个环节没有做到位，一个小小的疏忽，对人的形象、对事业成败都有影响。所以，刘备言：“勿以善小而不为，勿以恶小而为之。”

天下大事，必做于细。

以平凡造就不凡

在生活中，其实每个人都是一个平凡的生命个体。因为有了理想和成就的区别，于是就有了人生的平凡和不凡的差别。理想的成功之塔是由数不清的细小的成功作为基石一块块垒起的，为理想而奋斗无所谓事情的大小。

许多英雄人物，在他们还没成为英雄之前，普通极了，平凡极了，和你我一样。他们之所以成为英雄，全在于他们具有英雄的素质，比如雷锋，天天做好事，日日行善举，最终成了一个不平凡的人。

平凡的行为和崇高的行为之间并没有一道不可逾越的鸿沟。崇高的行为是由日常一点一滴的平凡的善行积累而成。青年人立志，多是要做顶天立地的大丈夫，要做叱咤风云的大人物，可是他们总会发现，自己不过是社会中平凡的一分子，没有变成真正的大英雄、大豪杰。这并不是说我们不要立大志，而是我们朝大的志向走去时，不管成功或失败，都要经过无数的平凡。

你长期积累的好习惯，收获的一次次小成功，一定会让你赢得最后的胜利。执着其实也是一种美，能把小事的功用发挥到极致的人，必定能成就一番大事。

所以，我们应该从小事做起。那些眼里容不下小事或不把小事当回事的人，对学习也一定缺乏认真的态度，对各种活动不关心、不积极参与，既脱离群体和社会，也同样无法在平凡中体验生活和学习的种种乐趣，最终也无所谓什么理想。即使曾经有过也只是一种空想，这也是对前途的一种敷衍态度，从而耽误自己的一生，到头来悔之晚矣。

从小事做起，是指不能一蹴而就。从某方面来说，也有这种情况：小事人人会做，但并不是所有人都会坚持去做。只有在平凡中认真做好每一件小事，才能于平凡中缔造不凡的人生。凡事都要从小事做起，正是这些平凡的小事，决定了一个人的成功和失败。芸芸众生能做大事的人实在太少，多数人在多数情况下总还是只能做一些具体的事、琐碎的事、单调的事，也许过于平淡，也许鸡毛蒜皮，但这就是工作，是生活，是学习，是成就大事不可缺少的基础。

所以，平凡的事、琐碎的事、失败的事、困难的事等，它们都是成功的必由之路，你无法逾越它直奔成功。只有清醒地正视现实，才能勇敢地迎接未来。

只要从小事做起，成功一定会摆在每个人面前。所谓“一屋不扫，何以扫天下”，一个人若想做大事，就得有坚韧不拔的精神。自然界中的万事万物都不是一蹴而就的，如果我们能从生活中一点一滴的小事做起，每个人都能够把眼前的小事做好并发挥到极致，就会积累一份成功，从这份成功的经验里又可以孕育出下一次成功。生命不止，奋斗不休，用奋斗的双手拼搏下去，将来迎接的必是人生又一个更加巨大的成功。

心灵感悟

认真做事只是把事情做对，用心做事才能把事情做好。细节是成功的基石。所以做事要从小事做起，从点滴做起。成功是人人向往的，但不是人人都能做到的。李白的成功是从“坚持不懈，锲而不舍”中获得的；柏拉图的成功是从“坚持到底，永不放弃”中得到的。成功并不意味着做一些惊天动地的大事情，最关键的还是要从小事做起，这样才能在平凡的工作岗位上做出不平凡的业绩。“勿以善小而不为，勿以恶小而为之”，雷锋同志就是坚持一辈子做好事，才造就了自己新时代楷模的形象。不管你的志向是什么，总之，想要实现它就义无反顾地坚持下去吧。

2. 循序渐进，步步为营

生活中，我们经常会不自觉地以“目标”来代替“理想”这个词，总觉得这二者在含义上没有什么不同。其实准确地来说，这两个词在内涵和外延上还是有些差别的。简单地说，目标既可以指近距离的可以很快实现的某个标准或者可到达的方向，也可以指暂时还无法确定能否实现的标准，或者是一个相对模糊的没有极限的最终标准。不过，在个人不断努力的过程

中，随着一个个大大小小的目标的实现，这个模糊的方向将会越来越清晰。从这个意义上来说，属于后一种解释的所谓"目标"便是"理想"了。

理想是个大工程

应该说"理想"是一个没有终点的追求，它是一个与现实相对的概念，包含了人在某方面所期待的最佳状态。从理解的习惯来说，目标永远比理想显得要具体一些，一般情况下，理想在先，目标紧跟其后。目标是理想的阶段化和事实化，成功者一般都会对自己的行动过程规划得一清二楚。正因为他们目标明确，知道自己从哪里着手，从哪处努力才能得到想要的结果。成功者的行动一般是有计划按阶段进行的，这一点是成功的关键。所以，作为有志青年，从这个时候起你就可以为自己的理想作一个规划，比如，一个五年期的发展规划、一年期的学习或工作计划、半年期的打算甚至一周安排等。坚持把现阶段的计划做好并顺利完成是实现理想的科学方式。实现理想的过程是一个长期努力的过程，也是人生的一个大工程。

大事业都是由各种不同时期的目标所组成的，目标就像一栋大厦的砖瓦和基石，就像机器上的小零件，就像行万里路时的跬步。

做大事业虽说任重而道远，但的确值得我们用一生去追求。

我们要给自己定一个目标，哪怕一天实现一点，那么也是在向这个目标靠近，所以我们就要把自己的大目标分成许多的小目标，每天完成一个小目标，总有一天大目标就会实现的。

时间对每个人都是平等的，它不会给予某人多一点或少一点，关键看你怎么对待它。而人与人之间的差别就在于是否能把握住时间，能不能坚持完成这些自己制订的小目标。有毅力的人坚持下来了，他的理想就实现了，相反有些人不能坚持，忽视了这些小目标的作用，也没有意识到时间的无情，就这样在不知不觉中消磨掉了自己的青春，也为懒惰付出了沉重的代价，最终一事无成。

大学生当前的目标可能就是顺利地拿到毕业证，但是，总不能说拿到

毕业证是我们的理想吧。毕业证是容易拿到的，只要平时学习多用点功就行。如果把拿到毕业证当作一种理想，就只能说明你胸无大志。做人不能鼠目寸光，更不能得过且过，追求一个精彩的未来永远是年轻人的权利和责任。

人应该趁自己年轻的时候早早为自己的未来作一个规划，等理想确定下来以后，还得学会给它划分阶段，再分段实现各个通往理想的目标。因为理想绝不是一朝一夕能完成的，这个大工程需要时间来赋予你更多的才智和阅历才能完成。

对大理想和小目标的确立和区分是很有必要的，把理想当作了目标，急于求成，始终难以实现时，你会备受打击；而把目标当作了理想，就会影响个人的发展，当你遇到真的理想时，内心也会严重受挫。

在现实生活中，人们在谈起理想时可能就像在放飞一只色彩斑斓的风筝，可垂下头时，每天首先要面对的事情却是生存的现实，也就是要活着。活着也是一种“目标”，而想活得更幸福则又是一个基于前者的目标。活着首先要解决温饱问题，安排好自己的生活，这个基本的问题解决了，还得寻求通往幸福生活的跳板，这些跳板或许就是一份不错的工作、一次事业上的机遇、一个学习知识技能的平台等。总之，不管是什么，你的理想就这样被分为大大小小的目标，而这些目标都有一个共同前进的方向，那就是理想。

思想有多远，你就可以走多远

理想这个大工程得用一生的时间去实现，因为理想总比现实有着更高的标准，这也就注定了有价值的人生必定也是奋斗的人生。实现理想的过程也是将人生征程上所有目标各个击破的过程，人生总会有句号，目标可以有句号，而理想却可以永无界限。一个个带着句号的目标只是理想实现过程中的一个个“逗号”，一个个“逗号”有着相同的方向，它们的方向就是理想的位置。

人对生活和未来的期望不同，理想的大小也不一样。你希望未来会收获什么样的果子，你就得先种下什么样的种子。

从前，有三个砌墙的工人在建一座教堂，上帝路过这里，他问第一个工人："你在干什么？""我在砌墙。"上帝又问第二个工人同样的问题，第二个工人回答："我正在建造一幢宏伟的建筑。"轮到第三个工人了，第三个工人愉快地回答："我正用砌墙这种方式，与上帝交流。"上帝觉得很惊奇。十年过去了，有一天，上帝又遇到原来砌墙的三个工人。结果，第一个工人仍然在砌墙；第二个工人成了一位杰出的建筑师；而第三个工人则成了一位闻名的周游世界的牧师。

从这个故事来看，如果一个人只盯着眼前的目标，而不树立远大的理想，也就不可能有大作为和成就。相反，如果一个人树立了远大的理想，而又能从小目标做起，做好每件事，就具备了实现理想的可能。

有些人在很小的时候就有过很多理想，比如想当一名物理学家、歌手、教师、律师等。但随着年龄的增长，可能有三种情况出现：一种是自认为不能实现理想，就放弃了；一种是新的理想不断地替换之前的理想；最后一种是坚守自己的理想，不实现不罢休。往往成功的人就是第三种人，理想层出不穷又不付出努力，等于没有理想，不经过实践全凭空想，所谓的理想也只能说是幻想。那些坚守自己理想的人，同时也是理智的人，他们对理想的认识很透彻，知道在追求理想的过程中把自己的计划制订得井井有条，并能很有耐心地从小事做起，从小目标着手。做好一件件细微之事，就实现了一个个小目标，实现了一个个小目标就离理想越来越近了。所以，年轻的朋友们，为了实现理想，我们要从现在做起，做好每一件事，制订好每一步的计划，规划好人生的每一个奋斗环节。万丈高楼平地起，只有在青年时期打好基础，将来才能有所作为。

西班牙著名作家塞拉曾经有这么一句名言：对于年轻人来说，未来是一个仙境。仙境是什么，谁也没有见过，但没有谁理解不了什么叫仙境。所谓仙境是人对生活的一种至纯至美至高的期望，是理想的极致。对于它你怎么形容都不过分。那么,是不是每个人都会拥有这个仙境呢?绝不!塞拉的意思是说年轻人是最有可能去拥有这个仙境的,因为年轻人有的是奋斗的时间和精力,在青年时期,只要你有一个关于仙境的梦,用年轻的思想和热情去追求它,你的人生就会达到你梦中的仙境。

相传东汉太傅陈蕃15岁时,曾经独处一个庭院习读诗书。一天,他父亲的一位老朋友薛勤来看他,看到院里杂草丛生、秽物满地,就对陈蕃说:"孺子何不洒扫以待宾客?"陈蕃当即回答:"大丈夫处世,当扫除天下,安事一室乎!"这样的回答让薛勤暗自吃惊,他知道此人虽年少却胸怀大志。感悟之余,劝道:"一屋不扫,何以扫天下?"以激励他从小事、从身边事做起。后来,陈蕃果真成就了一番事业并成为汉室的功臣。自此以后,这两句千年以前的对话,便成了后人励志的名言。

所谓"积土成山,积水成渊",理想是一个宏伟浩大的工程,它是由很多细小的事情组成的,这些事情中有难的、易的、枯燥乏味的,也有充满趣味的。总之,不管你对这些事情有些什么样的感受,你都不能有半点好高骛远或者懒惰的思想,要饱含激情地去面对它,去一件件地完成它。不会做或不屑于做小事的人,很难有大的作为,只有经过做小事和平凡事的磨炼历程,才有可能具有做大事业的才干,才能真正地实现自己的梦想。

心灵感悟

如果你明确了人生的目标,你就找到了奋斗的方向,你个人的潜力才能得到充分发挥。大理想的实现靠的是小理想的积累,从小理想着手,奋斗不止,终会有大理想实现的一天。有一句话说得好——活在当下,当下的事情才是你现在最重要的事情。每天,当你在为当下的目标努力时,你就应该这样想:实现了这个目标,就能跟理想靠得更近一些了。当实现每一个目标时,成功的欣慰会不断地增长你的斗志和信心。欣慰之下,你就不会感到累,不会感到苦,胜利也就不期而至了。

当小目标实现后，赶快定下下一个更高的目标吧，这个奋斗的过程就像爬山一样，更上一步，你付出的会更多，同时你看到的景色也更美，得到的回报会更多。如此坚韧不拔地一路走下去，你的宏伟事业就会得以实现，生命的价值才能得到最大限度的彰显。

3. 理想与现实

每一个成功者，其奋斗史都是一个现实与理想相互纠葛的过程。理想是美好的、璀璨的，诚如塞拉所言——那是一个仙境。所以，奋斗的人们总喜欢将一种近乎完美的标准高悬在心里，期待着能快些实现它。可是，充满残缺的、丑陋的、让人沮丧的现实就像总也绕不开的绊脚石一般，时时阻碍着你前行的脚步。对于聪明人来说，他会懂得曲线制胜的策略，而对于一味蛮干的人来说，他最终走的是一条死胡同。俗话说“变则通”就是这个道理。

条条道路通罗马

理想是一个人奋斗的方向，而行动是不停转动的车轮，在前行的道路上遇到无法排除的障碍和死胡同时，得及时调整好理想的方向盘。目标不变，只是绕道而行而已，也许，所绕的那条路正是你成功的捷径。

有一段对话，就是说明这个道理的。

司机问乘客：“您是要走最短的路还是最快的路？”乘客不解地说：“最短的路难道不是最快的路？”司机摇头说：“当然不是，现在是上班的高峰时期，最短的路交通是最拥挤的，弄不好会堵车，车速甚至赶不上步行的速度，所以用的时间肯定是最长的，您要是有急事，不妨绕道走，多走一段路反而会早到。”这个故事说明，凡事不能以自己理想的标准去判断，有可能那种不切实际的观点会耽误你的大事，从而推迟理想的实现。

我们经常这么说，对于理想的实现，得有一种执着的精神，这没有错。不过前提条件是得找好一个实现理想的最佳方向，方向一旦选择错误，到头来所有的努力可能就会白费。

有一句话这么说，“条条道路通罗马”，是说实现理想的方法有好多种。怎样的一种方式是最适合自己的，得有所选择。当你的前路被一座大山挡住了去向时，你虽然没有能力去移动它，但你可以绕过它，只要方向不变，多走一些弯路也许是成功的最佳途径，也不失为一种最睿智的选择。

成功的人都有一种共性，就是善于把握方向，更懂得奋斗要讲究策略。无论他们做什么事情，都会先明确自己应该做的和该怎样做。如果不懂得这一点，处理问题时只是一味地蛮干，是绝不会获取成功而到达理想彼岸的。

英国哲学家、数学家、逻辑学家罗素曾经说过：只有同这个世界结合起来，我们的理想才能结出果实；脱离这个世界，理想就不会结出果实。如果说，你有改变世界的雄心，那么，在现实面前你得先改变自己，让自己去适应现实，并从现实中寻求最佳的变通方式去处理奋斗中遇到的各种问题。如果你的思路正确，方法得当，最后你赢得的世界才是真实的、美好的。所以，我们每个人都要以积极的心态去面对理想和现实的问题。当你以积极的心态面对困难的时候，困难必然会在你面前低头。反之，如果在错误的方向上做错误的事情，你的努力势必将会白费。即使你是那么努力，即使当下的事情做得是那么完美，可是，你最终还是南辕北辙，绝不会得到成功时的幸福和快乐。

成功的路就在脚下

理想是美好的，实现理想的过程却并不轻松，我们每个人如果不掌握好人生奋斗的正确航向，一次触礁和碰壁也许会让你付出惨重的代价。

一只蝴蝶从窗户飞进来，不停地在房间里一圈又一圈地飞舞，它惊惶

失措，原来它找不到出去的路了。它不停地拍打着翅膀，一次又一次地努力，可任凭它在房间里左冲右撞也没能飞出房子。它有点绝望了，之所以无法从原路出去，原因在于它总是在房间的顶部那点空间寻找出路，不知道往低处飞——低一点的地方窗户是开着的。甚至有好几次，它都飞到离窗户顶部至多两三寸的位置了。可惜，它还是没有找到自己的出路。最终，这只蝴蝶耗尽了全部气力，奄奄一息地落在桌上，像一片毫无生机的叶子。

很多时候，许多人就像这只迷途的蝴蝶一样，虽然也在不断地努力，可不知变通，更不懂策略，失去了成功的好时机。

从成功人士的故事里，我们明白了不少做人的道理，处理问题及实现理想的方法、方式和手段。比尔·盖茨的好朋友巴菲特在学生请他为自己指引方向时，他常这么说："我和你没有什么差别，如果一定要找一个差别，那可能就是我每天有机会做我最爱的工作，如果你要我给你忠告，这就是最好的忠告了。"一个人能每天花大量的时间来研究自己的事业，这是多么执着的奋斗精神。研究是一种全神贯注的状态，是一种极大的精神投入，只有具有这种研究的精神才能找到努力的方向，时刻调整自己的最佳状态和位置，以保证自己的努力都能起到积极的作用，从而缩短与成功的距离。如果我们每个人都能做到研究事业，为事业寻找每一个机会，制定最佳的方向和策略，还有什么事情是不能成功的呢？

心灵感悟

人是最智慧的动物，有时又是最愚蠢的动物。因为智慧才有征服一切的雄心，却也因为智慧常常忽视征程中的陷阱。而且有时候这陷阱是自己设下的，为什么这样说呢？如果在为理想和目标努力的同时，轻视目标，不注意方法，不找准方向，势必会制造一个个错误，小错误可以及时纠正，大错误却无法挽回，正如下棋一般，一着不慎满盘皆输。还有一种暗礁也常常会被人忽视。本来很有前景的一件事，计划、方法都已定好，偏在实施时对某些隐患缺乏认识和预防，于是事业之船不幸触礁了。同样，有些损失也无法挽回，白费了努力，错失了机遇，甚至与理想的方向背道而驰，越行越远。

认清方向、制定策略、明确方法、避免失误是为理想行动的必要前提。做到这些，你就有必胜的把握，也就离成功更近了一步。

4. 愈挫愈奋

曾经有悲观主义哲学家说，我们出生时之所以哇哇大哭，是因为我们预知生命必然充满痛苦。至于迎接新生命到来的成人之所以满心欢喜，是因为又多了一个人来分担他们的苦难。当然，这是消极、负面的论调。挫折和不幸的遭遇确实会让我们感到痛苦，但它又使我们变得更加坚强、勇敢。

不经风雨，难见彩虹

许多年轻人曾经幻想，如果人生没有挫折该多好。但换一个角度想一想，如果真的没有挫折，永远风平浪静，永远都是完美的结局，那生活将会变得索然无味。因为，人生本来就应该五味齐全，有失败的沮丧，有失去的悲痛，有坎坷的辛酸，有奋斗的艰苦，最终的成功才会让人体会到意想不到的甜蜜和喜悦。不论你曾经遇到过什么样的挫折和不幸，只要获得了成功，一切的不快都足以抵消。这样说来，成功给人的满足感是神奇而巨大的，为了它就算经受再多不如意也是值得的。从现实来讲，奋斗的过程不遭遇挫折，这对任何一个人来说几乎都是不可能的。挫折带给我们遗憾，

造成某些不可挽回的损失，但它可以激发一个人的斗志，只要战胜挫折继续挑战，最终我们收获的东西将远远大于所失去的。

每个人在工作和生活中碰到挫折的时候，都得先全面客观地认识和分析挫折的真相。世界上的任何事物都有两面性，挫折也不例外，关键在于你怎样看待它。有人把挫折当作障碍，当成一座无法翻过的高山，当成不可穿越的大海，所以，意志软弱的人在挫折面前气馁了、退缩了，最后他就是一个失败的人，他将不能从生活中得到真正有价值的东西，只能庸庸碌碌地过完一生。可有些人却将挫折当成自己前进的动力，在克服困难的过程中磨炼自己的意志，使自己变得更加强大，并从失败中汲取教训，寻找更好的攻克方法。眼朝前看，脚步不停，朝着自己原定的目标不懈地努力，这样的人最终会得到事业的成功，实现人生的价值。这样的人生将会是多么精彩的人生，多么有意义的人生！

我们在面对挫折时应该有什么样的态度呢？首先得有一个良好的心态，要学会将不利的因素转化为有利的形势。

不要害怕挫折，把挫折当作一扇门，打开这扇门，你才会看到宜人的风景。记住：假如有一百扇门向你关闭，那希望就在第一百零一扇门里。

经历了种种痛苦与磨难，最后的结果会有所不同，因为每个人承担磨难的心境不同。唯有经过磨炼的生命，才能拥有顽强的生命力，也唯有历经人生风雨的人，才知道生命的难得与珍贵。

愈挫愈奋，绝处逢生

人生在世，漫漫长途，遇到挫折和坎坷是在所难免的，普通人如此，更何况想摆脱平凡、成就一番大事业的有志人士。许多庸俗无为的人，恰恰不敢经受大风大浪，只想追求一种安逸舒适的生活。但是，如果没有面对挫折的信心，就算是一份最平凡的生活也无法得到保证。

取得事业上成功的人，没有哪个人的奋斗之路是平坦的。

法国科幻小说家儒勒·凡尔纳将作品《气球上的五星期》连续投给了

15 家出版社，没有被人赏识，直到投了第 16 家才被接受。

美国作家杰克·伦敦当初也是向很多出版社投稿，却没有一家愿意出版他的作品。他不得已只好做苦力来养活自己。但他从没有放弃自己的理想，在业余时间奋力投身于创作，最终，他的《北方故事》被一家西洋月刊看中，从此一举成名。

丹麦童话作家安徒生的第一篇作品问世以后，不断地受到人们的攻击，轻视他是一个鞋匠的儿子，说他的作品错字连篇，不懂修辞，不懂文法。可安徒生没有气馁，更没有被打倒，反而比以前更有奋斗的勇气，终于成为童话大王。

王洛宾是受大众欢迎的音乐家，他曾经说过“苦难也是一笔财富”。这位被誉为“西部歌王”的音乐大师，曾经身陷囹圄，妻离子散，一度处于巨大的心理压力之下。然而，他以“胜似闲庭信步”的人生态度战胜了重重苦难，最终创作出许多如《在那遥远的地方》等脍炙人口的佳作。

爱迪生晚年也遭遇了一场巨大的灾难。一天，一场大火将他的实验室烧成一片瓦砾，他研究的有声电影的所有样板资料全部化为灰烬。他的妻子难过得流着眼泪对他说：“多年的研究成果被烧得精光，如今你年老力衰，可怎么办啊?”爱迪生虽然伤心，可他是决不会从此放弃的。回想当年，他为了研究电灯，试验了 7800 种材料，失败了 8000 多次，终获成功，这次经受的火灾与他当年所遇到的挫折相比根本算不了什么。他对妻子说：“别说我老，我才 67 岁，从明天早晨开始，一切从头再来。”这位科学家，正是由于有百折不挠的奋斗精神，才取得了无数次的成功，从而奠定了他在人类进步史上的崇高地位。

古往今来，凡成功之人，莫不是面对挫折能愈挫愈勇的人。我们面对人生，首先得有极强的乐观主义精神，遇到困难、遭受挫折，能满怀豪情、义无反顾，像顶天立地的强者一样去笑傲坎坷。

人的一生就像大海上的风景，有时风平浪静，有时却恶浪滔天、惊心动魄。在身处逆境时，千万别忘了坚持。

心灵感悟

英国作家、文学批评家约翰生曾经说过:成大事不在于人力量的大小,而在于能坚持多久。天才的个性就是在困难中坚持寻找机会。古今中外的无数成功者都证明了这一真理。在日常的生活中,人们也许都怀着成功的愿望和同样的信念,对未来有着无限的期待,可最终有人成功了,将理想变成了现实,而有些人却半途而废,一事无成。为什么有这么大的差别?这正在于他们在面对挫折和困难时的态度的差异。机遇和希望常常潜伏在挫折之中,把握每一次挫折,就是把握每一次成功的机会。

第二章

求学

英国学者培根说:“读书使人充实,讨论使人机敏,写作则使人精确。”他还说:“读史使人明智,读诗使人聪慧,演算使人精密,哲理使人深刻,道德使人高尚,逻辑修辞使人善辩。”学习的益处在人们的生活中是无处不在的。

一、学习的目的

1. 为中华崛起而学习

少年兴则国兴，少年强则国强。青年代表祖国的明天，今天我们的每一分努力都将是为祖国明天添砖加瓦的材料，是祖国强大的保证。所以，我们每天所做的一切都关系到国家的发展、民族的振兴。我们应该本着一颗爱国的心去学习、去奋斗。今天的年轻人大多是受过高等教育的，肩负着国家的荣辱，是引领中国走向世界的中坚力量。所以，我们应该努力拼搏，刻苦学习，用勤劳的双手让祖国繁荣昌盛，用坚强的臂膀给祖国安定祥和的环境。

爱国之人必爱学习

有一个最老套的问题：你为什么读书？为谁读书？有人说是为自己找个饭碗而读书，也有很多人说为了实现个人理想而读书，这都没错，但个人理想应有最终的社会指向，作为炎黄子孙，我们读书是为了国家。国家需要人才，国家需要建国的栋梁。

从古至今，中华儿女的爱国之心一直是祖国强大的力量，将士侠客，长剑当空挥，斩去敌首无数；儒文雅士，执笔临风书，唤起民众千万。岳飞自小苦练功夫，对国家赤胆忠心。岳母在其背上刺字——“精忠报国”，勉励他将爱国作为人生的第一目标。诗圣杜甫一吟成颂，“国破山河在，城春草木深。感时花溅泪，恨别鸟惊心”，其爱国之心，感人至深。

中国残奥代表团女子游泳队运动员、北京联合大学特殊教育学院07级本科生谢青是一个生活在黑暗里的女孩，但她坚强乐观。正是这个从未见过色彩的女孩，用艰辛的汗水与泪水在游泳池里编织出了属于自己的七彩世界。在第七届全国残疾人运动会上，她在女子S11级50米自由泳、100米自由泳等6项比赛中一人独得5枚金牌和1枚银牌，打破了3项全国纪录和1项世界纪录。谢青先天性视网膜萎缩，出生时视力还有些光感，但随着年龄的增长，光感越来越弱，直至完全失明。但磨难并没有打垮这个坚强的女孩。9岁时，一个偶然的机会，谢青接触到了水，并对这个从来没有用眼睛看到过的神奇物质产生了感情。从此，她的梦想在水中生根发芽了。

2005年8月到10月，由于视力从S12级半盲变成S11级全盲，这期间的训练成为谢青最艰难的一段过程。训练中，她不停地撞到水线和池壁，连到终点撞线都要教练提示。腿碰青了，头撞破了，甚至泳帽都不知划破了多少个。但她从来没有放弃过，她坚信：坚持就是胜利。

凭着超人的毅力，谢青终于考进了北京联合大学，2007年还获得了校长特别奖。为了实现自己的最大梦想，拿到一块北京残奥会的金牌，谢青训练更刻苦了。因为她深知，每一枚金牌都是由自己的汗水浇灌而成的，在训练中每多划一次水，就离金牌更近一步。2008年她参加了残奥会，并获得了一枚北京残奥会金牌。

自强的人总是能开辟全新的人生，改变困苦的命运。谢青因为自强战胜了自己，为自己更为国家赢得了荣誉。由此可见，年轻人就是要不断地学习，用知识和技能来武装自己，使自己更有奋斗的力量。

自强的人是爱学习的人。在学习的过程中会遇到各种困难，超越困难需要不断地磨炼坚强的意志。自强的人也经常自勉，取得成绩时知道鼓舞自己，激发自己继续努力的热情。就像怀揣一个有无限潜力的动力泵一样，时时释放出强大的力量，让自己胜不骄败不馁。拥有知识的人是乐观的人。正是有了昂扬奋发的精神，才有自强不息的品质。自强的人，从来

都是把成败、得失、荣辱、幸运和不幸归因于己，不怨天尤人，从自己身上找出原因，勇于承担责任，找出自己的不足，从而积极改进。

学习使人自强，更可以强国

中华民族是一个崇尚爱国的民族，在五千多年的历史长河中不但创造了丰富的文化成果，形成了独具特色、内涵丰富的民族精神，最为突出的还是表现在热爱祖国的品质上——不屈外力、勤劳勇敢、豁达乐观、热爱自由、不畏强暴、见义勇为、英勇奋斗等。这种民族精神对于整个民族的统一、稳定和发展起了不可取代的巨大作用，有着超越时代的深远影响。而无论哪一个国家，影响发展、促使进步的主导力量无一不是读书人。在中国，读书人的政治思想讲求“修身、齐家、治国、平天下”，这就将爱国主义放在了人生的最高追求上。

有国才有家，有家才有自己的幸福生活。古代士人的爱国情怀有着实实在在的内容，既不畏艰险，殚精竭虑，投身祖国物质文化建设，又反对国家民族的分崩离析，维护各民族的团结，捍卫祖国的统一；既团结对外，同仇敌忾，奋起抵抗，誓死不渝，直到彻底战胜侵略者，又勇斗愚顽，兴利除弊，推动祖国走向繁荣富强。爱国主义精神作为一种伟大的凝聚力和向心力，对实现中华民族的独立与富强，推动社会进步起了重要作用。

“为中华之崛起而读书”，这是少年周恩来的一句爱国名言。周恩来赴日本留学前，曾经回到沈阳母校，看望诸位师友。他给一个要好的同学写了临别赠言：“志在四方”，“愿相会中华腾飞世界时”。这位同学把这个题字一直珍藏了40年。

为中华之崛起而读书，是周恩来毕生的目标，唯是如此，周恩来才受到万民的景仰，几乎成为一个完美的化身。

冯玉祥将军出生于贫寒家庭，但自幼学习就很刻苦。他在任旅长驻湖南常德时，规定每天早晨必须读两小时英语。他在学习时关上大门，门外悬挂一个牌子，上面写着“冯玉祥死了”，拒绝外人入内；学习完毕，门上字

牌则改为“冯玉祥复活了”。周恩来对冯玉祥的好学精神曾给予了高度评价：“先生好读书，不仅在泰山隐居时如此，即在治军作战之时，亦多手不释卷，在现在，更是好学不倦，永远值得我们效法。”

南昌起义后，刘伯承被党派往莫斯科高级步兵学校学军事。对于俄文字母，刘伯承一个也不认识，加上他已35岁，又操一口四川话，学俄语困难得很。学习期间，无论白天还是晚上，只要有一点课余时间，他就背单词、记语法、写笔记。他常在别人熄灯就寝后，在走廊的灯光下，孜孜不倦地读课本。经过几个月的学习，他的俄语学得很好。1930年回国后，他还翻译了大量的苏联军事文献。

心灵感悟

顾炎武的那句经典爱国名言“天下兴亡，匹夫有责”激励古今一代代文人志士。苏联著名教育实践家和教育理论家苏霍姆林斯基说过：“热爱祖国，这是一种最纯洁、最敏锐、最高尚、最强烈、最温柔、最无情、最温存、最严酷的感情。一个真正热爱祖国的人，在各个方面都是一个真正的人……”一个真正的人必懂得学习的重要，更懂得学习的最终目的不是个人的享乐，而是报效祖国，以民族的发展为己任。明代文人顾宪成的那副“风声雨声读书声，声声入耳；家事国事天下事，事事关心”的对联就像斧刻刀琢般镌刻在爱国读书人的心中，这就是中华民族振兴的力量。

2. 学习是人生存和发展的需要

学习是人类改造自己、提升自身生活质量的一种手段。因为学习，我们才能取人所长；因为学习，我们才能掌握更多的知识和才干。学有所成，

是干好一番事业的基础和条件，学习是收获幸福、追求成功的武器。

学习应该是一件让人快乐的事情。孔子说过：“学而时习之，不亦说乎？”当然，学习的过程是漫长的、艰苦的、充满挑战的，但是，这些学习过程也无不包含着一种快乐和幸福。拥有知识的人是最充实、最幸福的人。在学习中，我们收获成功，收获希望，也收获无比精彩的未来。

学习使我们的生活充满阳光

孔子曾讲过自己对学习的感受：“朝闻道，夕死可矣。”可见，孔子对学习重视和热爱的程度。徜徉在知识的海洋中，随时都会让你感到快乐。唯有不断地学习，才能让人脱离愚昧，增长见识，提高能力，并演绎出人生幸福的乐章。

有些人认为学习就像饮一杯苦水，远不如及时享乐来得甜蜜，殊不知，这种低层次的快乐只能愉悦一时，却无法持久。贪图享受，拒绝求知，生活最终是低层次的，更谈不上什么发展和希望，这样的人最终只能成为没有精神支撑的行尸走肉而已。知识就像一块巨大的磁铁，吸引着热爱学习的人们。正如美国的爱默生所说：“一切都是谜，一个谜的答案是另一个谜。”学习的过程正是如此，知识的广度一环套一环，知识的深度引人入胜，知识的奥妙其乐无穷。学习的过程又像品味一杯浓咖啡，入口苦涩，却让人回味无穷，难以割舍。

英国学者培根说：“读书使人充实，讨论使人机敏，写作则使人精确。”他还说：“读史使人明智，读诗使人聪慧，演算使人精密，哲理使人深刻，道德使人高尚，逻辑修辞使人善辩。”学习的益处在人们的生活中是无处不在的。

学习是快乐的。当你翻开书本，就如同打开知识的大门一般。在书中，你会有很多亲近的朋友，他们告诉你知识的真理、人生的真谛。你会和许多智者对话，跟伟人交谈。把他们的知识灌注在心中，融化在脑海里，你就等于爬上了巨人的肩膀。徜徉在知识的世界里，你会感到自己的天空是那么明朗,更会觉得浑身有一种无法形容的力量。

数学家陈省身曾经说:“数学好玩。”从科学家的话语中,能间接地领略数学王国的广阔和精彩。学习中苦与乐是相对的,关键在于你的态度,你认识到学习的重要性,就必然会热爱学习,那么快乐自然就会源源不断地注入你的心田。快乐学习也是人生的一种境界,一种积极的态度,一种向上的追求。

杜甫说过:“读书破万卷,下笔如有神。”说的就是学习的必要性和重要性。知他人所不知,解他人所未解,永远是一种美好的追求,在追求中享受幸福和快乐,人生该是多么美好。

人生最重要的经历是成长,如何成长?唯有不断学习。大学正是立志求学的大好时期,没有哪一个人生来就是科学家、政治家、艺术家,要想成功,靠的是知识的铺垫、经验的积累。学习必须要勤奋,必须要刻苦,因此许多学子把“书山有路勤为径,学海无涯苦作舟”这句话当作自己读书的座右铭。毛主席说过:“好好学习,天天向上。”当我们每天快乐地学习的时候,我们也会愉悦地感受到自己每天快乐的成长。

活到老,学到老

英国学者培根说:“知识就是力量。”对于知识的作用和价值,古人已有认识,汉朝哲人王充的论断是:“人有知学,则有力矣。”今天,日新月异的科技进步、不断深化的社会变革,尤其是中国加入世界贸易组织之后面临的新机遇和新挑战,使我们对知识与力量的关系有了更新的体验,学习的重要性日益突出。

学习对每一个人都是重要的。我们所说的学习,是广义的学习——既学习知识,又学习技能;既学习历史,又学习现实;既学习自然科学,又学习人文科学;既向书本学习,又向实践学习。一个有正确思想观的人,会对他人所具有的长处抱着学习的态度,所以学习是没有边界的。

学习的目的在于运用。年轻人要认识到学习的重要性,以不断提高自

身的思想素质和个人能力为目标，扎扎实实地学习，努力做到理论与实际、学习与运用相统一，力求达到三个方面的学习成效。一是学以立德，即通过学习，科学地掌握立场、观点、方法，坚定理想信念，坚持正确的事业方向，牢固树立科学的世界观、人生观、价值观和正确的权力观、地位观、利益观。二是学以增智，即努力掌握基本知识，扬弃旧义，探求新知，不断提高驾驭全局的能力、宏观决策的能力、综合协调的能力、知人善任的能力和处理复杂问题的能力。三是学以致用，即把科学理论和知识用于指导个人发展的具体实践，用于研究解决个人存在的实际问题，创造性地开展工作，把事业不断向前推进。

学习需要时间，这要求合理利用好时间抓紧学习。学习要靠积累，是否愿意做某一件事，实质上不是有无时间的问题，而是重视与否的问题。重视了，就舍得拿出时间、付出精力。只要想做，就能挤出时间来学习，提高自己。

活到老，学到老。

有人把学习比作终生的事业，的确如此，因为知识永无枯竭，所以学习永无止境。

著名经济学家于光远，晚年又开始攀登文学高峰，散文出手不凡，自诩“21世纪文坛新秀”。在90岁之前，于老出版了75部著作。晚年的于光远每天花大量的时间坐在电脑前，除了吃饭、睡觉，他基本都在电脑上写着、学着、玩着。他快活地表示，不过百岁生日，要出百部著作。于光远就是“活到老，学到老”的楷模。

德国有个叫玛克司的老太太。1994年，当时70高龄的她，经过长达6年的刻苦攻读完成了学业，以优异的成绩获得了科隆大学的教育学硕士文凭。9年之后，玛克司又在年近八旬时，完成了长达200页的博士论文，论文的题目是“如何度过晚年——学习使老人永远充满活力”，最后被科隆大学授予教育学博士学位。在生活中，真正能把学习当成终身事业的人不在少数，正是这种积极的人生态度使他们永葆青春活力。

对于很多人来说，学习往往带有短期功利性，成了达到某个目标的阶段性的任务。时代在前进，社会在发展，抱着一蹴而就的思想总有一天会在竞争中被抛弃。我们只有放眼整个世界，展望人生长远的发展，才会觉得学习并不仅仅是为了取得眼前的某些利益，明白了这一点，就会有一种强烈的使命感，这种使命感便是快乐的理由。

有了快乐的理由，我们才会活到老、学到老。学习不仅仅是指在学校里的学习，学习的方式有很多种，从书本上学，从实践中学，从他人的经验里学。其实先哲早已告诉了我们这个道理。子曰："三人行，必有我师。"任何事情都有值得借鉴吸收的部分，任何人都有值得我们学习的地方。读万卷书不如行万里路，要不断地走出去，感受外界，吸收外界的精华为己所用。

心灵感悟

学习是快乐的，学习是终身的，学习是人生存和发展的需要。那些不爱学习的人只是没有找到学习的快乐所在，只要认识到学习的重要性，潜心学习，你就是快乐的，你就是成功的。唯有终身学习才能愉悦人的生命，才能改变人的涵养，才能开阔人的心胸并使人不断地强大。

3. 崇尚科学，追求真理

无论何时，远大的理想永远是年轻人的奋斗目标，而目标是建立在追求真理的基础之上的。美国著名的物理学家康普顿说过："科学赐予人类的最大礼物是什么呢？是使人类相信真理的力量。"崇尚科学，可以使人拒绝愚蠢和迷信，认清前行的方向，避免误入歧途，痛失良机，甚至贻误终身。真理就像航行中指引方向的航道，它可以让你巧妙地躲过暗礁，绕开冰山，直达胜利的彼岸。

以崇尚科学为荣，以愚昧无知为耻

年轻人是有知识、有文化的群体，从小就接受科学文化的教育，应该有“以崇尚科学为荣，以愚昧无知为耻”的荣辱观。胡锦涛在关于社会主义荣辱观的重要论述中提出“以崇尚科学为荣，以愚昧无知为耻”。这一论断，以高尚的科学精神规范社会道德价值取向，闪耀出社会主义道德的时代光芒，是人民崇尚科学、反对愚昧的行动纲领和锐利武器。陶行知早年就说过：“中国必须受科学的洗礼，方能适于生存。”康有为在《物质救国论》里也这样说：“科学实为兴国之第一事。”这说明科学是兴国安邦的重要条件，作为个人的发展也是这样，学习不讲科学难以掌握真正的知识，工作不讲科学得不到提高，生活不讲科学更是寸步难行。人类正是因为有了科学的支撑才有今天的幸福生活。

科学，因其正确地反映了自然规律和社会发展规律，而成为推动历史进步的杠杆和基石。科学技术是第一生产力，科学思想是重要的精神力量，越来越成为人们的共识。总结世界发展的历史经验，我们就更加深刻地认识到科学文化对一个民族生存和发展的重要性。我们崇尚科学，就是要弘扬科学精神，掌握科学知识，应用科学方法，学会科学思维，并自觉地将其应用于学习和生活的实践中。

愚昧无知，是对自然力量和社会力量畏惧、屈服的结果，也是独断专行、自以为是的一种反映。我们反对愚昧无知，不单纯是反对没有文化知识，也是反对不学科学知识、不用科学方法、不尊重科学的行为。因此，我们不仅要反对“无知”的愚昧，更要反对“有知”的愚昧。

愚昧的最明显表现就是迷信。迷信是人类进步的大敌。

“老迷信”——闹鬼、求神、算命、巫医、看风水。20世纪50年代，自称“万教归一”的一贯道组织，诱骗了20万人入道，成为集封建迷信之大成、祸国殃民的大杂烩。步入21世纪，形形色色的“老迷信”仍有市场。

“新迷信”比“老迷信”更具危害性，因为“新迷信”披着科学的外衣，祸害了一批科学信念不坚定的人。20 世纪 80 年代，一个叫张香玉的女人突然间“掌握了大自然中心功”，“能看透人体，看穿地球，与万物对话，与死人交流”。20 世纪 90 年代，自称为“东北红太阳”的张小平，扬言“只要我不练功，中国就要发生灾难，最近，我没练功，中东就发生了海湾战争”。号称“旷世神医”的胡万林，用“功化汤”害死了数十人。李洪志的邪教害死了 1400 多名“弟子”，还标榜自己能“推迟地球爆炸的时间”。“新迷信”演出了一幕幕活生生的现代荒唐剧。

“洋迷信”也颇为害人。“世界末日说”引出了美国的“末日教”、日本的“奥姆真理教”，还出现了“天堂之门教”“戴维教”等邪教组织。这些“洋迷信”使众多外国人上当自杀。

所有的迷信者，不论文化层次如何，经历如何，从科学的角度看有一个共同点——都缺乏理性思维。法国一位现实主义文学家说：“迷信是傻子遇见了骗子。”人若不想傻，须学习科学；人若不想上当受骗，须学习科学。

邓小平说过：“要提倡科学，靠科学才有希望。”从全球的视角来看，我们的民族要自立，国家要强盛，经济要发展，必须大力倡导崇尚科学、反对愚昧的精神，大力提高全民族的科学文化素质。年轻人更要起好模范带头作用，把“以崇尚科学为荣，以愚昧无知为耻”的荣辱观落实在学习、工作和日常生活中，使其成为自己为人做事的行为准则。

学习的本质就是追求真理

知识是什么？知识是人类在探索自然、推动社会进步的过程中积累的各种经验。我们学习知识的过程也就是追求真理的过程。知识可以改变命运，可以使人自强，更可以强国。对于知识的重要性，高尔基曾这么说过：“人需要真理，就像瞎子需要明眼的引路人一样。”想想人类还处在蒙昧时期的时候，对各种现象都缺乏认识，生存到处碰壁，是一代代的智者付出无数的艰辛才有了大量经验的积累，才使学到这些经验的人能站在巨人的肩膀上进行再创造。人类永远是渴望知识的，即使在如此进步发达的今天，仍旧有无数的未解之谜：宇宙的奥秘，人类各种难以攻克的疾病，各种奇怪的自然现象的真相都有待揭秘。这种种任务将落在我们年青一代的身上，年轻人是未来的希望，年轻人更需要不断地获取知识，做一个追求真理、敢为真理献身的有志之士。

人之所以奋发，是因为有动力，追求知识的动力就是一种渴求、一种热爱的推动力。对于真理来说，只要你信奉它、追随它，你就会得益于它。追求真理的过程是一种饱含激情的过程，这个过程就如培根所说："研究真理（就是向它求爱求婚）、认识真理（就是与之同处）和相信真理（就是享受它）乃是人性中最高的美德。"真理是源于事实，从实践中得到的。这就要求我们无论做什么事情都要忠于事实，忠于真理。

《国际歌》写得好："满腔的热血已经沸腾，要为真理而斗争。"千百年来，一代代的英雄们追求真理，矢志不移。

波兰天文学家哥白尼追求真理，发现了真理，他提出了日心地动说，从而打开了近代自然科学的大门。他的《天体运行论》动摇了中世纪神权统治的基础，因此受到了教会迫害。

意大利的布鲁诺传播真理，宣传哥白尼学说，宣传进步的宇宙观，触犯了封建教会，也因此被活活烧死在罗马的广场上。布鲁诺实践了他"为真理而斗争是人生最大的乐趣"的誓言。

伽利略信仰真理，他支持哥白尼学说，因而遭教会迫害，被斥为异端分子，受到罗马宗教法庭传讯，以至于判罪。尽管这样，伽利略仍然从事艰苦的科学研究工作并做出卓越的贡献。

科学家们发现真理、追求真理、传播真理、信仰真理、捍卫真理的精神，永远值得我们学习。

人类的历史是不断发展的，自然界总是不断发展的，因此"人类总得不断地总结经验，有所发现，有所发明，有所创造，有所前进"。而这些发现、发明、创造、前进又不是一帆风顺的，需要不断地探索，不断地学习。

心灵感悟

真理永远是真理,什么也不能将它抹杀。追求真理的人是智慧的人、高尚的人、有责任心的人。培根说:“时间是不可占有的公有财产,随着时间的推移,真理愈益显露。”所以为了真理奋斗不管遇到什么样的磨难都是值得的、光荣的,也应该是幸福的。坚持了真理,找到了真理,你就创造了人生新的境界,为人类找到了光明的火种,你的名字也将会永存在历史光辉的史册里,这样的人生是多么有价值的人生啊。

二、学习态度

1. 学贵有恒

与恒心比起来,为做某件事情而下决心简直是太容易了。下决心虽然也要经过一个甚至有些痛苦的决策过程,但再艰难也只在那一瞬间。而为一个决定所付出的行动却是一个持久的过程,这个过程可能是一年、两年,或者再长一些,甚至会是一辈子的事。从这个意义上来说,坚持理想、实现理想便是人一生的执着追求。理想对人的要求是苛刻的,对于有恒心的人来说,这种苛刻并不是阻碍,而对于意志薄弱的人来说,就算为理想坚持很短的时间也是天大的难事。这也正是有些人虽然有理想,也懂得学习,却一事无成的原因。执着的人,是有恒心的人,是有非凡毅力的人,这种人,无视一切困难和挫折,甘于从小事、平凡事做起,就算是再枯燥的事情,也

能当成最有意义的事情去做。积累小事，成就大事；积累小知识，成就大学识。成功的道理正在于此。

恒心是学有所成的保证

清代诗人袁枚说："天下无难事，只怕有心人。"有心人必是全心投入事业或学业之人，有心人的所有行为只有一个指向，那就是自己的目标。做一个有心人，就没有不成功的命运。法国作家拉罗什夫科说过："取得成就时坚持不懈，要比遭到失败时顽强不屈更重要。"这就说明了人无论在何时，哪怕已经取得了一些成就，也要不懈地追求，一如既往地坚持，这其实是人性中最美的一种品质。

坚持是有恒心的表现，也是毅力的内在成分。对于每一个有志向的人来说，完成一项目标，特别是远大的目标，是无比浩大的，甚至是穷其一生的时光去追求的工程。在追求的过程中，不可避免地会遇到失败、迷茫、烦琐、枯燥、艰苦或者困难，这个时候，恰是成功与否的关键阶段。如果你对成功势在必得，你就得学会怎样用毅力去克服枯燥，用坚韧去对抗困难，用耐心去消灭烦琐，用信心去扫荡迷茫，用智慧去打败困难……你只有对一切不利的因素作了充分的准备，并努力地去实践，才有可能取得别人难以取得的成功。

古罗马诗人奥维德说："忍耐和坚持虽是痛苦的事情，但能渐渐地为你带来好处。"忍耐和坚持过后，就是一片崭新的天地，就是精彩，就是辉煌。人的本性都有软弱的一面，怕吃苦，怕受累，怕困难，贪恋享乐是人的本性。与自己的一切缺点作斗争，只有战胜了自己，才能战胜困难，这样的人才是最了不起的人。

高斯是18世纪最伟大的数学家之一。高斯学习既刻苦又主动。白天在学校里，除了上课时专心听讲之外，他还利用课外的时间钻研数学，阅读了很多数学专著。晚上为了节省灯油，父亲让小高斯天一黑就睡觉，但高斯太喜欢读书了，他把一个大萝卜挖去了心，塞进油脂，插上灯芯，做了一

盏小灯,一个人躲在顶楼上,在微弱的灯光下,专心致志地看书。上学期间,高斯还写了很多"数学日记",记录了他解题时的新发现。有了这些坚实的基础,高斯在17岁时就发现了好几个定理,成了小数学家。

有人问高斯:"你为什么能在数学上有这么多发现?"他回答:"假如别人和我一样专心和持久地思考数学真理,他也会有同样的发现。"由此看来,"专心致志,持之以恒"是高斯成功的秘诀。

王国维说过:古今之成大事业、大学问者,必经过三种之境界。"昨夜西风凋碧树,独上高楼,望尽天涯路",此第一境界也;"衣带渐宽终不悔,为伊消得人憔悴",此第二境界也;"众里寻他千百度,蓦然回首,那人却在灯火阑珊处",此第三境界也。有境界的人生是最有魄力的人生,追求人生的境界是奋斗者永恒的精神主题。唯有境界,才显卓越;唯有境界,才为不凡。

居里夫人的一生不知道经受过多少磨难和艰辛,可是她爱科学的心却无比坚定。正是有那份顽强的执着之心,才成就了伟大的事业。她说:"我们应有恒心,尤其要有自信心!我们必须相信,我们的天赋是要用来做某种事情的。"正如她所说的,我们每个人都会有自己独特的天赋,有天赋是好事,树立目标是大事,而自信心和恒心绝对可以帮你成事。前人的经验是通过实践检验的真理,相信真理,执着奋斗,总有一天你会成功的。

积累知识,为个人发展铺路

我们从书本上学到的知识都来自于前人的积累。如果没有积累,人类不可能进步,今天的我们也不可能踩在巨人的肩膀上过着幸福的生活。对于年轻人来说,积累知识是形成能力的前提。重视积累,才会丰富自己,才能做到厚积薄发,游刃有余。

"熟读唐诗三百首,不会作诗也会吟",只有做一个有心人,积累大量的写作素材,浏览众多的书籍,才能自然而然地写得得心应手,写得妙笔生花。正所谓"书到用时方恨少,事非经过不知难。"积累,其实也是自然界的

一种普遍现象，以小窥大，能见真理。战国时期，秦国宰相李斯曾说过：“泰山不让土壤，故能成其大；河海不择细流，故能就其深。”泰山之所以高大，在于有积累的胸怀；大海之所以广阔，在于有收纳涓涓细流的耐心。所以说，积累是先导，知识积累到一定的程度才能达到厚积薄发的境界。就像朱熹所说的那句名言：“问渠哪得清如许，为有源头活水来。”

爱迪生从小学习就非常勤奋，特别注重积累，每天要读三本书，而且随身携带一个小本子，一有什么新的灵感，就马上拿出本子记下来。这给他的实验帮了许多忙。

有一个关于积累的小故事：两个和尚同时住在山上的一所寺院里，一个住在前院，一个住在后院。每天他们两个都会到山下挑水，从不间断。五年后的一天，前院的和尚发现后院的和尚没到山下挑水，他沉不住气了，以为出了什么事。等他赶到后院一看，发现后院的和尚正在那里打太极拳。听完前院的和尚的疑问，后院的和尚笑着说：我用五年的时间，已经为自己挖了一口井，每天挖一点，现在我不用下山打水了。

后院的和尚用五年的时间挖了一口井，利用的不是整天整天的时间，而是茶余饭后的时间，一天天，一点点，这就是积累。前院的和尚没有这方面的积累，每天还得往返于山上山下。

周恩来小时候学习很努力，他的作文写得又快又好，每次写作文，总是在其他同学刚写了一半时，他就早早地交了卷，到阅览室看书去了。在一次作文课上，他像往常一样，又早早交了卷子去看书了。同学们忍不住问老师这是什么原因，老师没有回答，从周恩来的书包里拿出一个本子交给同学们看。大家翻开本子，都吃了一惊，本子里每一页都工工整整地写满了字，是他写的读书笔记和摘抄下来的好词句。同学们看了都赞不绝口地说：“周恩来是个会学习的有心人。”这时，老师语重心长地说：“知识在于积累。周恩来做得很好，我希望你们像他那样，一点一滴地积累知识，将来成为一个有真才实学的人。”

由此可见，人生需要积累，知识需要积累，经验需要积累，生活需要积累，哪怕失败也需要积累，这些都是我们人生之中的宝贵财富。如果你累积得多，在未来你收获得也多；如果你累积得少，在未来你可能还是停滞不前，原地踏步。学会养成积累的好习惯，就会改变自己，从而获得不平凡的人生！

心灵感悟

年轻人，事业或许才刚刚开始，人生漫漫，奋斗之路漫长而充满艰辛。可要明白，没有一件事情是可以一帆风顺地完成的。所以，正像爱迪生说的那样："无论什么时候，不管遇到什么情况，我决不允许自己有一点点灰心丧气。"法国杰出的批判现实主义作家司汤达也说："一个人只要强烈地、坚持不懈地追求，他就能达到目的。"有了这种信念的支撑，你就一定会强大，一定会傲视一切的不幸和挫折，一定会披荆斩棘，勇往直前。荀子说："锲而舍之，朽木不折；锲而不舍，金石可镂。"这句经过无数前辈用毕生经历检验过的人生真理，应成为有志者奋斗的座右铭。只有将恒心变成利刃，将知识进行积累并让它成为事业的基石，才能在基石上雕刻出最美好的人生。

2. 学习无止境，艺多不压身

学习无止境，学习是一辈子的事，人只有将学习当成终生不弃的习惯，事业才能成功，生活才会有质量，生命才会更精彩。这样的人生是最可贵的人生。而今这个时代科学技术飞速发展，各行各业竞争日趋激烈，对人才的要求也上升到了历史的最高点。时代呼唤人才，更呼唤复合型的人才。要想在竞争中常处于不败之地，就要在专一门的同时多学几门技艺。

俗话说得好：艺多不压身。

学习是追求完美的过程

追求完美是一个人对自己人生境界的定位，完美是一个无止境的标准，因为个人在进步，时代也在发展，各个时期趋于完美的标准都会不一样。可完美是一个值得追求的方向，有了这个方向，才会对自己高要求，才会在这种渴望中获得奋斗的动力，才会不断地取得成功。社会作为一个整体，之所以发展也是基于人们对生活的不满足，基于一种改造的欲望。正因为如此，我们的生活才会越来越美好。追求完美，对年轻人尤为重要，因为与其他年龄段人群相比年轻的群体将来所承受的竞争压力是最大的。

追求完美其实是人类社会长盛不衰的主题。宋朝的大学士苏东坡，年轻时就已经学识渊博，日子一久，不免自满起来。一天，苏东坡在书房门上贴了一副对联——“识遍天下字，读尽人间书”。苏东坡的父亲苏洵看了以后，担心儿子过于自大，不知求进，又怕撕下对联会伤了儿子的自尊心，于是，提笔在对联上各加了两个字——“发愤识遍天下字，立志读尽人间书”。苏东坡回来，看见父亲的字，心中十分惭愧，从此虚心学习，最终有了非凡的成就。

多数人在年轻的时候，不觉得光阴可贵，沉湎于玩乐，等到年老的时候才觉得自己两手空空，一事无成，正所谓“黑发不知勤学早，白首方悔读书迟”。青年时期是学习的最佳时期，是人生积累知识的黄金时段。虽然学习是一辈子的事，但是要从学习的效果来看，还是年轻时学习的效果更好，年轻人思维活跃，眼光敏锐，接受能力强。就像俗话说的那样：“少年易学老难成，一寸光阴不可轻”。

从前，有一个小和尚自以为学到了很多东西，便不想再继续跟着师父参禅拜佛了，于是就向师父辞行。老和尚并没有阻拦小和尚下山，而是让小和尚拿来一个钵子，然后让他往里面装一些石头，装满为止。老和尚问小和尚：“钵子装满了吗？”小和尚答：“满了，再也装不下什么东西了。”老和

尚便抓了一把芝麻撒进去，然后晃了晃钵子，芝麻一会儿就不见了，接着老和尚又抓起一把芝麻撒进去，晃了晃钵子，芝麻又不见了。“钵子装满了吗？”老和尚再次问小和尚。小和尚惭愧地告诉师父：“看上去满了，可是还能装下很多东西。”这时，老和尚又取来一只杯子，让小和尚往钵子里面倒水。小和尚看钵子满了，就想停止倒水。老和尚却说：“不要停，继续倒。”结果钵子倒满了水后，多余的水都溢了出来。老和尚这时候才让小和尚停止倒水，然后问他：“满了还装得下别的东西吗？”小和尚明白了师父的一片苦心。

上述两则故事告诉我们一个道理：学问很深奥，学习无止境，勤奋能成功。在学习过程中决不能自满自足、妄自尊大，决不能追求形式、做表面文章，决不能浅尝辄止。而应该虚心向他人学习，正视自己的不足，取人之长、补己之短，不断地丰富自己、充实自己、完善自己，力求更好、更完善。否则，只能是一知半解，知之不多，达不到知识的渊博和事业的完美。

完美，是一个过程，是一种心态，是一种生活习惯，不是最终目的，它只是让人记住人生应该向着美好出发。追求完美，才能让人生渐入佳境。

艺多不压身

当今时代，各行各业都在呼唤复合型的人才。有一项专长是最起码的要求，如果再多一样或两样技艺便能使人生有更多选择。因为，这个社会是要人去适应岗位，而不是岗位来适应人。俗话说：“艺多不压身。”一个人掌握的知识技能越广泛，在接受新东西时就越能触类旁通。相反，知识浅薄且又无所用心的人，即使终生从事一种职业，也难以干出太大的名堂来。

企业越来越需要一技多长的人才。虽然，不同专业的知识用处不同，一个人应该精通自身专业，但做好本职工作的同时，还应该利用相关专业的知识和技能来完善现有的工作。这是因为在同一个行业系统中，不同岗位的业务联系是紧密的，互补性较强。而且在实际工作管理中，岗位之间的转换调整，也是经常发生的正常现象。当某人从这一岗位调到别的岗位

工作时，总有一个重新学习、熟悉的过程。也许，原来熟练掌握的东西要搁置起来，而过去业余学会的知识技能却派上了用场。所以，有时间，年轻人多学点知识、多掌握些技能总是有益的。

日本著名发明家中松义郎讲过一个故事：

人类是从类人猿进化而来，当时至少进化出三种人类。这三种人类中只有一种才是我们现代人的祖先，其他两种则灭绝了。

原来，他们吃的东西不一样。第一种只吃草、树叶和野果，这可以从牙齿化石的形状判断出来。不过，他们灭绝了。第二种人类只吃动物的内脏，这从他们的化石中可以判断出来，因为动物内脏中有丰富的维生素A，所以大腿骨周围积存着石灰。可惜，他们也灭绝了。第三种人类什么都吃，既吃草，也吃野果，既吃动物的内脏，也吃肉，吃可以果腹的一切东西。他们适应变化着的环境，延续着生命，代代相传，直至今日。

中松义郎的故事雄辩地说明，人类要生存必须吸取多方面的营养，才能保证体力智力的发展，单方面的营养再多也无济于事。

这一故事给予我们的启示是：对精神食粮的吸收也应当是多方面的，既有文科的，又有理科的和工科的，博大精深，只专不博是无法适应现代社会发展的。

专业面过窄已经成为人才发展的桎梏。所以，从物质到精神，大学生都必须防止“偏食”。

为什么单向的思维方式、单一的知识结构无法适应当代社会呢？为什么专业面太窄的人将退出社会舞台呢？时代为什么呼唤复合型人才呢？主要有以下几点原因。

其一，结构性失业形成规模。

美国著名的未来学家托夫勒曾经指出，随着新技术革命的第三次浪潮的到来，全世界将出现七路有明显区别的失业大军，其最重要的一路是结构性失业。结构性失业不是你干得不好的问题，而是这个职业被淘汰了，你干得再好也没有什么用。结构性失业使许多造诣颇深的专门人才被挤出竞争舞台。职业结构的变化将是长期的，所以一技之长只能管得了一时，肯定管不了一世。如果行业因结构性变化而消失，那么诸多行业专才顿时失去了原有的价值。未来社会充满了机遇和挑战，要求我们每一个人树立全面的发展观。

其二，人类文明由分解走向综合。

随着信息化与知识经济浪潮的兴起，多门学科的交叉和多种技术的综合已成为当代科技发展的显著特点。人类文明已由原来强调专业分工发展为强调综合协作，以往细而窄的专业划分与社会发展趋势相悖。所以，大学生要努力训练复合思维能力。

其三，工程问题向“大工程”问题转化。

现代工程问题已进入一个社会问题的时代。当代人面临的挑战主要起因于非专业因素。现代工程问题的社会化，就使得狭义的纯工程扩展到广义的“大工程”。采用过去那种仅靠本专业知识去考虑“大工程”问题的思路，要么出现偏差，要么力不从心。

21 世纪人才的竞争是综合素质的竞争，每一个当代大学生必须努力使自己成为通才，不要再为自己仅有的一技之长而故步自封、沾沾自喜。

心灵感悟

未来社会充满了机遇和挑战，单一形式的思维方式已无法适应今后的时代，而有复合型思维能力的人将唱主角。当代大学生应专且博，一专多能，具有复合型的知识结构和更强的社会应变能力。

3. 三人行必有我师

子曰：“三人行，必有我师焉。择其善者而从之，其不善者而改之。”我们生活的这个社会，存在着很多类型的人，有的人很好学，总是能看到自身

的不足，能虚心学习对方的优点，而对自己的缺点，能做到有则改之，无则加勉；有的人却无比自傲，可能他也清楚自己的缺点，但要学习别人，却认为是一件耻辱的事。同时，只要一发现别人的缺点，就会摆出一副唯恐天下不乱、幸灾乐祸的样子。

你是哪一类型的人，是那种乐于进取、虚心向别人学习的人，还是那种不思进取、自以为是的人呢？

正视他人长处是学习的好态度

正视他人的长处，是一种胸襟，也是立身做人的必备品质。古人提倡，君子不以其所能者病人，不以人所不能者愧人；不掩己之长，不掠人之美。在这点上，廉颇向蔺相如"负荆请罪"的勇气值得我们学习。古人尚能"责己待人，知耻而后勇"，何况我们是新时代的有志青年。正视他人的长处是一种明智之举。当今社会高速发展，信息化、全球化的日益加剧，促使社会分工日益细化。然而，个人学识、才力毕竟有限，因此绝无严格意义上的"通才"。海纳百川，有容乃大。只有胸襟开阔，善于以他人之长补己之短，才能谋求发展，才能找出差距，迎头赶上。在生活和学习中，只有放低自己的姿态，虚心和人相处，才能及时发现别人的优点、正视自己的缺点，才能主动地向别人请教，以补己之不足。唯有勇于借鉴、善于学习，才能永远立于不败之地。

有一则民间故事是这样的：一位私塾先生访友途经一条大河，他请一位船夫摆渡过河。闲聊中，船夫很虔诚地问："先生，您以文为生，一定很有学问吧？""那当然，我读过很多书！"先生显得很得意。船到江心的时候，先生想卖弄一下学问，就问船夫："你会读书识字吗？""我不会。"船夫答道。"地理应该懂吧？"先生又问。"很对不起，我不懂。"船夫无奈地摇摇头。"多么不幸啊，你已失去三分之二的生命了……"先生嘲笑他说。船夫沉默片刻后，微笑着说："先生，您会游泳吗？""不，我还没学过。""那您说不定会因此失去整个生命呢！"话刚说完，小船突然在急流中翻了。船夫很快游向岸边,而先生还在浪里高呼“救命”。

故事虽然简单,却发人深省。与船夫相比,私塾先生博学多才,却自视过高,刚愎自用,殊不知,“尺有所短,寸有所长”,即使“才高八斗,学富五车”的人也有力所不及之处。

在现实生活中,不乏“私塾先生”这样的人。有些人水平较高、能力较强,因而自我感觉良好,以致与别人相处时,要么无视他人的长处,要么用“放大镜”欣赏自己的优点,却拿“显微镜”去审视别人的缺点。

上述这种现象,究其原因,是某些人的狭隘心理作祟。他们出于偏见或嫉妒,常以个人好恶评价别人,对他人的缺点往往揪住不放或肆意夸大,对优点则轻描淡写或视而不见。古人云:金无足赤,人无完人。世上并无十全十美之人,当然,也没有人是一无是处的,有些人尽管缺点较多,但身上不乏可取之处。作为有志青年,要尽力克服缺点、改正不足,更要善于发现别人的长处,虚心请教,做到扬长避短、择善取之。

向他人学习,必须树立正确的观念,这样才能学得自觉,学得长久。有的人认为向他人学,是在简单地重复别人的行为,没意思。这种观点是不对的。向他人学习,是学他人之智,得他人之精华,补自己之欠缺。通过向他人请教解决了难题,是求之不得的好事,怎能说是在简单地重复别人的行为呢?有的人也许会说,我想学习,但人家会教“真经”吗?这种担心是没有必要的。当然,花费心血和汗水获得的“真经”谁都会珍惜,但只要虚心向他人学习、求教,就会取得别人的信任,把“真经”学到手。在我们的周围,许多学有所成者,不都是在登台传授自己的心得体会吗?有的人觉得这种学习方式应像唐僧取经一样,认为“取经”得上“西天”,去更远的地方或学府才能得到真知识,周围的人太熟悉,看上去只有缺点,似乎没有可学之处。这也是一种错误的观点。如果你肯放下架子,虚心观察,你就会发现每一个身边的人都是有优点和长处的。总之,学习应该扩大范围,延伸触角。有的人会想,我也想向他人学习,可工作或学习太忙,哪有时间啊?可是,你必须懂得,“忙”不是拒绝向他人学习的理由。学习可以采取多种

形式和手段，如可以打电话咨询，可以在网上交流，可以短时间当面请教等。只要想学习，总会有办法的。

不耻下问

成功者之所以会成功，是因为他们勤学好问。好问者通过找出疑问、提出疑问、解答疑问从别人那里获取知识，这种人最易成功。从伽利略到麦克兰，他们都是从好问中取得成功的。正如古人所说："好问的人，只做了五分钟的愚人；耻于发问的人，终身为愚人。"

人的智慧是无穷的，每个人的经历不一样，生活环境和学识不一样，这使得每个人都有自己的长处。善于汲取别人的经验，以弥补自己的不足是追求完美的表现。

向别人学习、不耻下问在历史上有不少典故。孔子是我国伟大的思想家、教育家、儒家学派的创始人。人们都尊奉他为圣人。然而孔子认为，无论什么人，包括他自己，都不是生下来就有学问的。他历来对能不耻下问的人充满敬意，就是他自己也经常不耻下问，从不论对方年龄大小、资历高低。真正有做学问决心的人，才是最善于"刨根问底"的人。唯有执着才见决心，唯有执着才出成果。

耻于向学问肤浅、年龄较小的人提出疑问、请教道理的人，其实是最不明智的人。孔子到东方游历，途中看见两个小孩在争论。就问他们在辩论什么。一个小孩说："我认为太阳刚出来时距离人近，而正午时距离人远。"另一个小孩却认为太阳刚出来时离人远，而正午时离人近。

前一个小孩说："太阳刚出来时大得像车上的篷盖，等到正午时就像盘子碗口那样小，这不正是远的显得小而近的显得大吗?"

另一个小孩说："太阳刚出来时清清凉凉，等到正午时就热得像把手伸进热水里一样，这不正是近的就觉得热而远的就觉得凉吗?"

孔子听了，不能判断谁是谁非。两个小孩嘲笑说："谁说你多智慧呢?"

从这则故事看来，年龄小并不代表着没有头脑，没有知识，缺少智慧。

即使在大圣人面前，也有显示自己长处的机会，也有学问高深的人不能解答的难题。确实，不能小看别人的能力，虚心向一切人求教才是做学问的好习惯。

心灵感悟

善于向他人学习，关键在“善于”。所谓“善于”，就是掌握最佳的学习方法，具备很强的学习能力。首先是学贵有诚。诚，就是真心实意地学习，而不是走马观花地应付。另外是学贵用功，也就是下真功夫。最后是学贵在用。向他人学习，归根到底是为了提高自己。放下“架子”，丢掉“面子”，虚心地向他人请教，见优点就学，见好经验就学，唯有虚怀若谷的胸襟才是可敬的人。

三、学习的方法

1. 书山有路勤为径

一说到读书要勤奋，很多人的脑海里就会想起一些关于勤奋学习的画面。但是，什么为“勤”？假设有两个学习者，一个整天把书拿在手里翻阅，看上去是在阅读，实际上却从来没有思考过、研究过、比较过、咀嚼过，另一个呢，学习的时间可能比那一个人要少，但是学习时勤于思考、细心咀嚼、潜心揣摩，取得了比前者更优异的学习成绩。这样看来，表面上“不勤”的

比“勤”的学习成绩要好，究竟谁更勤呢？谁付出了更多脑力劳动呢？显然是后者，后者虽然看上去学习和阅读的时间少一些，但比前者付出了更多的脑力劳动，他的成绩之所以比前者更好，就是在于他付出的脑力劳动更多，前者是称不上“勤”的。

学习的成功离不开勤奋

“书山有路勤为径，学海无涯苦作舟”从来都是勉励读书人勤奋用功的格言。古人一直将吃苦放在勤奋学习的根本上，如今，对这种苦应该有新解——真正爱学习的人必是勤奋之人，之所以勤奋是因为他心中有信念，有希望和目标在支撑。所以追求知识的过程应该是一种自我满足的过程，也是一个自我愉悦的过程。当然，这种愉悦有非同一般的意义。通过艰辛求得知识、小有成绩之时是一种兴奋、激动和满足感，这种情绪必然也是一种愉悦的心理，一种快乐的体验。“书山”再高，路途再远，山再险峻，这“山”也是必爬之山，也是乐爬之山。你不畏艰难地爬上书山甚至翻过书山，自己是不是也在经历一个从外到内的质变过程呢？

“书山有路勤为径”里的“勤”字不仅仅是指阅读、学习的姿态，更是指一种“思考”的过程。不用脑子读，不算真正意义上的读书。勤是什么？勤不是摆出阅读的姿态，不是成天挑着灯拿着书本摇头晃脑的姿态，而是要看你究竟经过了多少思考，在思考中花费了多少心血，这才是真正意义上的“勤”。也就是说，不仅仅要勤于阅读，还要勤于思考，这就是读书方法，也是对学习能力的要求。如此，只有提高脑力劳动的效率，学习才能取得质的飞跃。

有句歌词这么说，“樱桃好吃树难栽，不下苦功花不开”，天上不会掉馅饼，一分耕耘一分收获。所谓巧，不过是在效率上下功夫罢了。

在学习的道路上，你付出多少才能得到多少。将读书看作人生的一大要事是中国悠久的传统，如今，中国仍旧是世界上最为重视学习和教育的国家。历史上曾经涌现出的勤学的例子数不胜数——孙康映雪苦读，车胤囊萤夜读，朱买臣负薪读书，李密牛角挂书，孙敬悬梁刺股，匡衡凿壁借光……

匡衡年轻时十分好学。他家里很穷，买不起蜡烛，匡衡晚上想读书的时候，常因没有亮光而发愁。后来，他想了一个办法，就在墙壁上悄悄地凿了一个小孔，让隔壁人家的烛光透过来。就这样，他经常学到深夜，后来成了西汉著名的学者。从凿壁借光的故事可看出外因（环境和条件）并不是决定性的因素，匡衡在极其艰难的条件下，通过自己的努力和坚强毅力，终于一举成名。这就说明内因才是事物发展、变化的根据和主要原因，外因只是影响事物变化的条件，它必须通过内因才能起作用。这里的内因就是一种坚定的信念，就是勤奋好学的精神。

汗牛充栋，做饱学之人

柳宗元的《陆文通墓表》曰："其为书，处则充栋宇，出则汗牛马。""汗牛充栋"这一成语便是语出于此，意思是说某人或某处藏书极多，以至于把拖书的牛马累得出汗，书多得堆到了屋顶。其实，有些人喜欢藏书，并不代表他都读过。所以，这里所说的"汗牛充栋"应该是从肚子里藏有多少知识、脑子里有多少学问来理解的。

"读书破万卷，下笔如有神。"这句话的意思就是说，人只有多读书，才能在写作实践中运用得妙笔生花。腹中空空的人，是难为一字的。"书到用时方恨少""书中自有黄金屋"这些富有哲理的格言，更是揭示了读书所拥有的能量，只有真正多读书、读好书的人才能更深刻地体会到。

在社会高速发展的今天，知识早已成为人们改造自然、缔结美好未来的瑰宝。张海迪虽然身残，但她通过勤奋学习，成为当今世人自学成才的典范，不仅改变了自己的命运，还以她的博学多才为人们提供了优质服务，使一种光辉的人性永远地定格在人们的心中，她就是饱学人士的代表，更是我们学习的楷模。

在中国古代，读书可以让很多人实现施展才能、改变命运的抱负。如

今，在知识充盈、时代飞速进步、竞争白热化的年代，学习知识更是显得无比重要。一个人如果没有足够的知识储备，就难以在工作和事业中取得突破性进展，难以向更高的地位发展。荀子《劝学篇》的要义就在于勉励人们学习要勤奋。人只有养成勤奋学习的好习惯，才能达到积累知识、厚积薄发的目的，对自己的事业和命运起到应有的功用。

“不积小流，无以成江河。”学习是一个长期积累的过程，更是充满艰辛的过程。我国著名数学家华罗庚的读书之路充满着无比的辛酸和困苦。华罗庚自幼家境贫寒，疾病缠身。18 岁那年，他得了一场伤寒，医生做出无法医治的诊断。当所有人都为他惋惜的时候，他依靠坚强的意志奇迹般地活了下来，只不过从此腿部就落下了残疾。不过，华罗庚对肉体的痛苦并不在意。尽管腿部疼痛难忍，他还是咬着牙一声不吭，依然沉浸在数学王国里，忘却了所有不幸和伤痛。经过不懈努力，他的一篇数学论文终于发表了。机遇终于开始对他垂青——清华大学数学教授熊庆来得知华罗庚的事迹以后，请他到清华大学工作，为他提供了更为广阔的舞台，他从此得以取得无比辉煌的科学成就。华罗庚的成功，完全得益于他坚持不懈的学习。正是这种热爱学习、勤于钻研的习惯才使他走向了成功，成为著名的大数学家。

伟人、成功之人都有一种好的学习习惯。鲁迅利用别人喝咖啡的时间去写作，毛泽东在夜深人静的时候还在学习和读书。唐朝有个知识渊博的学者，在他成名后，许多人来向他求经，问他读书做学问哪来这么多的时间。他淡淡一笑说：“冬天是一年的空余时间，夜晚是一天的空余时间，阴雨天是临时的空余时间，这就是‘三余’。如果把这些时间利用起来，能读多少书啊！”

心灵感悟

纵观古今，有成就者无不是勤奋之人。为事业打拼、攻克知识的堡垒就要舍得花气力、花精力，要有耐心、有毅力才能取

得成功。年轻人正处于勤奋学习、增长知识的阶段，一定要倍加珍惜“青春”这个学习的好时光。千万不要错过，不要到头来“白了少年头，空悲切”。

2. 学而不思则罔

爱思考的人是最善于学习、最容易成功的人。知识好比播种，思考好比肥料，行动好比果实，播种快、肥料足、行动多，收获也会丰硕。一个会思考的人，就一定能品尝到金秋果实带来的玉液琼浆，享受到丰收的喜悦。正如爱因斯坦所说：“学会独立思考和独立判断比收获知识更重要。不下决心培养思考习惯的人，便失去了生活的最大乐趣。”我们要培养善思的习惯，便能更好地认识世界，把握人生，为自己的未来铺一条光明大道。

学习方式的多样性

学习有很多方式，最常规的是在校学习。这是一般人常用的学习方式，也是最利于学习的方式。因为，在学校里没有日常生活方面的种种杂事的干扰，可以安静地、全身心地、系统地进行多门基础课和专业知识的学习。不少已经参加工作的人经常这么说，读书的时光是多么美好，那种学习生活简直就像在世外桃源里赏花一样——条件舒适，环境恬静，老师解惑释难，心无旁骛，同学互相帮助，共同提高，所以学业突飞猛进，时时能享受到成功的喜悦，那种感觉真是好惬意。而工作后，才知知识储备不足，想给自己充电却要克服重重困难，即使使出浑身解数也挤不出成块的学习时间。所以，年轻的朋友们，趁着现在有着大把的时间，有着优越的条件，好好地学习吧！不要等到后悔的那一天，空留慨叹。

二是自学。自学其实贯穿于人一生的时光里，在学校期间，把老师讲的内容逐项消化的有效措施就是自学，包括预习和复习，还包括阅读相关

的参考书籍作为补充。参加工作后，自学成为学习知识的重要手段，因为此时的你已经没有时间和条件再去享受学校教育。成人的进步往往主要来自于自学。自学从来就是人一生中不离不弃的朋友。自学的方法灵活、时间灵活，这使你的思路更灵活，更有利于对自己的学习作计划。

三是向人学。和同事、朋友交流是一种自觉或不自觉的行为，因为太常见，也许会有很多人没有意识到它的存在。在学生时代，可以与学习优秀的同学交流经验，向老师征求学习建议。在工作中，难免会出现技术上或方法上的问题，多向有经验的同事请教是一种提升业务能力、补充知识的好办法。注意要营造一种平等、愉快、坦诚的交流氛围。交流要做到：对事业有共同的追求，思想境界基本合拍，工作中能共同促进，互提意见要推心置腹。通过交流开阔自己的视野，调整自己的思路，拓展自己的知识面。

四是看中学。观察身边的人，观察发生在身边的事，观察社会的发展和进步，观察正反两方面的典型并总结成功的经验和失败的教训，为自己提供借鉴。在观察中思考，思考他人的得失，才能认识自身的不足，思考怎样才能把我想做的事办得最理想，思考达到完美的最佳途径，从观察和思考中不断提高自己的判断能力，提高自己辨别是非的能力，提高自己的竞争能力和生存能力。

五是听中学。“三人行，必有我师”，每个人都有优点，他和你交谈，就有他的思路，你不要打断，要认真、郑重地让其发表自己的见解，从他的思路和表达中学习他的精髓，提取其精华，友善地指出其不足，不投缘的一笑置之，但从倾听中你已经获得了你的所需，这就是在生活、工作和学习中提高自己的重要手段之一。

总之，学习的途径多种多样，可谓丰富多彩，你只要抱有求学之心，就可以从每一个生活的角落或工作学习的点滴当中获得学习的机会。

会学习必会思考

华罗庚曾经说过：“科学的灵感，绝不是坐等可以等来的，如果说，科学上有什么偶然的机遇的话，那么这种偶然的机遇只能给那些学有素养的人，给那些善于独立思考的人，给那些具有锲而不舍的精神的人，而不会给懒汉。”的确如此，通过思考，人们能够得出与前人有所不同的东西。因此，年轻人最重要的是在学习一切有用知识的同时，培养自己独立思考的习惯。

在学习的过程中，有人好问，有人却不好问；有人主张有疑就问，有人主张三思再问。其实，不管在什么样的情况下，有疑问就要解决疑问，这是一种善于思考、追求真理的好品质。其实人类许多有创意的想法和念头就是在思考“为什么”的过程中得到的。科学家除了平常细心地观察，还在不断的提问中得到真理。

现代原子物理学的奠基者卢瑟福对思考极为推崇。一天深夜，他偶然发现一位学生还在埋头实验，便好奇地问：“上午你在干什么？”

学生回答：“在做实验。”

“下午呢？”卢瑟福又问。

“做实验。”学生说。

卢瑟福不禁皱起了眉头，继续追问：“那晚上呢？”

“也在做实验。”

卢瑟福大为恼火，厉声斥责：“你一天到晚都在做实验，什么时间用于思考呢？”

很多时候人们宁可让岁月淹没在仿佛很有价值的忙碌之中，也极不情愿拿出时间进行思考，以至于思维总是在低水平的层次上徘徊，最终一无所获。

有位记者曾问比尔·盖茨：“你成为当今全美首富，成功的主要经验是什么？”

比尔·盖茨十分明确地回答说：“一是勤奋工作，二是刻苦思考。”

爱因斯坦说过：“要善于思考、思考、再思考，我就是靠这个学习方法成为科学家的。”巴尔扎克也说过：“一个能思考的人，才真是一个力量无

边的人。”

心灵感悟

大脑是个奇怪的东西，越是思考越是灵光。学习也是思考的过程，没有真正的思考就不可能获取知识。将这种思考延伸开来，思考的范畴真是太大了，它的重要性真是无处不在。作为学生，你善于思考，就能取得学业上的成功；作为工作者，只有善于思考，你的工作才有效率，业绩才能做到出色，且不为竞争所淘汰。科学家、艺人、律师……没有不需要思考的人，也没有不会思考而成功的人。让我们做一个乐于思考、善于思考的学习型的人吧。

3. 惜时如金

鲁迅先生说过：时间，每天得到的都是24小时，可是一天的时间给勤劳的人带来智慧与力量，给懒散的人只能留下一片空白和悔恨。这句话形象地道出了成功的人珍惜每分每秒，成就辉煌。而失败的人抱着“做一天和尚敲一天钟”的思想得过且过，消磨时间，在他们眼里时间是漫长和无谓的，而当他们回过头之后，才发现时间如流水，一去不复返，才发现时间的可贵，可谓“少壮不努力，老大徒伤悲”。

一寸光阴一寸金

逝者如斯夫。人生百年，几多春秋。向前看，仿佛时间悠悠无边；猛回首，方知生命只在挥手的瞬间。时间是最平凡的，也是最珍贵的。金钱买不到它，地位留不住它。“时间是构成一个人生命的材料。”每个人的生命都是有限的，一分一秒，稍纵即逝。时间正是因为不可挽回，才会显得珍贵无比。

《淮南子》有云："圣人不贵尺之璧，而重寸之阴。"汉乐府《长歌行》有这样的诗句："百川东到海，何时复西归？少壮不努力，老大徒伤悲。"晋朝陶渊明也有惜时诗："盛年不重来，一日难再晨。及时当勉励，岁月不待人。"唐末王贞白《白鹿洞》诗中更有"一寸光阴一寸金"的妙喻。法国作家巴尔扎克把时间比作资本。德国诗人歌德把时间看成自己的财产。鲁迅先生对时间的认识更深刻，他说："时间就是生命。无端地空耗别人的时间，其实无异于谋财害命。"英国物理学家、化学家法拉第中年以后，为了节省时间，把整个身心都用在科学创造上，严格控制自己，拒绝参加一切与科学无关的活动，甚至辞去皇家学院主席的职务。居里夫人为了不使来访者拖延拜访的时间，会客室里从来不放座椅。76 岁的爱因斯坦病倒了，有位老朋友问他想要什么东西，他说："我只希望还有若干小时的时间，让我把一些稿子整理好"。

古往今来，有不少人惋惜时间易逝，于是长叹曰："光阴似箭催人老，日月如梭趱少年。"的确，时间的流速真令人难以估计，无法形容。树枯了，有再青的机会；花谢了，有再开的时候；燕子去了，有再回来的时刻；然而，人的生命要是结束了，用完了自己有限的时间，就再也没有复活、挽救的机会了。"花有再开日，人无再少年"，时间就这样一点一滴地流逝，永不返回。这告诫我们莫把宝贵的光阴虚掷，要珍惜时间，爱护生命，利用每分每秒，不要虚耗它。朱自清在《匆匆》中写道："洗手的时候，日子从水盆里过去；吃饭的时候，日子从饭碗里过去；默默时，便从凝然的双眼前过去。我觉察他去的匆匆了，伸出手遮挽时，他又从遮挽的手边过去；天黑时，我躺在床上，他伶伶俐俐地从我身上跨过，从我脚边飞去了。当我睁开眼和太阳再见，这算又溜走了一日。我掩面叹息，但是新来的日子的影子又开始在叹息里闪过了。"这段话写出了时间无时无刻不在流逝，我们应该好好把握逝去的瞬间。

科学地安排学习的时间

学校有教学计划，老师有工作计划，学生是不是只需要跟着老师的计划走，不用去安排自己的学习行为呢？当然不是。如果自己没有计划，你将会把学习时间、学习内容和进程弄得一塌糊涂，理不出任何头绪来，你也一定得不到期望的成绩。没有计划的人永远都疲惫地拖沓在生活之后，永远被划分在上流竞争的外围，更别谈实现理想、追求目标了。所以，高尔基说："不知道明天该做什么的人是不幸的。"

要做到学习目标明确，必须制订科学可行的计划。学习计划就是在某个时段采取什么方法或者手段达到预期目标的日程表。有计划地学习，每天的行为才不至于手忙脚乱，才会科学系统有效地实现学习效率的最大化。在一定的时间计划内，对照学习计划来检查自己学习效果的方式不失为一种科学的学习手段。缺点及时改正，优点继续发扬。这样才能让学习永远保持上升的势头。

学习有计划，不仅能帮助我们有条不紊地搞好学习，而且能形成一种良好的处事习惯。那些取得杰出成就的人，常常得益于做事有计划。日本理论化学家福井谦一上学时化学测验总是不及格，他曾因此打算放弃学业。在父亲的鼓励下，他制订了学习计划，从头补起，从不及格到及格，成绩扶摇直上。1981 年，他获得了诺贝尔化学奖。同时，他也是亚洲第一位诺贝尔化学奖得主。

竺可桢上中学时身体瘦弱，为了强健体魄，他制订了详细的锻炼计划，并手写"言必信，行必果"的格言时时提醒自己。此后，他闻鸡起舞，从不间断。自从锻炼身体后他再也没有请过一次病假。

做事有计划，小到身边的点点滴滴，大到一生的目标追求，计划都是其中不可缺少的。有计划地学习不仅是一种习惯，更反映了一种态度，它是把事情做好的重要因素。

时间像流水，抓起来就是金子。19 世纪英国批判现实主义小说家狄更斯曾说过：延宕是偷光阴的贼。一天 24 小时，为勤勉的人带来智慧和力量，给懒散的人空留一片悔恨。有成就的人，会珍惜生命中的每一分钟，决不虚度年华。

据有关资料报道，有一个人从 26 岁开始，即从 1916 年元旦那天起，每天都要核算自己所用的时间，每个月底做小结，年终做总结。他 56 年如一日，直到 1972 年去世的那一天。他靠的是记日记。没有什么能打乱他的这一习惯——休息、看报、散步、剃胡须……甚至女儿找他问问题，他都要在纸上做记号，一丝不苟地记下用了多少分钟。

他统计自己 1966 年所用的基本科研时间为 1906 小时，超出原计划 6 小时，平均每天工作 5 小时 13 分；与 1965 年相比，超出了 27 小时。1967 年他 77 岁，他对这一年时间的统计是：读俄文书 5 本，用去 48 小时；读法文书 3 本，用去 24 小时；读德文书 2 本，用去 20 小时；游泳 43 次；娱乐 65 次；同朋友、学生交往用去 151 小时……

他认为时间是世界上最宝贵，甚至是唯一有价值的东西，他将它视为神的赐予，于是时间也就给予了他丰厚的回报。这个牢牢驾驭着时间、创造出“时间统计法”的人，就是当代杰出的昆虫学家亚历山大·亚历山德罗维奇·柳比歇夫。

心灵感悟

生活当中，很多人无视时间的流逝，没有时间概念。在他们眼里，半个小时很短暂，浪费一天也没什么关系。但如果你不认真对待时间，时间也不会认真对待你。时间抓不住就像流水匆匆，抓起来却像金子般沉甸甸。我们应该珍惜时间，学会对自己的学习、生活、工作作出科学合理的计划和安排，而不是想到哪里就做到哪里，如此下去，人生往往会处于失败的境地。

4. 取长补短

“水桶理论”：一只水桶盛水的多少，并不取决于桶壁上最长的那块木板，而恰恰取决于桶壁上最短的那块。根据这一核心内容，“水桶理论”还有两个推论：其一，只有桶壁上的所有木板都足够高，水桶才能盛满水；其二，只要这个水桶里有一块木板高度不够，水桶里的水就不可能是满的。也可称其为短板效应。一个水桶盛水的高度取决于其中最短的那块木板。这块最短的木板就是指我们的某种不足，所以，要想人生达到一定高度的话，就得从加长这些短板入手。

取长补短与扬长避短

所谓“金无足赤，人无完人”，是说人这一生中，任何事情都不可能做得十全十美。但是，人绝不可以用这句话来原谅自己的不足，而应找出自己不完美的一面，也就是所谓的短板。然后，再努力地去完善它。因为，短板在一开始就决定了你的发展极限。

个人奋斗的过程是一个不断提升自我的过程。每天增加新的知识，获得新的技能是一种提升；弥补不足，及时纠正缺点也是一种提升。二者是相互促进、相互影响的。“知耻而后勇，知不足而后学”，就是说，人要勇于找到自己的短板，通过学习来弥补自己的不足。取长补短，这样的学习才是有的放矢的有效学习。

每个人都会有一些不足、缺点、短处，应该实事求是地承认和辩证地看待。对于“水桶理论”要以辩证的观点去看待，尤其是对于“补短”应有一个正确的认识，能作出科学的分析，对待短板的问题就会更理性，从而达到事半功倍的效果。有些人在学习上进度不快，一直为提高学习效率发愁，认为自己看书慢或书写速度不快等，但这种人可能很注意细节，特别擅长记忆单词，做一些逻辑性比较强的思维活动。像这种情况就不必盲目地在速度上花工夫,而是要合理地安排自己的学习内容和计划。既要达到细致耐心,又要讲求学习的时效性。面对不可取的短板,我们要毅然抛弃;面对有转化可能的短板,要学会怎么样调整。如果对短板的处理千篇一律,就有可能把学习引向歧途,陷入自卑的怪圈。

对于个人学习而言,取长补短一般来说是普遍的做法,但有时也要视情况而定。如果那块短板有修改的希望,既能做到扬长避短,又能节省时间,同时期也可以避免人面对短板的消极心理,那何乐而不为呢?说实话,对于有些人来说,去掉短板可能不是那么容易的事情,甚至,其影响也无法弥补,再下功夫去学,也是于事无补。与其在弥补短处上白费力气,不如把更多的精力用在发挥长处上,这样效率更高,也更适宜长远发展。正确对待个人的短板很重要。人生一世,无论你的短板在何处,都不可忽视,以辩证的眼光去对待问题,以积极的态度去处理问题总是没错的。

一个人的价值主要还是体现在他长处的发挥上。充分利用自己的长处,同时避免短板的负面作用是必须要做的。对于一个人的不足、缺点、短处,不能视而不见,要勇敢地去面对它、解决它。解决短板问题,有一个好办法。首先是发现短板。朋友、家人的评价,自己学习实践的检测,以及个人横向和纵向的比较是最能发现短板的方式。然后就是分析短板。自己是最了解自己弱点和短处的,对于致命的弱点,就要毫不手软地砍掉它,当然,这是一个长期、痛苦的坚持过程,很大程度上与习惯有关系。认为是可以转化的短板就要冷静分析,合理利用。最后是处理短板。把自己处理短板的过程作一个计划,每天对比,每周总结,直到完全达到目的,让周围的同学、朋友、家人来监督自己也是一种不错的选择。但不管怎么样,主动权在自己的手中,自己要能把握自己,意志决不可动摇,否则,短板不除,还会有新的短板出现。

虚心使人进步

“满招损,谦受益。”自满的人会招来损害,谦虚的人会受到益处。它告

诉人们骄傲自满有害、谦虚谨慎有益的道理。

自古以来，就有不少关于“虚心使人进步，骄傲使人落后”的例子。康熙皇帝很小的时候就刻苦读书。每天竟达10余小时之多。至青年时，经、史、子、集便背得滚瓜烂熟。特别可贵的是，他成年以后，在治理国家的实践中，知道了自然科学的重要性，便苦学起自然科学来。据史书《正教奉褒》记载：他亲自召见外国传教士，请他们轮流讲学，讲学内容有量法、测算、天文、历法、物理诸学。

康熙皇帝虚怀若谷，认真学习，甚至还亲自演算，一丝不苟。西人张诚在给自己国家的报告中也说：“每朝四时至内廷侍上，直到日没时还不准归寓。每日午前二时间及午后二时间，在帝侧讲欧几里得几何学或物理学及天文学等，并历法炮术的实地演习的说明，甚至有时忘记用膳……”

康熙皇帝还能向国内许多有学问的人请教，使自己的学问更精更深，特别是在自然科学方面更有造诣。他还接受数学家陈厚耀的建议，编纂了一本集当时数学之大成的百科全书——《数理精蕴》。

成语“程门立雪”是一个谦虚好学的典故。杨时是北宋的一位著名学者，虽年近四十，但仍谦虚好学。有一天，杨时前往洛阳拜访理学大师程颐，到了程颐家中，程颐正在睡觉。杨时便恭恭敬敬站在院子里等候。这时天下起了大雪，不知不觉，院里的积雪已有一尺多厚了。过了很久，程颐醒来，这才发现站在雪地里的杨时。杨时虚心好学的精神，深深地感动了程颐，从此便将自己的学问倾囊相授。

人们常说：“虚心的人万事能成，自满的人十事九空。”正是由于他们都能虚心求教，专心治学，才会有各自非凡的成就。文学作品中经常会用竹子比喻虚心好学的人。竹子形态挺拔，生性坚韧，特别是不论它长得有多高，有多粗壮，它的主干总是空且纯净的，它勃勃的生机正象征着优良品质下不朽的生命力。正因为竹子和那些虚怀若谷、乐观勤奋、对学习如饥似渴的人有着相同的品质，所以竹子就成了这类人最为形象的写照。所谓：“虚心竹有低头叶，傲骨梅无仰面花。”

这里有一个古人为求“一字师”而不耻下问的故事。所谓“一字师”，就是改一个字的老师。他给你的诗文改一个字，你就尊他为师，这固然是你的谦虚，但更重要的是他在一个字上见能耐，就这一点而言，他确实有资格当老师。唐五代“诗僧”齐已，写过一首题为《早梅》的诗，其中有两句是“前村深雪里，昨夜数枝开”。诗人郑谷读后提议说“数枝”就不算“早”了，不如改为“一枝”。齐已觉得言之有理，当即拜他为“一字师”。

心灵感悟

如果一个人要想学会一点东西，办成一件事情，就要具备虚心的态度，就要从不自满开始。否则就会认识不到自己的差距和局限，沾沾自喜，满足于一知半解，最终变得孤陋寡闻，被迅猛发展的信息社会所淘汰。屈原说过：“尺有所短，寸有所长；物有所不足，智有所不明。”客观世界千变万化，姿态纷呈。人在客观世界面前时刻都会显出不足，要想学一点东西，办成一件事情，只有正确认识自己，虚心好学，才能不断进步，发展自己，成就自己。虚心好，何不蹈之？

5. 学中做，做中学

德国哲学家黑格尔说过：“只有那些永远躺在坑里从不仰望高空的人，才不会掉进坑里。”这告诉我们：在生活中要多实践。只有经过实践，才能知道事情是成功还是失败，才能知道理论的真实性与可靠性。实践是检验真理的唯一标准，只有经过实践，才最有发言权。因为实践过后，才知道对与错、是与非、真与假。

学习的目的不是挂在墙上的画，只供在人前炫耀，更不是一种单纯追求知识的行为，它的最终目的是将知识运用到实际生活中去。这样才能发

挥知识的力量，让所学的知识和技能为生活服务，为前途服务，为理想服务，乃至为人类的发展服务。

实践出真知

科学家的发明创造应用于实际，成为产品被大批量复制是为了改善我们的生活条件；教师学习知识是为了将来能传道授业解惑；大学生学习各种技能是为了以后的工作实践……总之，学习只有唯一目的，那就是学以致用。

学习和实践的关系是水乳交融不可分割的，学习可以避免不必要的重复实践，用已有的知识在实践中谋求更高的知识。用学到的知识来指导实践，同时，又从实践中源源不断地获取经验，形成理论，为下一步的行动作好铺垫。人的灵感往往来自于实践，空想是得不到思想的火花的，学习和实践是一个永无止境的过程。

英国物理学家、化学家波义耳平素非常喜爱鲜花，他在自己的房间里摆上几个花瓶，让园丁每天送些鲜花来以便观赏。一天，园丁送来几束紫罗兰，正准备去实验室的波义耳立即被那艳丽的花色和扑鼻的芳香吸引住了。他随手拿起一束紫罗兰，边欣赏边进了实验室，他把紫罗兰往桌上一放，就开始了化学实验。就在他向烧瓶中倾倒盐酸时，一不小心将酸液溅出了少许，而这酸液又恰巧滴到了紫罗兰的花瓣上，波义耳立即将紫罗兰拿到水中去冲洗，谁知却发生了一个意想不到的现象：紫罗兰转眼间变成了“红罗兰”，这惊奇的发现立即触动了科学家那根敏锐的神经：“盐酸能使紫罗兰变红，其他的酸能不能使它变红呢？”当即，波义耳就和他的助手分别用不同的酸液实验起来。实验结果是酸的溶液都可使紫罗兰变成红色。酸能使紫罗兰变红，那么碱能否使它变色呢？变成什么颜色呢？紫罗兰能变色，别的花能不能变色呢？由鲜花制取的浸出液，其变色效果是不是更好呢？经过波义耳一连串的思考与实验，很快证明了许多种植物花瓣的浸出液都有遇到酸碱变色的性质，波义耳和助手们搜集并制取了多种植物、地

衣、树皮的浸出液。实验表明，变色效果最明显的要数地衣类植物石蕊的浸出液，它遇酸变红色，遇碱变蓝色。

自那时起，石蕊试液作为酸碱指示剂就正式确定下来了。以后波义耳又用石蕊试液把滤纸浸透、晾干，切成条状，制成了石蕊试纸。

古希腊哲学家、数学家、物理学家阿基米德有句名言："给我一个支点，我就可以撬动地球。"当时国王叫金匠打造一顶纯金的皇冠，国王因为怀疑金匠加了银，就请阿基米德鉴定，阿基米德一直在想鉴定的方法，就在他走进浴缸里洗澡，看见溢出去的水时，悟出利用浮力测量不规则物体体积的方法，他高兴地跑出浴室，大叫："我找到了！"

阿基米德是第一位讲科学的工程师，在他的研究中，使用欧几里得的方法，先假设，再以严谨的逻辑推论得到结果，他不断地寻求一般性的原则而用于特殊的工程上。他的作品始终融合数学和物理，因此阿基米德成为物理学之父。

意大利航海家哥伦布十分崇拜马可·波罗，他读过《马可·波罗游记》，十分向往印度和中国。1476 年，满怀着对世界探索和冒险的勇气与热情，哥伦布先后向葡萄牙、西班牙、英国、法国等国国王请求资助，以实现他向西航行到达东方国家的计划，但都遭到拒绝。但是，哥伦布没有放弃，在苦苦等待了 6 年之后，坚持自己信念的哥伦布终于得到了西班牙皇室的资助，扬起了他远航的风帆。自 1492 年到 1502 年，哥伦布先后 4 次出海远航，凭借着超人的胆识、坚韧不拔的毅力和勇往直前的精神，他发现了美洲大陆，开辟了横渡大西洋到美洲的航路；发现并利用了大西洋低纬度吹东风、较高纬度吹西风的风向变化规律；证明了大地球形说的正确性。

在实践中不断提升自己

时代在进步，社会在发展，而随之而来的竞争也非常严峻地摆在了我们面前，现代社会所需要的已经不再是单纯的知识型人才。时代赋予人才新的定义：不仅能够驾驭新科技，具有创新意识，更要有将科技应用于实践

的能力。但是，再看看我们有些人，只是捧着“书中自有黄金屋”的古训，做着日后事业有成、飞黄腾达的白日梦。他们缺乏走出象牙塔的勇气，没有去接受实践的检验和社会竞争的洗礼。在一个知识与实践完全脱节的环境里，我们又有什么资本去谈成才、谈竞争、谈事业？时代证明，历史证明，我们的自身状况证明：我们唯有面对社会，才能心平气和地作出一些选择，才能确立自己学习和生活的目标。

实践的重要性，从来就被古今中外的仁人志士所关注。可以这么说，没有人类的各种实践行为，就没有今天各种丰富的理论知识。我们今天所学到的知识都是根据前人的经验总结出来的。同时，凡是在理论上有所建树的人，莫不是伟大的实践家。历史上这样的伟人真是俯拾即是，他们深知实践对于一个人发展的重要影响，所以，这些人的一生都是在实践中度过的。

化学家诺贝尔在发明炸药的时候，经历了无数次的实验，才取得成功。他在实验过程中，给他的家人以及自己造成巨大的伤害。他多次把自己的家当作实验基地，炸死或炸伤了他的亲人，甚至还炸伤过自己。真是天道酬勤，他终于成功研制出了炸药。所以说，仰望高空的人，才可能掉进坑里；从不仰望高空的人，永远不会掉进坑里，也永远不会知道高空。

毛泽东在这方面更是“前无古人，后无来者”。他在湖南师范上学时，曾带领同学们使用烟花爆竹吓退反动派的几百人的军队，足见其胆识过人，这是通过实践验证的。他学习他的老师杨昌济冷水泼澡，刚开始有点不习惯，出现感冒，可是日久天长，他的抵抗力与日俱增，要不怎么会有晚年的毛泽东仍要坚持游泳、76岁高龄横渡长江的传奇呢？他领导中国人民进行革命，取得多次反围剿战争的胜利，打得反动派落花流水，并最终探索出一条符合中国国情的道路：农村包围城市，武装夺取政权的新型的革命道路。毛泽东广泛参加了社会不同类型的实践，才创造了许多传奇。

中国古代有一则笑话：一位呆秀才下乡，被一条水沟挡住了去路。他取出书来，仔细翻看，却怎么也找不到如何过沟的答案。一位农夫告诉他，不用翻书，跳过去就行了。秀才听了他的话，双脚一蹬，往上一跳，竟落到水中。农夫说，不是那么跳法。说罢，单脚起跳，一跃而过。秀才看了埋怨道："单脚起步为跃，双脚起步为跳，你该说跃，不该说跳。"

一个人要想提升自己的能力，有很多种方法，但实践无疑是最有效的方法之一。提升自己其实也是一种创新——对知识和实践的双向创新。人的创新能力不是生来就有的，虽然这种能力有一部分取决于先天，但很大程度上还是取决于知识积累、社会积累的实践过程。人在知识方面取得的成功不能算是真正的成功，只有将所学的知识运用到实践中并取得成绩，这才是最终的成功。

心灵感悟

实践能力已经成为衡量人才的重要标准。学习给了我们塑造自我的平台，不仅使我们学到了理论知识，更为我们提供了重要的实践机会。新时代的大学生是当今社会重要的人力资源，在人才市场上已经成为一支重要的生力军。要勇于参加社会实践，要以了解社会知识、学会运用自身技能、投身于服务社会的洪流为实践目的。在平常的工作学习中要以形式多样的活动为载体，让自己走出去，深入实际，才能在社会实践中受教育、长才干、做贡献；要树立正确的世界观、人生观和价值观，提升自己的自我认知、人际交往、合作共事、社会竞争、开拓创新等方面的能力素养。

6. 欲速则不达

有了理想就要积极地去实现它。由于每个人的性格不同，对于实现理想的安排也各异。心急的人，难免急功近利，恨不得在很短的时间内达到

目标，殊不知，理想是个长期奋斗的结果。它得要用无数的知识、经验和实践来完成，正像俗话所说的那样——心急吃不了热豆腐。理想好比是一件工艺品，慢工出细活，要经过设计、制订制作计划、打磨、修改、再打磨、再修改……如此反复直到完美为止。所以，在追求学习目标的道路上，切不可贪图短、平、快，要做好长期计划，实施好每个环节，这才是最重要的。

学习要循序渐进

学问的形成，不是一朝一夕能成功的。《论语·子路》记载："无欲速，无见小利。欲速则不达，见小利则大事不成。"就是说，人切不可贪功近利，急于求成，越想快速达到目标，目标越是渐行渐远。古人的精心总结总是闪耀着智慧和真理。所以，作为年轻人，一定要耐得住平凡和琐碎的打磨，精心经营自己的事业。

现在，很多年轻人在学习上缺乏专心和恒心，今天想做这，明天想做那，特别是一时难见成效的事情，放弃得尤为快速和果断，很难坚持下来，也做不到潜心钻研、全心学习，变得越来越浮躁，急功近利，见异思迁。反观那些学习上的佼佼者，脚踏实地、自我磨炼、耐心等待、不急于求成，从而为今后的发展积累了资本。那些自以为"聪明"的人往往期望太多太急，而当他们的期望暂时还没有结果的时候，就变得沮丧，结果适得其反，更严重地影响了现在的生活和学习。一切事物的变化皆有规律，纵是花开，也非一朝一夕之功。急于求成的结果只会是一事无成，只有当你付出了足够的时间和努力之后，才能得到自己想要的东西。

急功近利常常是导致失败的根源，它往往使人们看不清事物的本质，常常为了急于解决问题、尽快摆脱困境获取成功而想出或做出各种违反规定、规律或者违反道德的事情。更有人为了急功近利而以自欺欺人的方式来逃避问题，往往犯错误、走弯路之后才后悔不已。"拔苗助长"的故事就是众所皆知的急功近利的表现。

王安石的那篇《伤仲永》里的神童方仲永便是学习上急功近利的生动

例子。方仲永五岁能诗，得到了全乡秀才的赞赏。有的人请他父子做客，还有的人用钱求仲永题诗。他的父亲不是去认真培养孩子，而是认为这样有利可图，于是每天带着仲永四处拜访同县的人，不让仲永学习。结果到十二三岁的时候，他作的诗已经不能与从前的名声相称了。又过了几年，仲永完全如同常人了。这都是仲永的父亲急功近利的结果。

急功近利是最要不得的做法，它永远也无法让你得到想要的结果。应该说，它其实会起反作用，不但不会对自己的学业有帮助，反而会使人因此而丧失以前的所有。到头来，不仅没有得到，反而无法挽回曾经拥有的一切。

做好学习的规划

德国诗人歌德说过："向着某一天终于要达到的那个终极目标迈步还不够，还要把每一步骤看成目标，使它作为步骤而起作用。"学习是人青年时期的主要目标，可以说是人实现理想过程中的关键，也是极其重要的目标。凡是目标，都不是能一步到位的，还要在行动之前作好周密的计划，这个计划不但是目标的总、分问题，更是为每一个步骤设定预期标准。好的学习效果首先取决于有条不紊的计划。学习也可以称为一门艺术。它的艺术之美体现在和谐和平衡上。高效地学习，调整好学习的状态，在有限的时间里发挥最大的潜能，这都取决于计划的科学性、规范性、合理性和可操作性。

高尔基说："不知道明天该做什么的人是不幸的。"有很大一部分人对待学习是茫然的，他们认为，学校有教学计划，老师有教学计划，自己只要跟着老师走，什么事情照着办就行了。这种学习态度是不可取的。要知道，学校和老师的教学计划是针对全体学生来安排的，而每个学生的学习进度和学习能力是不同的，所以，必须制订自己的学习计划。

明确了学习计划的作用后，就要知道怎么订自己的计划。

(1) 计划的目的要明确。学习计划就是在某个时间段采取什么方法

或是行动来达到学习目标的一个形式表。有计划地学习，学生自己能明确什么时间做什么事，短时间内就能达到一个小目标，长时间内能达到一个大目标。按计划来学习，在长短计划的指导下，使学习能一步步由小成功跨向大成功。

(2) 有序完成学习任务。有了明确的计划后，就可以有条不紊地进行学习安排。在一定的时间内，对照学习计划来检查自己的学习进度，可以明确自己学习方法的优缺点，做到优点继续发扬，缺点努力改进，让学习一直处于上升趋势。

(3) 养成良好的学习习惯。有意识地按学习计划学习，久而久之，便会养成良好的学习习惯。习惯养成后，就有利于培养克服惰性、克服困难的精神，无论碰到什么困难都能按计划完成学习，达到规定的学习目标。

(4) 提升计划能力。这种有条理的学习、休息，养成生活习惯后，就会对生活中的小事做到有计划的安排，这样不只是对学习，对任何事情都能进行有条理的计划安排。另外，在制订学习计划时要注意周密性。周密性主要是指目标的明确性、可行性和具体性。

明确性是指计划的学习目标要便于对照和检查。如"以后要努力学习，争取获取好成绩"，但是，如何努力？考出第一名要多少努力？哪方面要多用点心？这些都不明确。如果改为"专业课要认真复习，英语要争取考到全系的前五名"，目标就明确多了，以后是否能达到就有标准可以检验了。

可行性是指对学习目标的度的把握。学习计划的目标定得过低了，不费吹灰之力就能做到，这不利于自己潜能的开发和学习的进步；过高了，自己能力有限，最终达不到高高在上的标准，这样很容易让人失去自信心，最后让计划成为一纸空文。所以，制订计划时，要从自己的实际情况出发，制定一个通过努力能达到的目标。

具体性是指目标便于实现。如何才能达到"英语在全系考到前五名"呢？可以具体化为：每天早上提前半小时起床背30个左右的单词，晚上看英语书籍等。这样单词和语法有没有掌握就有了检查的方式了，也更有利于计划的改进和完善。

邹韬奋说过："一个人做事，在动手之前，当然要详慎考虑；但是计划或方针已定之后，就要认定目标前进，不可再有迟疑不决的态度，这就是坚毅的态度。"学习了制订计划的方法，剩下的就是实践了，坚毅的态度是实施计划的有力保障。切忌三天打鱼两天晒网。就像郭沫若的那句名言所讲的："读不在三更五鼓，功只怕一曝十寒"。

心灵感悟

古往今来成就大事业的人，往往都有一种气定神闲的风度。即使再大的事，也得泰然处之，切不可行事慌乱、毛手毛脚、毫无章法。什么事情都是一步步来完成的，遵从事物发展的规律，按部就班地实施科学的计划才能达到永远脚踏实地的目的。牢牢地记住这样一句话——"欲速则不达"。保持良好的心态，让你的学业紧张而有序地进行。

7. 千里之行，始于足下

想要使理想变成现实，积累是绝不可少的，"不积跬步，无以至千里；不积小流，无以成江海"。千里之行，始于足下。无论多么远大的理想，再宏伟的事业，都得从小事做起，从平凡处做起，学习更是如此。

兴趣是最好的老师

学习是一种需要长期持续的行为。知识是丰富多样的，专业分门别类，知识浩如烟海。根据人的偏好，有喜欢学的专业，也有讨厌接触的专业。有时，即使是喜欢的专业所涵盖的知识也不是全都照单接受，总有一

些自己不感兴趣的部分充斥在里面，但是这部分也是知识结构里不可或缺的。学习不感兴趣的知识，你会感到枯燥，你会本能地去排斥它，因而更不可能全心地去关注它，以至于总是失败在这一部分知识的缺乏上。

对于吃鱼来说，有些人喜欢吃多有脂肪的鱼腹，有些人喜欢吃鱼尾，还有人喜欢吃鱼内脏，有人还喜欢吃鱼头……鱼腹脂肪含量高，肉质细嫩，对美容有利；鱼尾肉多，味鲜，可以补充蛋白质；鱼内脏可以补充铁、钙、镁等微量元素和脂肪酸；鱼头可以补脑，可以增加智力……这些营养都是人体不可缺少的，你因为喜爱永远只吃其中的一部分，本无可厚非。可是长此下去，你可能会营养不良，你会因为缺乏这样或那样的营养让自己的健康受到损害。这个例子也说明：知识是追求完整性的，学习不能以好恶为出发点；要尽可能地全面地去喜欢它，你才能真正地得到它。

基于好恶，如果你就读了不喜欢的专业，且没有转专业的可能的话，你不妨抱着既来之则安之的态度，坚持学下去。每一种专业都是人类社会发展必不可少的知识，如果你努力地去了解它，或许有一天就会爱上它；如果你从一开始就排斥它，那么，这专业的问题就会永远成为你发展之路上的绊脚石。

学习久了，可能有一种枯燥感。拿英语学习来说，很多人都排斥它，原因有很多，其中最主要的恐怕还是没有兴趣。

“兴趣是最好的老师”，兴趣是学习英语的巨大动力，有了兴趣，学习就会事半功倍。我们都有这样的经验：喜欢的事，就容易坚持下去；不喜欢的事，就很难坚持下去。而兴趣不是与生俱来的，而是需要培养的。有的同学说：“我一看到英语就头疼，怎么能培养对英语的兴趣呢?”这是缺乏信心的表现。学英语时，没有掌握正确的学习方法，没有树立必胜的信心，缺乏克服困难的勇气，就丧失了上进的动力，稍遇失败，就会向困难低头。你就会感到英语是一门枯燥无味的学科，学了一段时间之后，学习积极性也逐渐降低，自然也就不会取得好成绩。但是，要认识到学英语的必要性，用正确的态度对待英语学习，用科学的方法指导学习。开始时多参加一些英语方面的活动，比如唱英文歌、做英语游戏、读英语幽默短文、练习口头对话等。时间长了，懂得多了，就有了兴趣，学习起来就有了动力和欲望。

学习有枯燥感，缺乏兴趣，没有动力，要解决这类问题得从以下几个方面入手。首先，要明确学习目的。学习动力来源于目的，只有树立正确的学习目的，才会产生强大的学习动力。许多人的经验教训表明，学习目的明确与否，学习的动力有多大，对心理疲劳的影响极其巨大。

其次，要培养浓厚的学习兴趣。兴趣的形成与大脑皮层的兴奋中心相联系，并伴有愉快、喜悦的积极情绪体验。而心理疲劳的产生正是大脑皮层抑制的消极情绪引起的。因此，培养自己的学习兴趣，是克服心理疲劳的关键所在。

再次，要注意学习的多样化。书本学习本身就是枯燥单调的，特别是多次重复学习某门课程或章节内容，容易在大脑皮层产生抑制，出现心理饱和，产生厌倦情绪。所以朋友们不妨将各门课程的学习交替起来进行。

最后，劳逸结合，适当放松。如果交替学习各门课程仍不能消除心理疲劳，就应该考虑暂时停止学习。因为此时学习不但没有效果，反而加重了心理疲劳。这时候，不妨停止学习，听听音乐、打打羽毛球，这样对于消除心理疲劳非常有益。

学习也要从小处做起

年轻人都会对自己的未来有一个美好的憧憬。然而，理想不是炫耀给人看的，你的本领应体现在行动和结果上。千万不要只停留在口头上的空洞的理想，却不想想该怎样去做。

实现理想的第一要素是知识，因此学习才是迈向理想的第一步。学习不能好高骛远，得从一点点知识开始积累，从最普通、最平凡的或许是最让人觉得枯燥的重复中入手。这千里万里之行，会非常艰难，绝不会是一条平坦大道，只有一步步走下去，才可能成功。

很多人都对大学英语四、六级考试感到痛苦迷茫，主要原因还是单词

不过关，如果每个人都能随身携带一个单词小本，在空闲时候把单词一个个地巩固熟练，相信四、六级的通过率就远远高于现在了。我们在生活中会遇到很多知识渊博的同龄人，上知天文、下知地理，有如一台“活”电脑，这是为什么呢？难道他们是天才吗？非也，他们是勤于记录与复习，并懂得分类归纳、补充整理、温故知新而已，所以运用起来特别得心应手，在“实际运行”中有如电脑一样有条不紊、安排得当。其实，记忆的巩固和知识的运用，除了积累，还离不开整理与巩固，如果注意到这些要点，并在生活细节方面加以处理，那么，成功离你也就不再遥遥无期了。

“天下难事，必做于易；天下大事，必做于细。”细节存在于我们生活和成长的各个方面。只有关注小事，狠抓细节，才是慎重对待大事的态度。在这个世界上，细节无处不在，它微小而细致，存在于每天的生活中，存在于每个人的身上。它从来不会叱咤风云，也不会立竿见影地改变某些东西，但如春风化雨润物无声，起着重要作用。细节往往因其“小”而被人们忽略。人们总觉得问题不大，无关紧要。细节因其“细”，也常使人感到烦琐，对之弃而丢之、不屑一顾。然而，很多时候，细节决定着一件事情的成败。

成功与否就在于那一点细节，如同 99 ℃的水虽然也很热，但是只有 100 ℃的水才可以变成另外一种形态——水蒸气。毛泽东说过：“成功往往就在于快要坚持不住的时候咬牙挺住。”当你和对手都考到 99 分的时候，你只要比他多努力一分，把细节做得更好，那么胜利就是属于你的，也正是这一分细节的提升，证明你前 99 分的努力都有其价值。

一分耕耘一分收获，只有不断地坚持与攀登，才能迎来胜利的硕果。每个成功都源自无数个细节，没有严谨的学习作风、细致入微的学习方法，就很难到达成功的彼岸。凡事注重细节，不但能够使你迅速进步，而且对你的性格、品行和自尊心都会有很大的影响。任何人要想成功，就非得秉持这种做事的精神不可。无论到哪里，凡事注重细节的人，总会受人欢迎。因此，我们应该努力把任何细节处理得至善至美，对每件事，都倾注自己全部的精力去做。

每一个大问题里都有一系列的小问题，成功的机会隐藏在细节之中，认真做好每个细节，会给你带来意外的收获。你做好了这些细节，就会有成功的机会；如果你不做，就会永远地与成功失之交臂。成大事若烹小鲜，做大事须重细节。生活的一切原本都是由细节构成的，决定成败的必将是微若沙砾的细节，细节的竞争才是最终和最高层面的竞争。

心灵感悟

把每一件简单的事做好就是不简单，把每一件平凡的事做好就是不平凡。而把最为细微的事情做得兴味盎然、富有乐趣，那就是不凡之人。只要饱含学习热情，从大处着眼，从小处着手，考虑周全，相信成功定在不远处向你招手。

第三章

修　身

《孟子·公孙丑下》中说："得道者多助，失道者寡助。寡助之至，亲戚畔之；多助之至，天下顺之。以天下之所顺，攻亲戚之所畔，故君子有不战，战必胜矣。"这句关于做人的经典论述，需永远铭刻在心。

一、修身的意义

1. 德馨人亲,德薄人憎

人在成长发展过程中,树立崇高的理想信念和科学的价值观是非常重要的,同时加强道德修养、锤炼自己的道德品质,将这些当成人生必修课是年轻人的首要任务。道德高尚的人是最受人欢迎的人,也是最容易成功的人;相反,那些道德品行低下的人,就会被众人远离、厌憎,被排除在正常人群的交际的边缘。

以德报怨,乐于助人

在人际交往中,人们都喜欢与那些品德优良、为人自律的人打交道。没有人喜欢跟行为卑劣、品行低下的人来往。古代就有近贤人,远小人之说,这就是人际交往或者说择友的最好佐证。跟品德高尚的人相处,能使自己的修养得到提高,也可以获得足够的安全感。所以说,你想做一个受别人欢迎的人,就得首先提高自己的道德意识,养成良好的行为习惯。同时,一个没有良好品德的人,不可能有坚定的理想信念,而且在关键时刻不可能为崇高的理想信念做出牺牲。年轻人只有养成良好的道德品质,才能在人生的奋斗之路上左右逢源。人们常说,天时、地利、人和是使事业成功的条件,而在这些条件中,人和最重要。那些毫无道德感的人,是不可能取得人和的。所以,成败取决于德,尚德其实不仅是事业成功的决定条件,更是为人的根本。

我们将有德行的人称为君子，将毫无道德、行为卑劣，甚至无恶不作的人称为小人。对一般人来说，做人的原则是远离小人，亲近君子。尤其对小人的态度应该是坚决的，大多会对此类人敬而远之，否则，跟小人打交道，一旦被算计或陷害，将悔之晚矣。

远离小人，另一个原因是怕“近墨者黑”。小人之品行，不利于你个人品德的修为，会对你的品行在不同程度上产生不良影响，同时，不论是小人离你近还是你离小人近，都会产生一种排斥效应，让品德高尚的人对你也敬而远之，你或许会因此而失去若干个结交益友的机会。

和小人打交道必无善终。道不同不相为谋，二者结交必无善终。轻则不欢而散，重则反目成仇。届时，你定会受到影响，仅是小人背后搬弄是非的攻讦就够你受的。“好鞋不踩臭狗屎”、“得罪君子不得罪小人”等俗语真是至理名言。因此，当你断定某人是小人时，要么接近小人，帮助他，挽救他，以自己的行为教育和感染他，使其幡然悔悟，做一个品行端正的人；要么当机立断，坚定立场，远离小人，不要以中庸之道处之。

每个人都想做一个受人欢迎的人，这样不但生活愉快，对事业更是有很大的帮助。认识到这一点，就应该重视个人的品德修为，做一个尚德的君子，千万不可因失德而痛失一生的机遇。

“一撇一捺是个人，世世代代学做人”。学做人就是学做品德高尚的人。试想，一个思想猥亵的人是很难取得成功的，即使靠钻营取得成功也只是暂时的，不可能取得长久的成功。只有品德高尚的人才能感染周围的人，使自己具有一种凝聚力，助自己的事业从成功走向更成功。

做人的境界典型的大概有三种，一种是仗势欺人，一种是恃才压人，最后一种是以德感人。仗势欺人的人自恃地位高而指三道四，自然不可能团结人，更不可能获得成功。恃才压人的人自恃学识高而盛气凌人，或咄咄逼人，殊不知“闻道有先后，术业有专攻”，“尺有所短，寸有所长”，难以学到更高的知识，也就难以取得更大的成功。只有以德感人的人是以自己的修养和品德感染人，勇于吃亏，乐于助人，以德报怨，只有这样才能使与你处

于对立面的人都不忍心伤害你，团结一切可以团结的人。拥有这样的环境，你怎么可能不成功？

勇于吃亏，首先要放下私心。一个始终围着自己转的人是不愿意吃亏的。“人不为己，天诛地灭”是“90后”心里的普遍反应；但是要记住人首先是社会中的人，如果脱离了社会，人恐怕已不会称其为“人”了。因此，只有当你抛弃私心，主动为人，别人才会反过来支持你、帮助你。

乐于助人，是人类的良好品质，人字的结构就是相互支撑。凡事不可能靠一个人维持，必须要大家支持你，但是需要你多帮助别人，别人才会帮助你。不管身边的朋友发生什么事情，你要尽你所能去帮助他，这样才能感召更多的人，从而才能积累人脉，这可是一笔不可忽视的财富。

以德报怨，可能是最难做到的。中国人一直强调“人若犯我，我必犯人”，其实在生活中不存在有什么真正的仇敌，大家明争暗斗的结果如果过20年后再去看，保准一大半的人都会觉得不值得，许多人赌的就是一口气，就因为赌气，将自己成功的希望给堵死了。当你能用宽容和善良对待你对立面的人的时候，还有什么东西能阻挡你成功？

《孟子·公孙丑下》中说：“得道者多助，失道者寡助。寡助之至，亲戚畔之；多助之至，天下顺之。以天下之所顺，攻亲戚之所畔，故君子有不战，战必胜矣。”这句关于做人的经典论述，需永远铭刻在心。

德才兼备，功成名就

如今的时代，是一个飞速发展的时代，新事物和新情况层出不穷，建设和谐社会、用科学发展观加快发展，都需要有才能、有驾驭能力的人才去开拓创新。我国党政机关、社会团体、企事业单位现在的用人标准是德才兼备的高素质人才。德才兼备之人，历来受到人们的敬佩与推崇。

一个人有才，其才能可以充分地利用于工作当中。有德无才一般比有才无德更受人青睐。因为，只要有德，哪怕才能方面薄弱一些，任务或权力交到这样的人手中，领导者是放心的；而有才无德之人哪怕有天大的才能，却因为无德，可能不但不会给社会和单位创造效益，甚至还会使单位利益受到重创。所以，有德更有才的人，便是任何单位用人的理想标准。

“德才兼备”是全世界千百年来都遵循的价值观、人才观，其本质是要求人的一切行为都要做到有德、有才，两者兼备，不可缺一，而且是德在前，才在后。事实上，一个人的才能越高，德与才的关系就越密切、越重要。德不仅由才所体现，而且为才所深化、升华；才不仅由德所率领，而且为德所强化、激活。因此，要想成为被重用的人才，就必须做到德才兼备。

在现代职场中，不管你扮演任何角色，担当任何职位，德才兼备都是你努力的方向。德才兼备的品质对于一个人终身发展有巨大的重要性。

司马光的《资治通鉴》中指出：“才者，德之资也；德者，才之帅也。”说的就是关于德与才之间的关系，这虽然是一个古老的话题，但常读常新，引人深思。司马光有自己的儒家正统立场，认为为国为家者必须要了解所用人员的才德，在不能得到德才兼备的人才的情况下，宁可使用有德而少才的人，也不能使用有才而无德的小人。因为有德而少才的人可以坚守岗位，虽然缺乏创新，但可以按照规章制度办事，不会使事业蒙受人为的损失；而有才而无德的小人，则因为具有才能，所以往往占据的岗位也重要，因为无德，也就没有对事业发展向上的坚强信心和克服困难的毅力，以及与团体同甘共苦度过艰难困境的愿望，一旦环境不利于自己的发展或者个人私利受到影响时，就会萌生为自己私利不顾损害事业的做法，因为有才能，所以对事业的损害也大，历史上和现实生活中这样的例子不胜枚举。

明朝沿海边境倭寇横行，杀人放火，劫杀州县，成为边患。戚继光在开始成立戚家军时，选择人员的标准就是以操守为先，首先选择会读书而又身体相对强壮的人员，也就是首先重德。在日常训练中，也不是一味进行军事训练，而是半天的时间进行儒家正统文化的教育，继续在日常训练中熏陶士兵的卫家报国的思想。所以，戚家军令倭寇闻风丧胆。

如今，德才兼备早已成为衡量大学生全面发展的一个标准。当代大学

生要学习掌握扎实的专业基础知识和前沿的科学文化知识，以造福国家和人民，同时还要坚持以德为先，德才兼备。只有以德来统帅才，才能保证才的正当发挥；只有以才支撑德，才能真正有益于国家和人民。目前社会上的学术腐败和高科技犯罪等现象，已为人们敲响了警钟。德是人才素质的灵魂。在改革开放和发展社会主义市场经济的新形势下，德在青年人成长成才的过程中发挥着越来越突出的作用。

古今中外的名人、伟人无不是德才兼备的楷模。美国杰出的文学家、思想家和科学家富兰克林，是一个善于盘点心灵的人。他早年在一家印刷厂当学徒，是一位胸怀大志的年轻人，为了成功地实现自己的理想，他给自己拟订了一份“美德反省表”，表中列出了他应遵守的具体美德：节制、严谨、勤奋、果断、节俭、诚实、大度、公正、缄默、整洁、沉着、谦虚和廉洁，共有13种。每天晚上临睡前，他都要按“美德反省表”对照检查自己的言行，反思有没有做到这13项美德的要求，如果其中哪一项做到了，他就在这一项的下面画一颗红星，以便鼓励自己坚持做好；如果其中哪一项未能做到，他就在这一项的下面画一颗黑星，以便提醒自己尽快改正。富兰克林严格要求自己，保持优点，克服缺点，日臻完善，终于从学徒成长为一个对人类事业的进步做出了重大贡献的人。

心灵感悟

智是人才素质的基础，德是人才素质的先决。年轻人不仅要学习广泛的知识和技能，更要重视德行的修养。时时刻刻以德才兼备的标准去要求自己、塑造自己永远是最智慧的选择。这也是将来从事社会主义现代化建设的必学本领，更是成为对国家、对人民有用的人才的重要基础。有德之人的人生是光辉的，有才之人的人生是精彩的，德才兼修的人生才是最完美的人生。

2. 身心健康是幸福人生的基石

身心健康是人生最重要的主题，它对个人的发展、生活质量，甚至子孙繁衍等方面起着决定性的作用。健康是人们常常挂在嘴边的一个词，那么，什么样的标准才能定义一个人的健康呢？1948年世界卫生组织明确规定：健康不仅是身体没有疾病，同时，还应当心理健康，只有身心健康、体魄健全，才是完整的健康。

身心健康才有幸福人生

联合国世界卫生组织具体提出了人的身心健康标准，它包括肌体和精神的健康状态。肌体健康可用“五快”来衡量，精神健康可用“三良”来衡量。

肌体健康之“五快”：食得快，便得快，睡得快，说得快，走得快。

精神健康之“三良”：良好的个性，良好的处世能力，良好的人际关系。

如果你的身体和精神方面具备以上的“五快”和“三良”的话，那么你就是个完全健康的人，也必将是个幸福的人。

心理健康与身体健康同等重要。人们常说，拥有健康身体的人是幸福的，其实身体健康还不够，只有拥有健康身心的人才是真正拥有幸福的人。

人类一直以来总是被各种疾病包围着，可身体疾病并非人们想象中的那么可怕，许多身患绝症的人，因为拥有健康的心理，最终还是战胜了疾病，延长了自己的生命。而心理疾病就不同了，无论你拥有多少财富、多么渊博的知识、多么强壮的身体、多么丰富的人际关系，只要你的心灵被沾染上恐惧或者焦虑等心理疾病，就足以让你焦虑不堪，惶惶不可终日。

什么是幸福？健康就是幸福。其实，可以想象，面对幸福这个话题，不同的人或许会有不同的答案。

拥有金钱是不是最幸福？许多大富翁、有钱人，他们为生意奔波，为事

务应酬，忙碌的工作似乎是无穷无尽，做也做不完的。有钱的人们恨不得一掷千金来换得片刻的宁静。

拥有权力是不是最幸福？很多当权者日夜寝食不安，他们深感肩上的权力的责任，面临复杂多变的形势和日益激烈竞争的局面难以驾驭，成天忙碌、疲于应付、身心疲惫。

拥有知识是不是最幸福？不少才高八斗的人似乎并没有从知识中得到预想的幸福。还有些知识层面很高的人，只钻研业务，不懂人情世故，甚至做出违背常识的事情，最后导致精神失常，甚至自杀。

成功人士是不是最幸福？他们获得了事业上的成功，站在山顶一览众山小，风光无限，可是成功是没有顶点的，有不少成功人士依然认为自己不是最成功的，感觉自己生活得太累，还不够幸福。

其实，我们要明白一切的财富都始于健康的心理。心理健康的人拥有的是一生受益不尽的财富和幸福。

形成自己健康的生活方式

每个人的健康有三大要素：均衡的营养、充足的休息、适当的运动。由于现代人的生活环境发生了变化，营养与休息的搭配不尽合理，最缺乏的就是运动。人可以七天不吃饭，也可以三天不喝水，但不可以三分钟没有氧气，而氧气又来源于运动。特别是21世纪是步入健康生命科学的时代，随着工业化、城市化、机械化的进步程度加快，人类的运动越来越少，大自然的生态平衡不断遭到破坏，环境污染日趋严重，现代人中由于摄氧不足而造成慢性病的情况增多。

有些人生活杂乱无章，作息安排随心所欲，这些不规律的生活习惯，让一些人陷入抑郁或焦虑的情绪中，给身心带来极大的伤害。

如果我们每天都能重复有规律的生活秩序，那么在我们的大脑神经活动中就会有规律性地重复出现这些兴奋点与抑制点，保持大脑功能的正常化，节约了大脑无必要的劳动量，能保护身心的健康。

德国一位动物学家对动物的机理进行研究之后,得出这样的结论:任何生物机体都是靠着能量生存的。那些会节约能耗的生物,它们体内的“生物钟”走得较慢,因而延长了它们的生命;那些生活没有节奏、浪费能量的生物,它们的寿命就较短。

可以说这个研究结论同样也适用于人类。人们普遍都认为女人的寿命比男人平均高10%,僧侣和隐居者中长寿者居多,其原因在于他们平静而有节奏的生活,节约了能耗,他们较好地控制着“生物钟”有节奏地运转,从而延长了生命。

健康的生活方式是美好生活的基本,是有一个好的身体的基础,健康的生活方式可以减少疾病的发生。健康生活方式包括的内容很多,但主要就有以下那么几点。

生活有规律:就算工作再繁忙,也要注意休息,劳逸结合。

合理安排膳食:包括健康的饮食和良好的饮食习惯两大方面。健康的饮食是指膳食中应该富有人体必需的营养,同时还要避免或减少摄入不利于健康的成分。那么怎样才能符合人体的营养需要呢?营养学家认为,人是杂食动物,只有全面、均衡、适量的营养,才能符合人体的生理需要。所谓全面、均衡、适量,全面,就是样样都吃,做到一日三餐饮食中各种营养素都有;均衡,就是要求各种营养素要保持一定比例,不能有的多,有的少;适量,就是要求各种营养素的数量,既不要欠缺,又不要过量。

坚持适当运动:生命需要运动,过少和过量运动都不利于健康。个人可根据自己的年龄、身体状况和环境选择适当的运动种类。运动形式并不重要,重要的是量力而行,循序渐进,持之以恒。最简单的运动是快步走,每天快步走路3公里,或做其他运动30分钟以上(如爬楼梯)。每周至少运动5次。

少喝酒,不吸烟。

少烦恼,开心每一天。

心灵感悟

身心健康才是幸福的基础，没有健康就没有一切，再美好的生活也不属于你，再宏大的事业目标也不可能实现，人生的路会变得举步维艰。如果这样，人生将是一杯难以下咽的苦酒。所以，重视健康就是尊重生命，就是尊重生活的本身。做一个身心健康的人，每天都会感受到生活的意义、事业的激情，总是饱含期待的幸福。

二、修身的内容

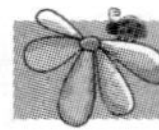

1. 遵纪守法，洁身自好

没有规矩，不成方圆。要建设高度文明、高度民主的社会主义国家，实现中华民族的伟大复兴，就必须在全社会形成“以遵纪守法为荣、以违法乱纪为耻”的社会主义道德观念。做一个遵纪守法的公民，首先必须做到洁身自好，这也是对个人品德修养的基本要求，只有做到洁身自好，才可能达到真正意义上的知法守法。

遵纪守法是为人的基本素质

正义的法律可以说是黑色的，因为它在犯罪人面前，意味着判决、处罚；正义的法律也可以说是红色的，因为它在无辜者面前，代表着正义、公平。“法”是国家制定和颁布的公民必须遵守的行为规则，“律”是具体的规

则、条文。“法”、“律”结合起来，组成了这个社会最神圣的词语。法律在社会中是一种权威，人们需要参照它来生活；法律也是一扇屏障，是老百姓温暖的家，他们的利益在这里得到了保障，他们的权利在这里得到了实施；法律更是一条粗大的铁链，它紧紧地绑住犯罪分子，让他们无法在这个社会中胡作非为。如果这个社会没有法律对人的约束，那恐怕连个人的生命都不会有安全保障。法律给了人安全感，给了人活着和发展的依靠，其作用是毋庸置疑的。所以，作为一名公民，遵守法律，是为人的起码要求。

遵纪守法是每个公民应尽的社会责任和道德义务。一个国家即使经济实力再强，假如没有健全的法制，没有遵纪守法的国民，仍不能算是一个真正文明、强大的国家，照这个标准来看，我们离真正的强盛还有相当一段距离。虽然我国目前已经构建起了比较完备的法律框架，普法教育也搞了多年，但实事求是地讲，“遵纪守法”四个字还远没有成为所有公民的自觉行动。不过，我们这个五千年的文明古国，虽然距离一个真正意义上的法制国家尚需时日，但却并不缺少建立和谐社会所必不可少的道德传承。

古今中外，多少伟人无不是遵纪守法的典范。遵守行为规则、遵守法律法规是一种义务，更是一种风度。

有一次列宁去克里姆林宫理发室理发，很多人都坐着排队，等候理发。列宁进去后，大家连忙让座，并且请列宁先理，可是列宁却微笑着对大家说：“谢谢同志们的好意。不过这样做是要不得的，每个人都应该遵守公共秩序，按照先后次序理发。”他说完后，就随手搬了一把椅子，坐在最后一个位置上。

还是在延安的时候，毛泽东去医院看望关向应。两人愉快地在病房里交谈。护士进来说：“同志，医生吩咐，病人要安静，不能会客。”毛泽东谦和地说：“对不起，小同志。”随即辞别关向应离开了病房。

一次，周恩来去北戴河，需要看世界地图和一些书籍。工作人员给北戴河文化馆打电话，说有位领导要看世界地图和其他一些书籍。接电话的工作人员回答：“我们有规定，图书不外借，要看请自己来。”周恩来便冒雨

到图书馆借书。工作人员一见是周总理，心里很懊悔，总理和蔼地说：“无论谁都要遵守制度。”

伟人的榜样是光辉的，我们要循着榜样的脚印，做一个遵纪守法的好公民。切不可因法治观念淡薄而误入歧途，自毁前程，到头来就悔之晚矣。

畏法朝朝乐，欺公日日忧。

明太祖朱元璋在一天早朝时突然问诸位大臣：“天下何人最快活？”诸位大臣一时众说纷纭，莫衷一是。有的说功成名就的人最快活，有的说富甲天下的人最快活，有的说洞房花烛夜的人最快活……朱元璋听着这些回答不以为意。而当一个名叫万纲的大臣回答说“畏法度者最快活”时，朱元璋点头称是，并称赞他的见解“甚独”。

一个人只有遵守法度，才不会受到法律的制裁，也不必为自己做了什么违法乱纪的错事、坏事而时刻担惊受怕、忧心忡忡，享受不到生活甜蜜的滋味和人生的美好。只有畏法度，才会节制欲望，自检行为，不去做那些对他人和社会有害的事。只有畏法度，才会在社会生活的方方面面行得端、走得正，成为人们欢迎的人。畏惧法度，遵纪守法，是对自己的关心和爱护，也是对自己有限的生命的无限珍惜，还是对家庭和社会高度负责的态度，更是自己的人生能够永远获得快乐和幸福的保证。

只有遵纪守法才能获得自由和快乐。遵纪守法是遵从规律的表现，是聪明睿智的表现。马克思曾经讲过：“法典是人民自由的圣经。”逆法而动，越规而行，恰恰是无知和愚昧的表现。

洁身自好是修德的根本条件

洁身自好历来是对人品性修养的起码要求。古人格外重视为人的道德风范，所以道德教育一直频繁地出现在古典文献及诸子的言论当中，并成为中华民族德育的瑰宝。

我国南朝齐、梁时期的思想家范缜就是洁身自好的典范。他的著作《神灭论》一问世，士林争相传抄，朝野为之喧哗。竟陵王萧子良凭借宰相的权力，慌忙调集众僧名士，软硬兼施，轮番围攻范缜。但由于他们讲不出像样的道理，尽管人多势众，也没有压倒坚持真理的范缜。萧子良又派名士王融到范缜那儿，企图用官位加以利诱，王融对范缜说："神灭之说既然是异端邪说，而你却坚持己见，恐怕会有伤名教。以你出众的才华和美德，何愁官至中书郎。而你为什么要违背众人的信仰，自讨身败名裂呢？"范缜听后哈哈大笑，回答说："倘若我范缜肯于出卖人格，背叛信仰去捞取官位，恐怕早就当上尚书令、尚书仆射一类的高官，你说的中书郎又岂在话下！"范缜刚直不阿的可贵品德，以及决不"卖论取官"的原则立场，让他的人生道路多了无数坎坷，但他从不后悔，一直到死都坚守自己的信念和为人的清廉。

古人中的名人志士，大都把名誉和信念看得跟生命一样珍贵。清官海瑞便是家喻户晓的洁身自好、一心为公的典范。

海瑞推行清丈、平赋税，并屡平冤假错案，打击贪官污吏，深得民心。海瑞曾上书批评世宗迷信巫术、生活奢华、不理朝政等弊端，遭迫害入狱。世宗死后获释，调升右佥都御史，他一如既往，惩治贪官，打击豪强，疏浚河道，修筑水利工程，并推行一条鞭法，强令贪官污吏退田还民，遂有"海青天"之誉。海瑞一生居官清廉，刚直不阿，深得民众的尊敬与爱戴。据说听到他去世的噩耗时，当地的百姓如失亲人，悲痛万分。当他的灵柩从南京水路运回故乡时，长江两岸站满了送行的人群。很多百姓甚至制作他的遗像，供在家里。海瑞和宋朝的包拯一样，是中国历史上清官的典范，是坚持正义、洁身自好的象征。

古人的故事使我们联想到今人。如今，社会发展空前飞速，物资充盈，现代化给生活带来了越来越多的便利。但是，在物质财富高涨的背景下，精神层面却在滑坡。从另一方面来讲，道德意识的薄弱，也加速了社会矛盾的滋生。良好的社会环境呼吁大众重新唤醒道德意识。

试想，那些因堕落而滑向深渊的人们，有多少人不是正处于风华正茂，有多少人不是处在人生最年富力强的时期？可是，他们的前程尽毁，不是因为外力的作用，而是因为道德滑坡，自甘沉沦。这样曾经灿烂的人生一

朝便陷于毁灭，不得不让人反思，让人痛心。国家和每个家庭曾为了培养一个人才花了多么大的代价啊！这是资源的浪费，更是对生命的一种亵渎。所以，我们年轻人要树立道德意识，养成洁身自好的习惯，决不让那些霉菌和腐化的病毒沾染自己。

心灵感悟

高尚的道德永远是一个人追求的目标。道德高尚的人，其形象自然高大，处处受人尊敬，被人信任，甚至被人爱戴。有高尚品德的人，既是洁身自好的君子，更是遵纪守法的模范。因为守法，事业才能得以顺利成功，人生才会平安圆满。因为洁身自好，才不会随意堕入尘埃，让生命陷入欲望的深渊。让遵纪守法成为一种习惯，将洁身自好的品性保持终身，做一个正直，高尚，自尊自强之人吧。

2. 自信让你如鱼得水

自信心是人生重要的精神支柱，是人们行为的内在动力。在人际交往中，有自信心的人能够充分发挥长处，坦然自若，落落大方，以积极的姿态处理可能产生的各种人际矛盾。即使在自己处于不利境遇时，也能进行积极的自我暗示、自我鼓励，从而保持心理平衡，变不利为有利。拥有自信心的人，对生活永远都会乐观，对事业更是充满着饱满的热情，即使遇到再大的困难也坚信成功志在必得。

自信是成功的助推力

自信是成功的基础。古往今来的成功人士具有一个共同的特点，即自信，是自信激励他们走向了成功。自信为什么会对人产生如此大的作用呢？因为自信是建立在正确认识自己的基础上的，它促使人们从情感、意识、行为方面接纳自己。金无足赤，人无完人，每一个人都不是十全十美的，都有自己的短处和长处，都具备在某一方面获得成功的条件。自信可以帮助我们发现自己的长处，从而产生一种积极进取的动力，激励自己去发挥特长，以达到自我实现的目标。

只有相信自己，才能激发进取的勇气，才能感受生活的快乐，才能最大限度地挖掘自身的潜力。有人做了这样一个形象的解释：一个正常人如果发挥了自身潜藏能力的一半，那么将掌握四十多种外语，学完几十门大学的课程，可以将叠起来几人厚的百科全书背得滚瓜烂熟。既然我们都有如此巨大的潜力，那为什么不能相信自己必将有所作为呢？

心理学家曾做过一个实验，将一只跳蚤放入杯中。开始时，跳蚤一下就能从杯中跳出来。然后，心理学家在杯上盖上透明盖，跳蚤仍往上跳。但碰了几次盖后，碰疼了，慢慢就跳不了那么高了。这时心理学家再将盖子拿走，却发现跳蚤已经永远不能跳出那个杯子了，因为它没有足够的信心，最后只好把目标定到了不及盖的高度。

人何尝不是如此呢。有的人不是没有追求的，比如计划好了一件事：准备爬一座山、写一本书、开一家公司、打破一项纪录……开始时，干劲十足，如果道路平坦，没有遇到什么挫折的话，事情可能会很顺利。但是，一旦遇到了困难险阻，经历几次碰壁之后，他便丧失了信心，由于这种心理上的障碍，因而降低了对自己的要求，使得原本能办成的事情有了一道不可逾越的障碍。

自信能够激发个体的潜能。有自信心的人，既不自卑，也不自负，能正确认识自己。在恰当地评价自己的知识、能力、品德、性格等内在因素的前提下，相信自己各方面都有可取之处，相信自己能弥补各方面存在的不足，能够看到自己各方面还有很大的潜力可挖和发挥。例如，达尔文小时候学习成绩不如他妹妹，老师和父亲都说他是一个“十分平庸的孩子”，“甚至在一般智慧水准之下”。可是他并不气馁，而是更加坚定地朝着他自己选定

的目标前进，不辞劳苦地进行了为期5年的环球旅行考察，收集了大量的生物和地质方面的资料，后来又经过20年的分析、综合和写作，终于写出了具有划时代意义的伟大著作《物种起源》，打破了物种不变的陈旧观念。这说明每个人都具有很大的潜能，只要自己相信自己，努力奋斗，将潜能充分挖掘出来，就很可能有所成就。

美国的研究人员在一所大学选了10名运动员，要他们做一些常人看来比较困难的练习，并且告诉他们他们是大学生中最好的运动员，因此他们能做到。这群运动员分成两组，一组到体育馆，虽然努力去做，但还是做不到。第二组到体育馆后，研究人员告诉他们第一组失败了。“但你们这一组不同，”研究人员说，“把这个药丸吃下去，会使你们达到超人的水准。”结果，第二组人员很容易地完成了那些困难的练习。“那是什么药丸?”旁观者问。“不过是一些普通的药粉而已。”研究人员笑着回答。第二组人员之所以完成困难的练习，是因为他们充满自信。

人和人的差异并不在天资、能力，而在于心理素质。性格决定人生，心态决定命运，自信决定成功。你相信自己能干什么，你就能干成什么。

自信是生活中的阳光

人这一辈子，感觉漫长的时候，时间仿佛像个磨磨蹭蹭的孩子，总是让人度日如年；感觉飞快的时候，时间又总如白驹过隙，稍纵即逝。为什么会度日如年，生活寡淡无味呢？因为坎坷，因为缺少激情，或者是由于懒惰等，可是无论哪一种，都可以归结到缺乏自信心上面来。一个没有自信心的人，对未来不抱有希望，连自己都不能相信的人，别人能帮他实现理想，将所谓的成功送到他的眼前吗？这想起来是多么的荒唐。生活的快乐其实无处不在，想得到它，必须通过自己的努力去寻找。

有自信心的人，从不将困难、挫折、坎坷当成不可逾越的障碍。他坚信自己一定能改变生活，让生活充满乐趣，能为自己的事业奋斗，坚信通过努力，自己定能成功。没有自信的人，永远找不到快乐，永远感受不到生活中阳光的温暖。自信，就是人生中不可或缺的阳光。

真正自信的人不因为自己身处逆境而消沉，也不因为自己落入低收入行业而沮丧。他真正担忧的是有没有毅力坚持下去，让自己的努力最终转换为实力。每个人所擅长的领域和个性，都会是自信的源泉。在这些领域中，你就是最有希望的人，最出色、最与众不同的人，充分发挥你的才智，你一定会拥有一份独特的生活，过上有质量的日子，让自己身心舒展。利用自己的长处，为目标打拼，成功并不是难以高攀的事。

有人说，自信就是敢于向世界宣布“天下我第一”，然而，这只是一种自大。自大不同于自信：自大的人仅仅把幻想放在嘴上，自视过高，不考虑能否实现；自信的人并不依赖幻想，而依仗的是实力——相信自己的努力终将转换为实力。

只要拥有三种智慧，就可以变成自信的人。

其一，理智的执着。世上有因才有果，因在前，果在后。人生的目标可高可低，但是所有目标下都悬挂着一环扣一环的因果链。只要一步一步地攀登，目标就一定能实现。

其二，明智的折中。自信的人如果一时找不到具体的方案去实现宏大的目标，他会选择去做一些力所能及的小事。小事做多了，宏大的目标也许就能水到渠成。所以，自信的人能在梦想和现实间做出明智的折中。

其三，淡泊回报。自信的人坚信自己的劳动是有价值的，坚信生活一定会给予回报。但是，他不是急不可待地索取高额回报，因为他知道生活会以特殊的方式给予回报。一分劳动肯定有一分的回报，但是，有可能花费百分的辛苦后，却未曾获得一分回报。生活并不是忘记了给予回报，只是时间未到，回报即使迟到但最终能到。

生活中其实到处都充满美丽和奇迹，只要我们挺起自信的胸膛就会感受到生活是如此的美好。人生有时候就像一盘棋，局部的失误其实对全局并无决定性的影响，关键在于能否把握大势，及时调整策略，将失败转换成成功。胜败只在人的一念之间，有时候，人被打败了不是因为现实，而是因

为自己。人生最大的敌人其实就是自己。战胜了自卑的心理,重树自信,往往能使人反败为胜。

自信是成就一切的基石。科学巨匠阿基米德曾经说过:“给我一个支点,我就能撬动地球。”阿基米德的成功正是由于强大的自信。

阿基米德的父亲看到灿烂的古希腊文化传到自己这一代已经衰落了下去,十分痛心,就盼望有个儿子来振兴希腊文化。于是,当儿子降生时就给他取了一个不同寻常的名字——阿基米德,希腊语是“杰出的思想家”的意思。孩子自幼受到父亲精心的培育,父亲用理想和生命哺育孩子,可以想象,当孩子懂事,开始理解自己名字的含义时,自信的种子就在心中发芽了。

后来,阿基米德得被送到当时闻名世界的学术中心深造。父亲为儿子播种的自信的种子开花结果了,在阿基米德不断的努力下,他终于成为伟大的科学家,成为希腊科学的集大成者。

信心是人生中照亮成功道路的一束阳光,是促进成功的催化剂。拥有自信心的人让人更容易相信他们的能力,因而也会得到更多的锻炼机会,使他们成为更有能力的人。智者往往很自信,他们从来不内疚、自责,他们有强烈的竞争意识,可以抓住每个万分之一的机会,享受成功的愉悦;愚者缺乏自信,做事没有激情,他们会为小小的过失懊悔不已,更不敢同别人去竞争,他们生活在自己狭小、阴暗的没有阳光的心理空间之中,没有快乐可言。一个真正拥有自信的人,不会让自己的人生随波逐流,他们会扼紧命运的喉咙,成为主宰生命的主人。

心灵感悟

自信就像是一个人心灵之海中的碧波,它荡漾在成功者的心中,有了它,一个人的理想之轮才能在时光的长河里勇往直前,从而铸起生命之中的一个又一个辉煌。而一个没有自信的人通常会一无所有,一事无成。自信是一切工作成功的关键。自信,才有力量,才能产生内在的动力;没有自信,干一切工作都会失败,成功的喜悦是不会光顾自卑者的。

3. 诚信是立业之本

孔子说："人而无信，不知其可也。"就是说，做人要讲诚信，这是做人的起码道德要求。林达生说："一丝一毫关乎节操，一件小事、一次不经意的失信，可能会毁了我们一生的名誉。"为人处世，生活中处处都应讲诚信，诚信是做人之根本，是好德行的根基。如果一个人没有了诚信，那么这个人也不会得到别人给予他的诚信。

言而无信难为人

如今社会，不讲诚信的人大有人在，有人为图一时之利，欺骗朋友，侵害合作伙伴的利益。他虽然可能得逞了，却失去了为人的诚信，成了一个没有道德的小人。同时，他的失去远比得到的要多得多。一旦人们认为你是个不讲诚信的人，你离失败也就不远了。荀子说："言无常信，行无常贞，惟利所在，无所不倾，若是则可谓小人矣。"

对于每个社会成员而言，诚信是立身之本，处世之宝。人立于世间数十年，必须不断学习，以获得知识、增进知识。知识既是个人谋生的工具，也是个人为社会服务的工具。但是，要真正做个对社会有所贡献的人，光靠知识是不够的，还必须有正确的价值观，否则，知识也可能成为滋生罪恶的工具。诚信精神就是培养人的高尚道德情操、指引人们正确处理各种关系的重要道德准则。个人以诚立身，就会做到公正无私、不偏不倚、讲究信用，就能守法、受约、取信于人，就能妥善处理好人与人、个人与社会的关系。

对于一个社会单位（如一个企业）、一项社会事业（如一个行业、一项职业）而言，诚信可以说是立业之本。诚信作为一项普遍适用的道德规范和行为准则，是建立行业之间、单位之间以及人与人之间互信、互利的良性互

动关系的道德杠杆。很难想象，一个不讲诚信、不守信用的单位或企业，在现代法治社会会有长期立足之地。一项社会事业也只有依靠诚信，才能顺利发展。

李嘉诚用一生的做人经验总结了一句话："你必须以诚待人，别人才会以诚相报"。这也是他成功的秘诀。所以，我们不管做什么事情都要讲诚信，因为诚信对于我们每一个人都很重要的。中国有一句俗语叫作"一言既出，驷马难追"，讲的就是这个道理。

"烽火戏诸侯"的闹剧人人皆知，这个故事就可以诠释人在失去诚信后会带给自己什么恶果。周幽王有个宠妃叫褒姒，为博取她的一笑，周幽王下令在都城附近20多座烽火台上点起烽火——烽火是边关报警的信号，只有在外敌入侵需召诸侯来救援的时候才能点燃。结果诸侯们见到烽火，率领兵将们匆匆赶到，弄明白这是君王为博褒姒一笑的花招后又愤然离去。褒姒看到平日威仪赫赫的诸侯们手足无措的样子，终于开心一笑。五年后，西夷太戎大举攻周，幽王烽火再燃而诸侯未到，谁也不愿再上第二次当了，结果幽王被逼自刎而褒姒也被俘虏。

一个帝王无信，戏玩"狼来了"的游戏，结果自取其辱，身死国亡。可见，诚信对一个国家的兴衰存亡起着非常重要的作用。

诚信助你成功

诚信是与人交往的必备品质，有了诚信，你就会因为好的人际关系获得源源不断的机遇，到最后，成功就是必然的事。诚信与成功，两者从来就是紧密相连的，许多落马的成功人士，恰恰是违背了诚信的原则，受到了"不诚信"的惩罚。而更多人在走向成功的道路上，依靠的一个重要原则就是诚信。

商鞅在秦孝公的支持下主持变法。为了树立威信，推进改革，商鞅下令在都城南门外立一根三丈长的木头，并当众许下诺言：谁能把这根木头搬到北门，赏十金。围观的人将信将疑，没人肯出手一试。于是，商鞅将赏金提高到五十金。重赏之下必有勇夫，终于有人站起将木头扛到了北门。商鞅立即赏了他五十金。商鞅的这一举动，使他在百姓心中树立起了威信，使其接下来的变法很快就在秦国推广开来。

现代社会，经济发展永远处在时代的第一位。经济大潮中胜败每日都在不断上演，除了大势所趋的无奈，其中有多少不是因为诚信问题而让人们与成功永远失之交臂呢？

一个顾客走进一家汽车维修店，自称是某运输公司的汽车司机。“在我的账单上多写点零件，我回公司报销后，有你一份好处。”他对店主说。但店主拒绝了这样的要求。顾客纠缠说：“我的生意不算小，会常来的，你肯定能赚很多钱！”店主告诉他，这事无论如何也不会做。顾客气急败坏地嚷道：“谁都会这么干的，我看你是太傻了。”店主火了，他要那个顾客马上离开，到别处谈这种生意去。这时顾客露出微笑并满怀敬佩地握住店主的手说：“我就是那家运输公司的老板，我一直在寻找一个固定的、信得过的维修店，你还让我到哪里去谈这笔生意呢？”

这位店主面对诱惑，不心动，不为其所惑，平淡如行云，质朴如流水，让人领略到诚信的闪光的品格。这样的事，真是说上几天几夜也讲不尽道不完。世间讲诚信的人，还是比比皆是的。人正因为拥有诚信，才有人生之路的胜利。

心灵感悟

诚信是为人的基本素质，做一个讲诚信的人可以不断获得良好的人缘，得到生活的无尽快乐。有了诚信这个法宝，不论何时，不论何处，你都会取得意想不到的成功。

4. 责任心高于一切

“责任心”包含的内容很广。比如说，一个人在一生当中要对家庭负

责，要对朋友负责，要对承诺负责，要对良心负责等。责任，它代表了一个人的品质；责任，会使人变得稳重；责任，会时刻提醒自己应尽的义务，让自己看到活着的价值和目标；责任，也是一种向心力，它会使你拥有更多真正关心、帮助和爱护你的人，而这些人会增强你的信心，使生活变得更有意义。

责任心能赢得人心

责任是一种至上的人品，有责任心的人必然会是讲诚信的人、有爱心的人、自尊自律的人。所以说，责任心是一个人必不可少的修养。有了责任心，我们就会明白应该怎样做人，责任心可以给你带来很多可贵的东西。只要你拥有了责任心，你就会发现，在你拥有责任心的同时，你还拥有和收获了快乐。责任心能让人身心都焕然一新，它会使你变得极有目标感，会给你注入更多奋斗的动力，让你做得比任何人都出色很多。

虽然，因为责任心的缘故，你会付出很多，但是同时，你的收获也一定很丰厚。相反，如果你没有了责任心，你将变成一个让人厌恶的人；如果你没有了责任心，你必定将一事无成；如果你没有了责任心，别人将对你失去信心，从而你会失去朋友，失去很多珍贵的机遇。

现代人有太多的责任需要去承担，作为自然人个体，必须对自己负责，对家庭负责，对工作负责。我们有完成工作的职责，有教育子女的责任，有赡养父母的义务。

如果一个人没有责任心，他即使有再大的能耐也做不出好的成绩来。有责任心的人一定会努力、认真地做好每一份工作；有责任心的人一定会善待身边的每一个亲朋好友；有责任心的人做事会坚持到底，不会中途放弃，说到做到；有责任心的人一定会按时、保质、保量地完成任务，能主动处理好分内与分外的相关工作；有责任心的人在有人监督与无人监督的情况下都能主动承担责任而不推卸责任。

当你拥有了“责任心”后，一切的思想观念都会转变，这种转变是积极

的，也是向上的。你懂得了如果要照顾小动物，就要照顾它一辈子；如果要种植花草，就要永远为它浇水。你也懂得了做事就要做得光明磊落，爱一个人，就要爱他的全部。久而久之，天空的阴霾就会渐渐散却，太阳终会朝你微笑。

现代职场中选人用人，最重要的一点就是看你有无责任心。下面举一个真实的例子。

某公司要裁员，宣布内勤部的小灿和小燕1个月后离岗。

第二天上班，小灿心里憋气，情绪很激动，一会找同事哭诉，一会找主任申冤，定盒饭、传送文件、收发信件这些她应该干的活全扔在一边，别人只好替她干。而小燕呢，难过归难过，离走还有1个月呢，工作总不能不做。她默默地打开电脑，拉开键盘，继续打文稿、通知。同事们知道她要下岗，不好意思再找她打字了。她特地和大家打招呼，主动揽活。她说："反正也就这样了，不如好好干完这个月，以后想给你们干都没机会了。"于是，同事们又像从前一样，"小燕，把这个打出来，快点儿！""小燕，快把这个传出去！"，小燕总是连声答应，并以最快的速度把工作干完，坚守着她的岗位，坚守着她的职责。1个月后，小灿如期下岗，而小燕却从裁员的名单中被删除，留了下来。主任当众宣布了老总的话："小燕的岗位谁也无法代替，这样的员工公司永远也不会嫌多！"

生活如酒，或芳香，或辛辣，因为责任心，它变得醇厚；生活如歌，或高昂，或低沉，因为责任心，它变得悦耳；生活如画，或明丽，或素雅，因为责任心，它变得美丽。

负责的人才能成为负责人

有责任心的人，时刻会为别人的利益或集体的利益着想，也必然会是勇于承担责任的人。勇于承担，是一种最为闪光的品德。

在问题出现的时候，责任心是一面能让你看到自己心灵的明镜，能折射出你的灵魂。在做一件所谓"天知、地知、你知、我知"的事时，你的责任

心存在与否，将折射出你灵魂的崇高或卑劣。当你斥责他人对你不守承诺时，可别忘了看看镜中的自己是否被一层阴影所笼罩，是否将本该自己承担的责任转嫁他人？

1920年，美国有个11岁的男孩踢足球时，不小心打碎了邻居家的玻璃，邻居向他索赔12.5美元。父亲借给他12.5美元，让他对自己的过失负责，但要求男孩一年后还钱。从此，男孩开始了艰苦的打工生活。经过半年的努力，他终于挣够了12.5美元，然后把钱还给了父亲。这个男孩就是后来成为美国总统的里根。他在回忆这件事的时候说，通过自己的劳动来承担过失，使他懂得了什么叫责任。

大连市有位普通的巴士司机黄志全，他在行车途中心脏病突发，在生命的最后一分钟里，他做了三件事：第一，把车缓缓停在路边，用最后的力气提起手动车闸；第二，把车门打开，请乘客安全地下车；第三，将发动机熄火，确保车辆与乘客的安全。做完了这三件事，他趴在方向盘上停止了呼吸。这是一个平凡到了底，却伟大到了极限的普通百姓，他用生命告诉我们：一个人要保持对职业的敬重、忠诚与尽心尽职，不可能全靠兴趣爱好，不可能全靠金钱、压力、制度，但有一点必不可少，那就是责任心。

“责任心不是蓝天上的白云，潇洒，飘逸，片刻消失，而是万物生存必不可少的甘露。”责任心更是一架带你走向美的云梯。如果把你比作一座五彩缤纷、百花争艳、时刻被艳阳所照耀的花园的话，那你身上各种各样的优良品质便是一朵朵娇美的鲜花，装饰着花园。此时此刻，责任心将化成一道清澈的细流，静静地滋润着花木，又给你的花园添上了灵动的一笔。

许多时候，我们总是抱怨，抱怨不如意的工作，抱怨不公平的待遇，抱怨不合理的管理，甚至抱怨天气的阴晴冷热，但我们却很少扪心自问：今天我努力工作了吗？在工作中找准自己的位置了吗？一个人的位置，就是自己在生活中扮演的角色，这位置就意味着责任。比如，在工作中，我们要找好位置、扮好角色、负好责任，做一个优秀的学生、当好父母的儿子或女儿、做一个合格的领导或者模范的员工。找准自己的位置，也就意味着承担起了自己的责任。每一个人在工作中都应该找准自己的位置，对自己的工作内容、工作范围和工作性质有了相当的了解，自然就会明白自己在这个位置上的责任是什么，并明白自己逃避责任的后果是什么。

不要把责任当作负担，要当作自己至高无上的荣耀。一个人做他所要做的——无论任何所要承受的结果，无论任何阻难、危险与压力——这即是人类道德之本。不论你是一名工人、一名默默无闻的办事员，还是大权在握的领导者，都应有勇于承担的勇气，做到凡事尽心尽力而为，把承担责任当成一个生命的荣耀。一个有责任心的人，一定会认真地思考，勤奋地工作，细致踏实，实事求是；一个有责任心的人，做每一件事都会坚持到底，按时、按质、按量完成任务，圆满解决问题；一个有责任心的人，一定能主动处理好分内与分外的相关工作，有人监督与无人监督都能主动承担责任而不推卸责任。

心灵感悟

一个人如果想跨进成功的大门，就必须持有一张门票——责任心。责任心是一个人对自己的所作所为负责，对他人、集体、社会、国家乃至整个人类承担责任和履行义务的自觉态度；责任心是把一座道德大厦连接起来的钢筋，如果没有这种钢筋，人们的善良、智慧、正直、爱心和追求幸福的理想都难以实现，人类的生存基础就会崩塌。责任心是人生中最积极的态度，是珍重自己、关爱他人、珍惜生命、珍视未来的表现；一个人的责任心如何，决定着他在工作中的态度，决定着其工作的好坏和成败。如果一个人没有责任心，即使他有再大的能耐，也不一定能做出好的成绩来。

5. 气质是个人魅力的源泉

气质是人的个性、修养、外形、谈吐等方面散发出来的一种魅力。现代人注重气质的培养，也注重外在的相貌。无论哪一种，对于人来说都很重要。但是，人生不如意十有八九，长相不如意也在其中。年轻人对这类问题尤其关注，有些人因过分追求外表的美丽与帅气甚至忽略了生命存在应有的意义，但是，总体而言，气质对于个人的发展、生活的质量，以及人际交往有着更重要的影响。

有气质才有人气

关于气质的含义，浅显地解释就是一个人从内在向外在发散的一种以个性为主的特征。人的气质在个性方面的表现，如内向、外向、热情、冷漠、高傲、知性、幽默、端庄、稳重等比较明显的个体特征。一个外向热情的人，在外表修饰和举止谈吐方面就会体现出来，在着装上喜欢用鲜明的色调，在语言方面可能比较直爽、机灵、大度、语速快、容易沟通，喜欢运用肢体语言等；一个内向而知性的人，可能在衣着方面喜欢用暗色，说话声音低沉、内敛、沉稳、理智等……不同的气质，给人的感觉是不同的。

良好的气质，会给人好印象，产生一种人格魅力，让人愿意与其交往并得到正面的认可；而不注重气质培养的人，可能会言语随意甚至粗鲁，经常出现不太文明的小习惯等，这种人即使外表再端正，也不会给人以好感。

所以说，气质在人的一切活动中具有重要的作用。气质，体现人的一种惯性心理，无论怎么刻意都无法隐藏，是一种自然的流露。这种流露体现在日常生活的各个方面。有时候，运用得当可以起到积极的作用。如果培养或运用不足，可能会带来消极的影响。

气质美，属于一种内在美、精神美，是以一个人的文化、知识、思想修养、道德品质为基础，通过对待生活的态度、情感、行为等直观地表现出来的。人们观察、评价一个人的气质时，往往是由表及里，透过对方的眼光、神情、谈吐，才能观察到一个人的气质。常言道“眼睛是心灵的窗户”、“神情是感情的外露”、“谈吐是直抒胸臆的表达”。在现实生活中，气质好的人的确能给人以美的享受。比如外貌秀丽、举止端庄、性格温柔的人，给人以恬静的静态气质美；身材魁梧、行动矫健、性格豪爽的人，给人以粗犷的动态气质美；外貌英俊、举止文雅、性格沉稳的人，给人以高洁优雅的气质美。

培养自己独特的气质必须明白以下几点。

(1) 一个人的气质是内部修养、外在的行为谈吐、待人接物的方式态度等的总和。优雅大方、自然的气质会给人一种舒适、亲切、随和的感觉。

(2) 气质不是学来的，而是培养出来的。个人品位决定气质。不管是男士还是女士，平时要注重知识的积累，多掌握一门技能。女士在空闲的时间还可以学习音乐或舞蹈，如芭蕾舞、瑜伽等。男士也可多锻炼锻炼身体，还要提高自己待人处世的本领。

(3)“近朱者赤，近墨者黑”，你可以接近一些气质好的人，就会不知不觉地改善一些。

(4) 多看书，多思考。养成爱看书、多看书的习惯。要明白，气质不是一两个月就可以改变的，是需要一两年甚至更长的时间来改变的。很多人读完大学，很久没见的人都说她变了一个样，其实这就是校园生活熏陶出来的。书读得少容易给人没有内涵的感觉。

(5) 好的心态才能培养出好的气质。对生活保持一种乐观的态度，给人一种积极向上、生机勃勃的感觉。健康、乐观总是一种最能感染人的好气质。

(6) 气质是一种从内向外散发出来的魅力，是任何化妆品和华丽的服饰都无法改变的，它只能靠个人的内在修养。如果要牵强地用外在的东西来体现气质，那就是做作。

(7) 一个人从小生活的环境也会对气质产生影响，一个人的阅历、学识都会对气质有一定的影响。

(8) 气质分很多种类，比如张扬、灵性、清秀、妩媚、高贵等。要将自己的穿衣打扮、言行举止、一举一动等与自己的气质统一起来。

(9) 气质的形成有环境影响的因素，在于后天的教育和培养。但不管通过什么途径，自信总是不可少的心理因素，有自信的人才会美丽，自信绝不可自负，虚怀若谷是为人的必要。缺乏先天气质的基础，可以经过后天培养，一定会达到理想的境界。

所以说，气质在人一生的发展中有着很重要的作用。不管是男士还是女士都应该注重自己的气质。培养气质，不光要注重外表装扮，更要时时让自己给人以自信、乐观、豁达、幽默、亲和、知性等感觉。只有良好的气质才能感染人，才能凝聚人，才能赢得快乐、成功的人生。

培养好的气质

初次见面，人们常常有个习惯——以貌取人。外表长相不错的人，总是能在初次见面时给人以好感。所谓爱美之心人皆有之，追求美是人的本性，即使是一个长相再丑陋的人，他（她）也喜欢结交漂亮帅气的人。但是，如果你细心地揣摩就会发现这样一个有趣的现象——尽管人们总有一种趋美的心理，可最终能否成为朋友却并不是以外表来决定的。有些人甚至认为，漂亮的人一定会成功，这也不尽然，其实，漂亮与成功并没有直接的关系。许多成功者，如爱因斯坦、卡耐基、阿基米德等名人的成功也正是缘自个人的努力，并不在外表。

当今影视歌圈内，有不少帅哥靓女，当初因为某个影视作品成为万众瞩目的新星，可后来因为各种原因而自行堕落——私生活糜烂、没有成熟过硬的演技、不善于处理人际关系等。尽管原因复杂，分不清头绪，但有一点是可以肯定的，实力派的总比青春偶像派的艺术生命力要更长久。比如赵丽蓉，每到春晚，怀念她的大有人在。她因小品出道时就是一个老大妈的形象，谈不上长相出众、姿色迷人，可是她成功了。这在于她有一种对事业、对生活的乐观、积极上进的态度，她不因任何外在的因素而左右自己的目标，而是以她自身的无限魅力在舞台上打动了亿万观众，受到人们的喜爱。

外表再美的人也经不住岁月的侵蚀，总有容颜尽逝的那一天，而气质却不同，好气质比外表更能持久地打动人、吸引人，并能随着年岁的增长而更为醇厚，就像陈年的佳酿。当然，有好相貌、好外表，又有好气质那是最完美的了。所以，外表美丽的人，要注重内外兼修，让自己充满内涵，不但要品德高尚、谈吐优雅，更要富有知识储备。如果你的外表并不理想，那也没有关系，以气质来弥补一切缺憾，其作用绝对是巨大的。如果拥有好气质，你收获的不仅是广大的人脉，更是事业的成功。美丽的人，一定要拒绝肤浅和低俗；平凡的人，一定要培养好气质，让气质使自己的魅力常青。

年轻人培养气质，须抓紧当下大好时机。

第一，对于长相不理想的人，不要自卑。正视自己的弱点，接纳自己，不要总将自己的注意力放在相貌上。人的外在魅力不仅在于外貌，更在于性格气质。要努力培养一个好性格，养成独特的气质并要懂得如何加以发挥。

第二，要注意品德修养。要有一颗仁爱之心，与周围的人相处时，要懂得信任、尊重别人，当别人有困难时能做到真诚相助，充满热忱和真情关怀。热忱与关怀，是最具吸引力的气质之一。

第三，注重仪表。着装要注意整洁、大方得体，款式要适合自己的个性或职业。

第四，要自信。自信的人，不论在哪里都会散发出一种积极向上的魅力，让周围的人深受感染，从而认可你。举手投足都优雅洒脱、意气风发、充满自信的人，最能吸引别人。

第五，保持幽默感。语言机敏、妙语连珠是一种很强的表达能力。若是再添加点幽默感，无疑是众人热捧的对象。

第六，为人真诚。对朋友不要刻意隐藏自己的真实情绪，做到以诚相待。真诚的人最受大家欢迎，相处时最能让人有安全感，也是最能持久交往的人。

第七，有困难时，应该向朋友求助。朋友会因你向他们求助而感到他们的重要性。他们不但不会轻视你，反而会引为知己，对你更加尊重。

第八，加强知识储备，多看书，多学习，增强艺术素养。任何时候有学识的人总是能得到别人认可的。如果再有艺术气质，那就更是锦上添花了。

心灵感悟

如果上天没有赐予你端正的容貌，朋友，这并不值得悲哀。因为，聪明的你一定会用个人的气质魅力来弥补。你的学识、你的睿智、你的宽广胸怀、你真诚的心地、你优雅的举止或不凡的谈吐就形成了你特有的气场，而这就是你充满无限魅力的个人气质所在。相信气质最终给予你的成就将远大于外貌。

6. 慎独、仁爱

慎独是儒家思想中的一种修养方法，它强调人在品德修养方面的自觉性，意思是指人在无人监督的时候也能严格要求自己，可以说，它是修养的最高境界。仁爱是儒家思想的核心和基础，仁爱思想包含三个不同的层次含义："亲亲"、"仁民"、"爱物"。其中，"爱物"可以说是儒家"仁爱"思想的完结。想做一个高尚的人，就要知道用慎独的原则来规范自己的品行，而每一个能达到这个道德境界的人莫不是博爱之人。爱家人，爱朋友，爱同事，爱一切值得关心的陌生人，爱地球，珍惜自然资源……这就是所谓的大爱。

慎独者独领风骚

慎独是一种修养，一种自律，一种坦荡，一种情操，一种高尚的精神境界，也是一种自我的挑战与监督。“吾日三省吾身”，即是慎独的工夫。三省其身，即面对自己，澄清自己的内部生命，纯粹是为己之学。鲁迅曾说：“我的确时时解剖别人，然而更多的和更无情的是解剖我自己。”

能做到慎独的名士数不胜数：柳下惠坐怀不乱；曾参守节辞赐；萧何慎独成大事；刘备“勿以恶小而为之，勿以善小而不为”；范仲淹食粥心安；宋人袁采“处世当无愧于心”；李幼廉不为美色金钱所动；许衡不食无主之梨，“梨虽无主，我心有主”；林则徐“海纳百川，有容乃大；壁立千仞，无欲则刚”；叶存仁“不畏人知畏己知”；曾国藩“日课四条”。以上种种，无一不是慎独自律、道德完善的体现。

东汉荆州刺史杨震调任东莱太守赴任途中，路经昌邑。昌邑县令王密，是杨震当年举荐上来的，晚上怀揣着十斤黄金想去杨震家作为见面礼。杨震拒绝接受，说：“我举荐你是因为我了解你，你这样做是太不了解我了。”王密说：“这是夜晚，没有人看到的。”杨震说：“天知，神知，我知，子知。何谓无知？”王密听了杨震的一番话，羞愧而出。后人就把这件事当成“慎独”的典型，流传下来。

杨震说的“天知，神知，我知，子知”，其实说到底，如果是两个人办的事，那是“你知、我知”，如果是一个人办的事，那是“我知”，说“无人知道”，那是自欺欺人。所谓“慎独”，就是要捅破“无人知道”这层窗户纸。宋代陆九渊就明明白白地说过：“慎独即不自欺。”宋人袁采也说，慎独即“处世当无愧于心”。这样，把慎独与诚实、不自欺欺人、无愧于心相联系，就达到了一种相当高的道德境界，它表明了人对遵守道德规范和法度要求的高度理性自觉。

表面上的君子好当，但表里如一、人前人后都一样的君子难做。“人生而有欲”，这是人与生俱来的天性。在“天下熙熙，皆为利来；天下攘攘，皆

为利往”的当世，在物欲横流、唯利是图的商品大潮中，在缺乏有效监督和制衡的权利场上，人人都面临着“制欲”的考验。多少人在这种考验面前败下阵来，落个“一失足成千古恨”的下场，这样的事例举目皆是。如何将“欲”自觉地、理智地控制在道德规范和法度要求允许的范围之内，并且能“省察于莫见莫显”之间，连不被人注意的细枝末节也不放过，当个“表里如一，人前人后都一样”的真君子，这就需要有高度的道德修养，过好“慎独”关。

仁者爱人，大爱无疆

儒家的“仁爱”思想，对于当今世界及中国社会面临的生态环境问题、人的生存困境问题、人的异化问题、和谐家庭与和谐社会的构建等问题，都具有重大的现实意义。

仁爱，从小爱到大爱体现出道德修养方面的博大性。它是人的慈善心、仁义心的最高体现。当今，发生在我们身边的这种大爱可谓层出不穷。2008 年 5 月 12 日，是刻在中国人民心中的一道惨痛的记忆。突如其来的大地震使以四川汶川为中心的广大地区的群众遭受了空前的灾难，在这场突如其来的巨大的灾难里，无数家庭痛失亲人，有的甚至全家罹难，财产损失更是无法统计。然而，在大难面前，人间有大爱，事件前前后后涌现出了无数的感人事迹。这些感人至深、催人泪下的故事里，那种爱不仅仅局限于亲人之间，更在陌生人、毫无亲缘关系的人群之间，这种爱无私而博大，堪称人间大爱。

镜头一：汶川地震袭来时，德阳东汽中学教学楼轰然坍塌。就在地震的一瞬间，学校教导主任谭千秋双臂张开趴在课桌上，死死地护着身下 4 个学生，4 个学生都获救了，谭老师却不幸遇难。

镜头二：四川北川县郊陈家坝乡的一堆废墟上，一声清脆的婴儿啼哭声，给整个近乎死寂的山谷带来一丝生气。围在废墟上，已经近 28 小时只靠干粮维持体力的战士们，用棉被紧裹着女婴，齐声爆发出一阵喝彩，众人眼里都噙着泪。一个小时后，女婴的母亲也被顺利救出。这个平凡而伟大的母亲创造了一项奇迹，在被埋长达48小时的漆黑绝境里，她滴水未进，拼命保护怀中4个月大的女儿，所幸母女俩均安然无恙。

镜头三：地震开始前，北川县擂鼓派出所民警李国林正在擂鼓镇召开辖区企业稳定工作会议，突然有一只狮子狗冲进四楼的会议室，朝着大家狂吠，还咬住李国林的裤管朝门外拖。突然，大楼晃了两晃，李国林明白了：有地震！他大声呼喊，与会的八个人全部涌向大门边的厕所，逃过了一劫。自救成功后，李国林赶到了北川中学，儿子所在的初中部五层教学楼变成了三层楼，原来的一楼和二楼都不见了。呼唤中出现了儿子的求助声："爸爸，我在这儿，快救我！"可是当时儿子被压情况较重，李国林要求幸存人员从易挖处挖起，先救外围的。至当日中午，儿子声息渐无，李国林却已经成功救出了三十多个鲜活的生命。

镜头四：在震中汶川一所幼儿园的挖掘现场，有一位幼儿园的老师一直在挖掘现场不愿意离开，直到她儿子的遗体被挖掘出来，这位幼儿园老师紧紧地抱着孩子，眼泪不停地流，嘴里断断续续地说："娃娃啊……妈妈……妈妈来不及啊！"原来，在地震来临的时候，她的儿子正和幼儿园的小朋友在一个教室，她毫不犹豫地抱着两个其他的孩子冲出了教室，等到她转过身的时候，楼轰然倒塌了，自己的孩子被压在了废墟之中。就是这样一位老师，在大灾难来临之时，她把无私的母爱给了更多的人，让我们读懂爱的力量。

灾难总是不期而至，残酷无情地在人间肆虐。2010年青海玉树那场地震夺去了很多人的生命。然而，哪里有灾难，哪里就有爱心的无私奉献。曾经不顾家人反对，参加过"5·12"大地震救援义举的香港义工黄福荣，又出现在玉树地震的救灾现场，可是不幸的是他在救人时牺牲了。其实当时他本已成功逃生，但在获知尚有1名教师及3名学生躲避不及，被压在倒塌的瓦砾堆中后，他不顾危险，立即折返孤儿院救人，可不一会儿，再发生余震，部分摇摇欲坠的房屋发生坍塌，黄福荣被埋在了下面。

中国经历过大大小小数不清的灾害，可是无论哪一次，党和国家领导人总是冲在最前面，武警战士更是哪里有危险就奔向哪里，全国各地援助的手也频频伸向灾区。灾区需要什么，人们就奉献什么。那种浓浓的情义，那些爱，正是仁爱的表现。

将传统仁爱升格为博爱者是近代革命先驱孙中山。他说："能博爱即可谓之仁。"博爱与仁爱、兼爱相通，凡有道德之人定有人道主义的博爱胸怀。在讲求竞争和效率的社会里，博爱是情感的基础，是对社会的一种责任，是利人的高尚情操。所以我们要确立"己所不欲勿施于人"和"己欲立而立人，己欲达而达人"的处世准则，培养博爱的生活态度。

心灵感悟

"慎独"及"仁爱"既是古人给我们制定的品德修养的方向，也体现了老祖宗对后世的教化、关爱之心。我们有了仁爱之心，学到了圣贤之道，真正能够感受到他们的那一份慈悲的时候，我们就会真正懂得如何修养身心，如何做人和如何去爱人，我们就会主动让这个世界充满温暖、充满温馨，让我们身边的每一个人，都感受到一份平等博爱，就好像大同世界一样，那么，和谐社会还会遥远吗？

7. 节俭惜物，珍爱资源

节俭，是指对劳动成果和物质财富的珍惜和爱护，是一种高尚的品德。大仲马说："节约是穷人的财富，富人的智慧。"节俭首先是针对个人生活的行为要求。我们一提到节俭，就会想到幼时学到的那首"锄禾日当午，汗滴禾下土，谁知盘中餐，粒粒皆辛苦。"不浪费粮食，是节俭的起码行为。珍惜别人的劳动，珍惜生活中的所得，都是节俭的方式。节俭，也表现在不浪费自然资源方面。如今地球因过度开发和资源的不善利用，已经是满目疮痍、不堪重负了。温室效应、水土沙漠化、冰川面积缩小、地震海啸频繁、极端天气等自然灾害增多……这些都是人类不珍视自然资源所造成的恶果。问题的严重性已经迫使我们要把日常生活中的节俭美德上升到珍惜自然、让子孙受益的高度。

成由节俭败由奢

勤俭节约是中华民族的传统美德。诸葛亮曾告诫自己的儿子说："夫君子之行，静以修身，俭以美德，非淡泊无以明志，非宁静无以致远。"可见在中国古代的思想中，勤俭节约不是一句口号，而是判断君子德行的重要标准。

节俭与否和贫富并无直接的联系，它是人对生活的一种态度，是居安思危的一种风范。当然，我们提倡的节俭并不是要让人们做苦行僧，而是在满足生活需要的同时，保持一种不浪费、不奢侈的习惯。人在穷困时节俭是不得已的，只为度过困难。但人在富有时节俭是主动的，是对自己一种有意识的磨炼，是一种居安思危的好作风。节俭是一种优秀的品德，磨炼我们的意志，使我们受益终生。

人活一世，不过一箪食，一瓢饮，晚上就寝也不外一张床而已。如果对生活条件过分追求，讲求排场和奢侈就是暴殄天物了，这种行为也是一种罪过。

范仲淹当宰相后，仍睡木板床，铺旧棉被，用旧瓷器，吃家常饭。一次，他生病了，皇帝前去探视，看他太清苦，特赏给他一套精美的睡具和器皿，他没有用，皇帝问他为什么，他说："我身为宰相，俸禄很多，我一铺张，下面的官员就会效仿，朝廷风气会变坏。"皇帝听后夸他："真宰相。"

节俭是我们中华民族几千年来一直提倡并保持下来的传统美德，影响着所有中国人的行为，两千多年前的《左传》中就有："俭，德之共也；侈，恶之大也。"

节俭不但可以提升个人的修为，对于治理国家也有着极其重要的作用。欧阳修曰：“下之用力者甚勤，上之用物者有节。民无遗力，国不过费。”意思是说节俭利于家邦。明太祖朱元璋抑奢倡俭，使得国家富强，人民安居乐业。与此相反，清代慈禧太后穷奢极欲，铺张浪费，致使大清朝走向衰亡。节俭对于治国的重大作用是显而易见的。我国正处于社会主义初级阶段，生产力水平相对落后，人民生活水平还不够高。因此，节俭对于建设社会主义中国的意义就显得极为重大。试想，如果一个国家，从政府到人民，都以铺张浪费相尚，国家岂能不亡？民族岂能长存？

节俭就是勤俭朴素，是持家立业之本。一个能够厉行节俭的人，必然是一个自强不息的人，一个不会被各种物质欲望所引诱的人；一个节俭的国家也必然是一个有希望、有前途的国家。

德国是世界上经济最发达的国家之一，人民的生活水平相当高，但是，在那里却很少见到一掷千金的“豪气”，因为德国人过日子都相当地精细节俭。

奔驰公司是德国最大的工业集团公司，有一次在发布年度报告时，请了一些记者和名人参加，招待会在公司行政总部的食堂举行，菜谱为每人一小碗汤，一盘蔬菜色拉，主菜为一块肉和土豆，来客基本上能全部吃光。有的客人还用面包蘸着盘内的汤汁吃下，显得自然大方，毫无面子不好看的顾虑。餐后有自选的甜食，食量大的可以自己补足。

而据媒体获悉，就在前几年，位于苏州河畔的一家大饭店，曾推出一种名为“路易十三”的豪门宴，每桌 48 888 元人民币，有的甚至为了显示主人的气派，在菜肴里点缀金箔，真是令人咋舌。在大饭店里，经常有客人只夹了几筷子、剩余一大桌子的饭菜被倒掉的现象发生。

中国的学生是越来越“富”了。他们带着手机，穿着名牌，三五成群地吃吃喝喝，花数百元过个生日不在话下。更有大学生生活奢侈得令人吃惊，穿高档服装，用高级化妆品不说，有个别“富裕”学子在校几年干脆私租住房，住招待所、旅店，免得叠被子、搞卫生等。即使是一些家庭较困难的学生,也毫不愧色地向家长不断要钱摆阔气,这些“潇洒”的大学生何曾想到每分钱均来自父母的血汗呢?何曾想到这种奢侈风、攀比风,将极易养成爱慕虚荣、不劳而获的心理呢?

珍惜资源,爱护环境

近年来,世界各地的自然灾害发生的频率越来越高。海啸、泥石流、山洪暴发、地震、极端天气灾害……真是数不胜数,不得不让我们对自然投以极大的关注。从保护人类自身上来讲,爱护自然、珍视资源、保护地球是我们不可推卸的责任。

保护自然,其实也是保护我们人类自己本身。珍惜资源、爱护环境,必须从自身做起,从小事做起。比如与我们生活密切相关的水和电,现在校园内有些人不注意节约,随便浪费,水龙头拧不紧,水一滴一滴往下滴;电灯只管开,不管关。也就是我们常讲的“长流水,长明灯”现象在校园内随处可见,屡见不鲜。但我们没有想过,就是那几滴水,可以使那些缺水地区的人们用上许多天。贵州曾发生了长久干旱,灾民因为缺水死亡的不在少数。那些嘴唇都干得鲜血直流的孩子们,他们最大的愿望就是能得到一杯水,水,在那里就等同于生命。我国北方干旱频繁,缺水严重。国家为了解决北方城市的用水困难,不惜斥巨资修建南水北调工程,由此可见,水是多么重要,多么宝贵。为什么现在世界各地,有的地方洪涝灾害频发,有的地方却持续干旱?这不正是极端天气造成的恶果么?如今,这样的天气已让人类不堪一击,长此以往,后果不堪设想。所以说,爱护环境是我们每个人应尽的义务。

就中国来说,地域辽阔,资源丰富,但人均资源却极其匮乏。中国的人均耕地只有世界人均耕地的1/3,水资源仅是世界人均占有量的1/4。中国地质科学院最新发表的报告指出:除煤以外,中国所有矿产资源都趋于紧张,这将给国家工业造成不利影响,甚至给国家经济安全带来危险。

在如今这样的资源背景下,对资源的节约工作已经迫在眉睫。作为一

名新时代的大学生，更应该肩负起节约资源的重任。从身边的小事做起，规范自身行为，培养勤俭节约的品德，做到：随手关灯，避免电器长期工作；不要无休止地听音乐、玩电脑；节约粮食，有计划地选购食品，不随便丢弃剩饭剩菜。我们还应该积极参与垃圾的分类与回收工作。不少大学生自发组织环保活动，自觉地把废弃饮料瓶收集起来，义务做环境清理等，这是爱护环境、节约资源的表现。我们在弘扬节约精神的同时，也要曝光浪费资源的行为，人们要互相监督，遇到浪费资源的行为及时劝阻，身体力行地为环保出力，并在周围形成一种"节约光荣，浪费可耻"的道德风尚。

"自然资源不是我们从父辈那儿继承来的，而是我们从自己的后代那儿借来的"，这是出现在《世界自然资源环境保护大纲》中的一句话。这句话很明显地提醒我们：我们不应该只考虑到眼前，只考虑到自己，我们应该看得长远一些，想到自己的子孙后代如果没有了自然资源的供给，将会怎样生存，他们一定会恨他们的先辈没有好好珍惜自然资源，那时我们也许会成为千古罪人。既然是从后人那里借来的，就要完璧归赵，把后代借给我们的资源好好珍惜，再把保护得很好的资源还给我们的后代。

西汉贾谊曾写道："生之有时而用之无度，则物力必屈。"意思是：生产东西有时节的限制，消费它却没有限度，那么社会上的财物一定会枯竭。自然资源也是一样，它是地球经过几千年的变化产生的，它是自然财富的积累，是有限的而不是无穷尽的。我们一直在无限度地开发自然资源，过度地使用自然资源，并且我们一点都没有要珍惜它的意识。也许有一天看似丰富的资源会枯竭，所以自然资源需要我们的珍惜和保护。

人不给自然留后路，自然也不给人留后路。对自然资源的肆虐，绝不会就像什么也没做过一样被原谅，在人类对自然资源环境放肆地利用、破坏的同时，也会受到大自然的惩罚。人类对矿藏的过度开采，使得原本丰富的矿藏极度缺乏，而这些矿藏的缺乏又直接导致了煤炭、石油等一些资源价格的大幅度上涨，人类就必须付出金钱的代价。宝贵的森林资源也没有幸免，由于人类破坏性的开发、砍伐，世界上的丛林正以每分钟 20 万平方米的速度消失，天然的防沙屏障失去了，有的只是漫天的沙尘，这是人类破坏自然应获得的苦果、应受的惩罚。如果人类要想得到自然的宽恕，就请珍惜自然资源吧。

心灵感悟

天下之事，常成于俭朴，败于奢靡。节俭是一切美德之源，节俭也体现着个人及整个民族的素质。试想，小到一个人、一个家庭，大到一个集体、一个国家，如果奢靡之风盛行，攀比之风越演越烈，还谈何经济发展，还谈何文明进步。人人都有平等地使用和享受自然资源的权利，但在享受自然资源带给我们方便、舒适的同时，我们还有为当今和后代保护、改善自然资源的不可推卸的神圣职责。因此，让我们一起珍惜大自然，珍惜大自然赐给我们的资源吧。

8. 利与义的较量

利与义的较量从古持续到今，一直是道德讨论的范畴。《论语·里仁》里有句话，叫“舍义取利”。人们总是想在两者之间找到一个平衡点，但是历来人们一直是过多地追求利益。正因为如此，“义”字在个人品德形成中更显得重要。什么是义气？义气就是指思想和行为符合一定的道德原则。什么是利益？利益，即功利，主要指物质利益。义气与利益的问题，实际上就是道德原则和物质利益的关系问题。义与利的关系在不同时代的含义也都不同。

利和义的关系

在中国古代，对于利义的追逐牵涉到人品的分类，古人习惯于以“君子

喻于义，小人喻于利”的方式来判定人的道德行为并以此给人分类、定性。其出发点就是希望人们在“利”字面前能先顾“义”字，做到不为利所动，能够见利而先思义，便是君子；见利而忘义，抛弃做人的原则，便是小人。由此可见，价值取向不同的人，社会对他们的评价也不同。

正义，从个人层面上来说可以端正其行为，符合道义；从社会层面上来讲，关乎建立公正、公平、道义的制度。利，意即谋利，谋取利益。作为两个方面，前者是人性光辉所在，后者关乎社会发展，关乎民生。

在利与义的辩证关系上，主张尽量做到“正其利当谋其义”，就是以义率利，义利兼得，达到两全其美的结果。

首先，从义利关系的理性认识来看，第一，义利关系是辩证的，利是义的存在基础，义是利的价值导向。在先满足个人存在之需以后再讲求义的追求，这是最为人性，也是最有实际意义的原则。第二，义利关系是动态发展的。谋利促使人们既谋生存之利，更谋发展之利；既谋个人之利，更谋天下公利。正义推动人们谋利有道，取舍有至，利己利人，共谋发展。这样才将两者的关系得以平衡化。

其次，从义利取舍的社会实践来看，第一，正义而谋利是社会历史发展的主旋律。一方面，人类一直以谋利为生存奠基，以治恶为历史动力。另一方面，人类一直以正义战胜邪恶，使得谋利的效率的追求被正义的道德规则所规定、所推动。人类的现代化历史就是正义而谋利的历史。第二，正义而谋利，是人类社会变迁的大方向，前者要求谋利，后者推动正义；前者是实际目标，后者是远大目的。不正义的谋利，不容于法律与道义。就拿人类本身来说，完全不讲求个人利益，何来关注他人利益之说，皮之不存，毛将焉附。讲义不可不顾现实地排斥利，因为利是从生理需要中派生出来的，它是义的基础。所以说，利和义并不是相对立的。

人类总有一种求得心安的习惯，恻隐之心使得人主动对他人伸出援助之手，达到一种自我满足，其实这就是一种良心的自我安抚。在帮助别人的同时，也得到了个人需要的满足。正像庄子的“怵惕恻隐”之心的道理，如果说，把帮助他人之后的心安当作是利来说，也未尝不可，因为，利于人有时不仅仅是物质上的，更是一种精神需要。“问心无愧”更是突出地说明了这个道理，这里的“利”就是自己心安时的快乐感。当然，这是有着高尚意义的利，是值得人们学习和发扬的。

在谈到利与义的关系时，切不要回避利。其实没有人不需要利，只不过君子取利有道而已，不越道德红线，不伤他人之利，就是可取之利。然而，在特殊时候，动动恻隐之心，义字占先，救别人之难，圆自己之心，高尚也。

谈利，切不可唯利是图。列夫·托尔斯泰说过：“一切利己的生活，都是非理性的、动物的生活。”追求利益当适可而止，在可能的情况下，还可以为朋友舍利取义，成就自己高尚之举，这才是君子所为。

君子喻于义，小人喻于利

儒家在讲利的时候，常常信奉“君子喻于义，小人喻于利”。古人既然把义看得这样重要，提到那样的高度，那么究竟什么是义呢？它都包含着什么内容呢？

唐代的大文学家韩愈在《原道》一文的开头就说：“博爱之谓仁，行而宜之之为义”（博爱就叫仁，有效地实行仁就是义），它是从义的概念上讲的。我们要解释的是它在实行对象上的体现。

一种解释是：对朋友好就是义。这没有错。“见利忘义”这个成语，就是来自对不起朋友的古代故事。

关于朋友之间讲义的著名故事很多。在中国人的心目中，最负盛名的大概就是刘备、关羽、张飞的“桃园三结义”，尤其是关云长，几乎成了义的代表。他在“万般无奈暂归曹营”之后，“身在曹营心在汉”，不管曹操多么喜爱他、优待他、提拔他，他依旧念念不忘他的结义兄弟，“过五关斩六将”地回到了刘备、张飞的身边。

在日本的横滨有一条中华街，引人注目的建筑是关帝庙，始建于1862

年。据说当时来这里谋生的华人很多,有的帮派成员虽然在国内是朋友或熟人,但是为了各自的利益相互排斥,激烈争夺。于是建立了这座关帝庙,因为在中国人的心目中,关公是最讲义气的,大家让他做共同的精神领袖,顶礼膜拜,一起宣誓,用一个"义"字作为共同生存的凝聚力量,从此横滨的华人就团结起来了。

另一种解释是:利人,就是对他人(包括一切人)都好。这也没有错。它的底线是遇事顾及他人,起码不伤害他人,不损害他人的利益。做到"己所不欲,勿施于人",即不要把自己不愿意的事情加到别人的头上,要"与人为善"。这是自古以来人们公认的做人准则。

齐国有个高士叫鲁仲连,他说服赵国和魏国不要奉秦王为帝,为抗击兵临城下的秦军、解救赵国的危亡立下了大功。赵国的平原君要重谢他,封他官爵,赠他千金,他都不要。他笑着说:"所贵于天下之士者,为人排患、释难、解纷乱而无所取也。即有所取者,是商贾之人也,仲连不忍为也。"他告辞了平原君,终生再没有露面。为他人帮了大忙,立了大功,做了大好事,而不求任何报答,真可谓大义之人。

《赵氏孤儿》的故事通过戏曲进行过广泛传播。说的是晋灵公听信了奸臣屠岸贾的谗言,杀害了宰相赵盾的全家,赵盾的儿媳庄姬公主一人得免,在宫中生下一子,屠岸贾为灭绝赵家之后,搜查孤儿未得,便发布告示:三天之内若不交出孤儿,就将晋国所有的男婴杀掉。程婴和公孙杵臼计议,为救赵氏孤儿,程婴先将自家的婴儿交给公孙杵臼,然后去告发公孙杵臼匿藏了赵氏的孤儿。结果,程婴的亲儿被害,公孙杵臼被杀。在以后的十五年中,程婴忍着舍弃儿子的悲痛,背着卖友求荣的骂名,终于将赵氏孤儿养大成人,对他说明了真相,手刃了屠岸贾,报了冤仇。为了别人的孩子,一个是"大义灭亲",一个是"大义灭命",这样的大义怎能不流传千古啊!

在现代,为帮助中国抗战献出了自己生命的加拿大白求恩大夫,更是大家所熟悉的。他是被誉为"毫不利己,专门利人"的人,也可以称得上是义士、大义之人了。

心灵感悟

认清义与利的关系的实质，正确处理利与义的关系，做到君子行仁义，不求独利于己。达到这一道德境界，才是做人的一种升华。同时，将儒家仁义的思想作为一种修身养性的理论基础，作为处理人际关系、社会关系的准则，它的价值是非常巨大的。如果生活中，我们每个人都能做到这一点，那我们的社会将会无比的和谐与安定。

三、修身的方法

1. 见贤思齐，择善而从

俗话说“金无足赤，人无完人”，我们每个人既有自己的长处，也都有自己的短处，虚心向他人学习，我们的长处就会变得越来越多，才能事业有成。要放下“架子”，丢掉“面子”，虚心地向他人请教。见先进就学，见好经验就学，就一定能不断提高、不断进步，实现自己的人生理想与追求。

做人向高标准看齐

向高标准看齐永远是人生追求的方向。一个人无论在哪方面都应该有积极要求上进的欲望。做人向有德之人看齐，读书学习向饱学之人看

齐，生活向勤俭节约之人看齐，工作向敬业者看齐。严格要求自己、学习他人长处，是成功者的一个良好习惯，也是我们应该持有的正确观念。只有这样，才能学得自觉、学得长久。

做人向高标准看齐，就需要取他人之长，补己之短，其意是指能够吸取他人的优点来弥补自己缺少的品德和知识。这是一种学习上的智慧策略，是一种值得推而广之的学习方法。实践告诉我们，要提高能力素质，就要“善借外智”，才能思路开阔；善借外力，才能攀上高峰，一个国家和民族才能兴旺发达。否则，结果只能是停滞不前。

向他人学习，吸收别人长处，弥补自身不足，以达到自身能力和修养的高标准，应该注意这么几个方面。第一，向他人学习，必须保持谦虚谨慎的态度，切忌不懂装懂，自欺欺人。第二，在向他人学习时，待人接物要礼让谦恭，用谦虚的态度博得他人的认可，才可能得到别人的热情帮助，从而不断地提高自己的知识储备量，不断地提升自己的处世能力。第三，向他人学习，还必须有持之以恒的精神，三天打鱼，两天晒网，见异思迁是不能产生令人满意的效果的。最后，向他人学习，必须从不自满开始，无论取得多好的成绩，也要保持谦虚谨慎的态度。

学习他人长处，要从各方面入手。要将学习的行为贯穿在生活中的各个细节之中，并将这种学习的习惯变成一种纯粹的自发行为。从有意识到潜意识再到下意识，才能获取更多学习机会，保证学习效果，取得成绩，真正使自己的做人标准更快地上升到一个新的高度。以上要求，促使人在生活中不但要随时随地让自己的大脑思考，处于一种见缝插针的学习状态，还要随时随地地捕捉他人优点，对比自身不足，找到学习的切入点，才能有的放矢地向别人学习，避免盲目地学习。学会应用以上关于向他人学习的方式和方法，并能恰当地进行转换，达到预期效果，既能够促进自己进步，又能激励自己不间断地学习，更大范围和更大容量地吸收别人优点和知识之精粹。

取人之长，补己之短，无论是对于自己或是他人，都是一种积极的学习方式。这样，也就能在最短的时间之内，获取自己所渴求的知识，并借此使自己得到全面的提高。向他人学习有一个好办法，那就是在自己的周围建立一个互帮互助的学习群体，在这种良好的学习氛围之下，大家互相学习，互相鼓励，相互发挥好的促进作用，使大家都有提高，从而形成一种多赢的局面。

取人之长，补己之短，这是一种看似简简单单，实则具有很强操作性的学习途径。事实证明，这种学习方法是最为高效和方便的，因为它是一种在日常生活中随时都能进行的好办法，随时随地都能够获取知识、培养技能或提升道德修养。

日常生活中，每一个人身上，都必定有值得人们去学习的地方，对于每一个人来说，人们身上同样也有很多东西值得其效仿。这种学习他人优点的第一基础，必须要建立在学习的对象具有良好的道德品质以及健康和积极向上的行为习惯的基础之上。只有具备良好的道德品质和一定的知识，才有值得我们去学习和利用的动力。养成了这样一种爱学习的习惯，才能使自己形成良好的学习方式，将自己的人生打造得成功而完美。

值得我们学习的优点，就要立刻捕捉，然后学习，力争赶上并超越。对于年轻人来说，学习的要求更为急切，为人处世要学，知识技能要学，甚至业余活动和爱好方面也要学。总之，年轻人要趁眼前的大好时光努力学习，把寻求知识的眼光放得更宽广、更长远。

取人之长，补己之短，不但能充实自己的知识储备，还能使自己通过这种主动、自发的学习习惯来促进自己形成一种良好的学习心理，使自己能够经常沉下心来专注于一件事，去除学习上的浮躁心理。在这种随时都能见缝插针，吸收他人身上闪光点的学习习惯里，必然会孕育出谦虚谨慎的学习态度，真正做到不耻下问。

总的来说，能够将“取人之长，补己之短”应用到实际工作、学习或生活中去，就是一种智慧的行为。

修身以向善为本

《三字经》里说"人之初,性本善",向善其实是人的本性,几千年的儒家思想文化,充斥在浩如烟海的典籍里,它的核心其实就是在告诉我们:为人须向善。

向善首先要做好个人的自律,善待他人,多行善举。个人的修身与社会的廉洁是有着密切的关系的,二者不能分离。从某种程度上说,只有通过修身,才能达到人性的纯净。"修身"是一个人立身处世之根本,而纯净内心正是这修身养性的重要一环。只有通过修身自律,做到心灵纯净,才能形成一种高尚的社会道德,这也正好是"修身"的目的之一。因此,可以说,个人的修身还是社会良好风气形成的基础。要是人人都能独善其身,天下也就可以垂拱而治了,平天下之愿也就指日可待了。但是,若是人人都不修身,或是只有少数人修身向善,而很多人没有教养、缺乏涵养,管理者没有做好社会德行教育,社会就不能很好地安治,天下势必混乱。只有全社会的广大民众都重视品德行为的修养,以修身、养善为做人之本,才有希望达到国家的安定和强盛,才能使社会和谐、天下太平。

在人类进入21世纪的时候,英国的一家权威学术部门对众多知识分子、高层人士进行了一次民意测验,调查结果显示:近一千年来对人类社会贡献最大的、最伟大的人是马克思,他应该是向善的先驱。毛泽东把中国人民从半封建半殖民的社会中解救出来,实现了人民当家做主,对中国人民来说,毛泽东的领导实践正是一种善举。雷锋可称得上是善的最美化身,在他短暂的22年岁月里,他把对爱国的理解以最朴实、最直接的方式表现了出来,全心全意地为人民做好事,直到生命的最后一息。

德行是天赋的良知本性,是人生命本质中最美好的东西。因此,能够保持善性和不断升华道德,就是人最应该力行的。君子喜欢看善书、行善事,不仅自己行善,而且提倡、推广到四方,感化世人,使人觉悟而由此带来福祉,使一切归于天理正道,所以古语说"君子莫大乎与人为善"。

对他人的帮助，最大莫过于劝善。明代时，山右人（山西人）伍千筋力大好勇，平日常舞枪弄棒，一言不合，就出重拳打人。或掠夺别人财物不偿还，或借人钱财不立借据，人们都害怕他。一天，天很热，他上城楼乘凉，有几人先在楼上乘凉，看见他来了，都吓得避到别处去了，只有一位老人仍坐在那里不动。伍千筋盛气凌人地说："众人都跑了，你还不动，是不是认为我拳脚不厉害？"老人说："你执迷不悟啊。你父母抚育你长大成人，希望你成为于国于民有益之人。你有一身武艺，不思报效国家，却甘心做无赖，使国家少了一个可用之才，可惜！可惜！"伍千筋听了老人教诲，非常惭愧，他流着泪说："周围人都说我是可恶的坏人，我也就当自己是坏人。今日听老人好话，如同听到晨钟暮鼓，令我猛然清醒过来。只是我做坏人时间长了，就像月亮残缺难圆一样，纵然痛改前非，不知能不能成为正人君子？"老人说："你果真回心转意，修身向善，又怎么不能修成正人君子呢？"伍千筋从此改恶从善，报效国家，后来官至副元帅，治军严明，爱民如子，受到人们的称赞。

心灵感悟

古语说"人孰无过，过而能改，善莫大焉"，德教善化可以荡涤人的心灵，让人去思考人生的真谛及如何关爱他人的道德问题，而不是陷溺于利欲之中。善的力量是巨大的，因为善的力量无处不在，可以从根本上改变人心，引导人追求和实践真理，回归良知本性，做出善良、正义的选择。

2. 敞开心扉，远离抑郁

现代社会，生活条件越来越好，人们的幸福感却越来越低。失眠、抑郁、焦虑已成为严重影响人们生活质量和身体健康的重大问题。专家指出，长期抑郁、失眠的人，患癌症的概率比普通人高出许多，这已成为近年

来影响肿瘤发病率的一个极其重要因素。这一现象给人们敲响了警钟，关注心理健康，避免抑郁成为生活中的一件大事。

抑郁是健康的一大杀手

抑郁症的危害不可忽视。要避免抑郁症的侵扰，保护个人健康，就必须了解抑郁症的临床表现和危害，概括起来，主要有以下几个方面。

（1）情绪低落。持续性情绪低落、忧郁、心境恶劣是抑郁症的典型症状。这类情绪低落的压抑状态是原发性的、内源性的，即无明显外界因素作用下发生的。病人呈现特殊的哭丧面容：两眉紧锁、愁眉苦脸、双目凝视、面无表情、暗自流泪。

（2）焦虑和激越。焦虑和抑郁相伴出现，抑郁症患者伴有焦虑症状者约占70%。常见的焦虑症状为坐立不安、心神不宁，出现莫名其妙的惊恐、多虑和焦躁不安，是一种病理性的紧张、恐怖状态，还会易激化、易发怒。这种焦虑症状突出的抑郁症被称为激越性抑郁症。

（3）身体功能下降。通常表现为思维困难，脑力劳动的效率明显下降。一向思维敏捷的科技人员或白领人士患抑郁症后，很难胜任日常工作，更谈不上有创造性；平时学习成绩优秀的学生成绩会明显下降。

（4）思维消极。忧郁心境可导致思维消极、悲观和自责、自卑，犹如带着有色眼镜看世界，感到做任何事情都困难重重，对前途悲观绝望。抑郁症病人把自己看得一无是处，将微不足道的过失和缺点无限夸大，感到自己对不起他人、家属和社会，认为自己罪恶深重。有的病人还感到活着毫无意义，生活在人世间徒然受苦，只有一死才能逃出苦海得以解脱。这种自杀观念强烈者如果得不到及时医治或监护，自杀成功率相当高。

（5）精神运动性阻滞。典型表现是行动迟缓，精力减退，缺乏兴趣和活力，总感到心有余而力不足，家务和日常活动都懒得去做，整天无精打采、身心疲惫，严重者呆若木鸡或呈抑郁性木僵状态。病人对周围一切事情都不感兴趣，对工作没有一点儿热情，平素衣着整洁的人也变得不修边幅。

(6) 躯体症状。主要是食欲减退、体重下降、性欲减退、便秘、阳痿、闭经、乏力等。躯体不适感可涉及各脏器，自主神经功能失调的症状较常见。抑郁症的躯体症状往往查无实据，且多为非特异性的，难以定位，但不一定排除躯体疾病。

(7) 睡眠障碍。抑郁症患者常有顽固性睡眠障碍，发生率高达98%，表现为失眠、入睡困难、早醒、睡眠节律紊乱、睡眠质量差等形式。

抑郁症多半由生活负担过重、精神压力过大引起。事业、学业、婚恋等各种问题是其主要诱发因素。当今社会，患有抑郁症的人不仅出现在普通人群里，更出现在不少成功人士中。有些事业成功的人因为目标过大，期望过高，总是处于一种对自己的不满足感之中，长时间心情忧郁，就很容易患上抑郁症。

近年来，韩国、日本等国家就出现过不少歌星、影星自杀的现象。这也正说明，人一旦事业有成，得学会调节自己的方向，不能过高地要求自己，要学会释放自己的情绪。过于追求完美只能把自己推向绝路。

在我国，学生因抑郁而自杀的事件也屡见不鲜，他们的年龄间隔很大，从小学生到大学生都有。

抑郁症是以情绪异常低落为主要表现的，抑郁时的心境与悲伤相似，但较持久，整日忧心忡忡，愁眉不展，唉声叹气，重则忧郁沮丧，悲观绝望。据统计，患有抑郁症的病人65%～85%会出现自杀意念。人们之所以称抑郁症为“人类第一号心理杀手”，就是因为没有任何一种心理疾病或精神病有如此高的自杀率。抑郁症是健康的大敌，也是为人处世的大敌。

融入社会，远离抑郁

而今，社会竞争越来越激烈，特别是在校或刚出校门的大学生压力更是巨大。如今的大学生在当代人的观念中，天之骄子、国之栋梁的优越感早已不翼而飞。大学毕业找不到工作的例子比比皆是，自卑感和挫折无疑

是压在他们心头的一块巨石，因此，造成了大学生心理上的各种障碍，最终会罹患抑郁。另外，更多的一部分大学生的心理抑郁或是因失恋的打击，或是因和家庭的矛盾，或是因与朋友出现分歧等原因而产生的。出现问题不能很好地解决，反而将问题一直纠结在内心，无处宣泄，直到无法承受便采取过激的方法来解决这一问题。

生活中，一旦发现有些心理问题持续时间较长，则应该引起自我重视，认清抑郁的危害、了解症状表现、寻求治疗方法才是上策。抑郁症的主要症状有三大项，一般可对照这些症状作出自我检测。

(1) 长期(一个月以上，无具体原因的)情绪低落，心情压抑，焦虑，总是高兴不起来，忧愁伤感，甚至悲观绝望，严重的有自杀倾向。

(2) 思维出现迟缓，总觉得脑子不好使，记不住事，思考问题困难，大脑空空，变笨了。

(3) 变得不爱活动，浑身发软。走路缓慢，言语少。不同程度地伴有口干、便秘、食欲减退、消化不良、心悸、气短、胸闷等症状。严重的不吃不喝，甚至生活不能自理。

患了抑郁症不要恐慌，但也万万不可置之不理，要积极治疗。对抑郁症的治疗有多种形式，严重的可到专门医院求治，较轻的和初患的也可自我心理调节和食疗。

那么，如何远离抑郁呢?

第一，抑郁症一方面来自外在的压力，另一方面，人的心理素质、承受和化解压力的能力比较差。所以，有抑郁症的人应当坦然面对压力和心理困扰，及时去看心理医生，这样才可以避免消极情绪积虑成疾。

第二，无关怀、无责任、无信念、无意义的心灵，最易患抑郁症，要远离抑郁症，就必须融入社会，被社会接纳，因此，要学习真诚、坦率，要主动亲近别人、关心别人、爱护别人、尊重别人。人心是肉长的，你如何待人，人必如何待你，礼尚往来。只要以心换心，社交面自然就会扩大，朋友也会愈来愈多，抑郁症自然减轻。不要总计较别人对你怎么样，改变一下观念，多考虑一下自己对别人怎么样。

第三，学会一些自我心理保健的方法，注意培养业余兴趣爱好。例如，通过运动、旅游等转移情绪；多参加集体活动，多学一些本事，唱唱歌、跳跳舞、弹弹琴，这样更容易被集体和朋友接纳，避免处于个人心灵的封闭圈中。

第四，加强平时的学习和修养，开阔心胸，不清高、不自傲、不自卑、不多疑，多与朋友、父母、老师沟通思想、交流感情。多与人接触，增加对人的信任感，学会心理置换，求得与他人的心理沟通。

我们生活的时代，充满友谊，充满关怀，充满阳光。这个时代不是林黛玉所处的那个时代了，林黛玉走不出孤独和抑郁，而我们完全可以赶走抑郁。

心灵感悟

人们常说，身体是革命的本钱。有了好身体，才有生活的快乐可言，才有为理想奋斗的基础，才有改变命运的条件。与身体健康相比，心理健康是同等重要的。因为人是有感情的高级动物，精神支配着一切，所以切不可忽视心理问题。养成健康的生活方式，学会以积极的心态面对人生，那么，你自然与抑郁无缘了。

3. 品味寂寞，破茧化蝶

人生有五味，每一味都是必不可少的生活调料。没有苦涩不知道甜蜜，没有痛苦不知幸福，没有寂寞的清冷便体会不到热闹时的火热……这五味中的每一味都是独特的，缺一不可。

人生的五味又好比自然界多彩的四季，没有冬的严寒就不会有春的希望，没有夏的积淀就没有秋的丰腴。所以，寂寞，这个清冷如水的东西，总

是出其不意地悄然而至。如果，此时你也寂寞，那么，越过寂寞，你的人生就会进入一个新的里程。寂寞让人收获智慧，寂寞使人思虑深刻，寂寞使人心智成熟，寂寞使人处变不惊……就让我们满怀欣喜地迎接寂寞吧！

寂寞，人生处处有相逢

寂寞是生活如影随形的伙伴，人的一生中不知要经受过多少次寂寞的体验。积极的人迎接寂寞，消沉的人沉沦于寂寞。怎样对待寂寞关乎个人的价值观、生活的心态，以及处理心理问题的智慧。

河蚌是孤单的，砂石是寂寞的。砂石在河蚌的体内忍受着惨苦的磨砺，而河蚌则承受着无比的疼痛。经过许久的独自忍受，粗糙的砂石变成一颗晶莹夺目的珍珠，而河蚌也获得了久违的释放。

如果你也寂寞，就想想河蚌吧。没有疼痛和艰难，怎么会有成就和收获？

人累了、倦了、力不从心了，就得停下来，好好在寂寞和痛苦中整理自己，这是很正常的。人的力量如大千世界的一粒微尘。倘若不能以静制动，不能耐住寂寞，必会白白耗费精力，一事无成。像鲁迅笔下描述的“一群麻木的看客，仿佛一群鸭子，被一只无形的手提着脖子”，此类人物，当然耐不住寂寞，扎在热闹堆里，活灵活现勾勒出麻木空虚且没出息的形象。在这样的一群看客中，没有真正务正业的人。

只有耐得住寂寞，才能干一番真正的事业，才能成就大事。

翻开中国久远的历史，历数大家史迹，他们无一不是在痛苦、寂寞中升华了自己，最终获取不朽成就——文王拘而演《周易》；仲尼厄而作《春秋》；屈原放逐，乃赋《离骚》；左丘失明，厥有《国语》；孙子膑脚，兵法修列；不韦迁蜀，世传《吕贤》；韩非囚秦，《说难》、《孤愤》……独处的日子里演绎着别样的人生，寂寞中书写人生的春秋。他们的故事彪炳史册，为后人所仰慕，寂寞令他们成就了另一种独特的美。

司马迁更是典范，虽被处以“宫刑”，但他忍受屈辱、嘲讽、磨难，更耐得住寂寞，用不息的奋斗，为后人留下千古不朽的《史记》。

乐圣贝多芬的成功正是基于耐住了寂寞——失聪带给他的打击，耳疾使他远离了世俗的声音，却使他更清楚、更理性地听到了自己内心的呼唤。《命运》、《月光》、《第九交响乐》等杰出作品，惊世骇俗，博大精深。

耐得住寂寞的意义在于：安静躁动的心灵，熨帖狂乱的灵魂，把无休无止无尽头的欲望归于最有价值、最有意义的地方。

耐得住寂寞，也才能坚守忠诚，不会被外界所迷惑。历史上多少贪官污吏，正是不甘寂寞，铤而走险，牺牲集体和人民的利益，满足自己的私欲，结果导致人生的腐败。

耐住寂寞是人生的一种境界，是一种自信而从容的气质。只有耐住寂寞，才能收获冷静和智慧；才能不为浮躁世俗左右，甚至埋没意志；才能保持清醒头脑；才能成就大事；才能为国为民贡献力量。

寂寞也如此美丽

如果你寂寞，其实你有很多方法可以将这种负面的情绪转化到积极的事情上来。孤单时，捧一杯清茶，细数内心的失落，与另一个自己作一番长谈。或者，将空虚的自己投入到喧闹的人群中去，让快乐的氛围包裹自己，让寂寞与自己远离。如果你不想被喧嚣打扰，就将你疲惫的身体扔到那张舒适的床上，好好地在梦境中畅游一番，什么也不用想，等醒来时，阳光依旧灿烂。

寂寞是一份独有的心绪，不是别人眼里的无聊，更不是茫然不知所措的空待，而是梳理杂杂沓沓，却不被纷乱搅进漩涡的一种超然。寂寞让思绪在回忆里沉醉，安安静静的，没有任何干扰。这种获得、体验、感受的过程，是一种幸福与甜蜜。这时孤独是一种意境，寂寞也是一种美丽。

寂寞是一朵开放在心灵深处最美丽的花，扎根于孤独的土壤中。花开绝世的美，花谢也凄寂的风流，在流过的心海上徜徉。寂寞是精神领域最为素雅的一笔，当追求事业的坚贞自心灵深处溢于勤奋之中，便如花开的

幽香，诠释着人性的美。与生俱来的所有浮躁被模糊、淡忘、丢弃后，重现芬芳的心灵花香，便细细地品，品这孤独的风流！

人是需要点寂寞的，当所有的忙碌停顿下来，当自己融入静静的黑夜，才有机会独坐独想，于是，倍加珍惜这真正属于自己的时间和空间。此时，把自己全然交给心灵，整理凌乱的心绪，回味一幕幕快乐与辛酸，当所有的对白变成心灵的独语，才知道，自己是如此的寂寞，而寂寞又是那样的美丽。

人说品茶亦如品人生，在这一斟一品中，便演绎了由浓到淡的生命演绎过程。茶终究有些苦，但无论是苦的或是甜的，其中都会掺杂着一缕清香。苦中一缕清香，该是人生一种完美的体验。举杯与落杯之间亦昭示着一种生活态度，人生的许多事情亦该如品茶般要拿得起放得下。

话说寂寞的诸多美丽之处，真是不一而足。而面对寂寞时，你可以有万种心情、千种体验。可是生活还是要继续，容不得自己停滞不前。那么，就行动吧！战胜一切痛苦的方法就是充实自己，投身于生活，这样你才会发现生活仍旧是美的。

寂寞时得找点事做。喜欢做什么便做什么，按你的心意而行，这样有助你驱除寂寞。当你全身心投入在自己最喜欢的事情上，自然能忘掉一切，再没有多余的空间让你自叹寂寞无奈。

寂寞时可以回归自然。大自然被誉为人类心灵深处的归宿，在大自然的怀抱里，可以心灵平静安稳、和谐快乐。闲时在公园散步，看看风景，可驱走所有闷气，重新注入新的生命力量。

工作勿过量。凡事适可而止，过分的工作量只会加重你的孤寂感。不少人只知终日埋头工作，久而久之，减少与他人相处的时间，只会加重个人的孤寂感。工作并不是逃避的良方，更佳的其他途径有：看话剧、听音乐会、与友共聚、参加同学聚会和一些有益的社会活动及体育锻炼等。

要依靠亲朋的力量。与父母、兄弟姐妹、朋友交谈，将你的喜恶、感情与人“分享”。取得别人的了解和关心，你自然就强大起来。

助人为乐最易排除孤寂。世界上需要你伸出同情之手的人数以千万计，除了金钱上的资助，他们的心灵同样需要别人的关怀。选择适合自己的时间计划，参加各类的义工服务。

运动是活力之泉，运动有助身心发展，更有驱走忧闷之妙，到附近的泳池游泳或打一会儿球，可令你身心愉悦，而且有助保持健康。

做到以上几点，在不知不觉中，你的寂寞就会不知何时早就溜走了，你定会欣喜地发现，原来那个生机勃勃的你又回来了。

其实，人一生的行程就是与自我抗争的过程。学会在痛苦中变得强大，永远是成功者的武器。所以，寂寞之所以美丽，正在于人能经受住寂寞的考验，只有耐得住寂寞，才能收获成功和快乐。

心灵感悟

尝试着去爱寂寞吧，在寂寞中将自己纷乱的思绪做个整理，让自己狂躁的内心得到平复，在自我调整中，你或许就可以寻找到新的希望。人对理想状态的追求不是轻轻松松就可以得到的，正如母亲十月怀胎一样，得忍受不可回避的痛苦，最后还要忍受令人恐惧的阵痛，才能让希望水到渠成、瓜熟蒂落。所以，在实现目标之前，无论你如何寂寞，如何痛苦，你都得有苦行僧的精神，用生命中的坚韧去锻造属于自己的成功。

4. 锻炼身体，健全心智

强健体魄要从身体和精神两个方面来说。从身体上说，强健体魄可以使人身体各个器官和组织的功能代谢增强，减少患病的可能，使人体保持健康；从精神上说，一个体魄强健的人活泼开朗，生机勃勃，充满着朝气。

体魄强健的人，不仅生活愉快，家庭幸福，更是有着充足的精力来为自己的事业打拼。没有一个良好的身体素质和强健的体魄，很难保证以旺盛

的精力投入工作和学习中，也难以成就一份伟大的事业，成功将只是一个美丽的幻想而已，这是无数人的亲身经历揭示出来的真理。

别让不强健的体魄成为事业的绊脚石

广大青年身心健康、体魄强健、意志坚强、充满活力，是一个民族旺盛生命力的体现，是社会文明进步的标志，是国家综合实力的重要体现。如今，虽然学校和社区并不缺乏健身设施，但人们的运动习惯和锻炼意识并没有增强，特别是如今的大学生群体。

生活中，不管是我们看到在学习、工作中一些人的无精打采、力不从心，还是工作中的病假连天、医药保驾，或是事业中途的英年早逝、百病缠身，都与年轻时没有一个强健的体魄有关。

健康是生命之源。失去了健康，生命会变得黑暗而悲惨，会使你对一切都失去兴趣与热诚。能够有一个健康的身体，一种健康的精神，并且能在二者之间保持平衡，这就是人生最大的幸福。

在现实生活中，一些有作为、有知识、有天赋的人往往被不良的健康状况所羁绊，以至于终身壮志未酬。有些人过着一种不快乐的生活，因为他们自己意识到：在事业上，他们只能拿出一小部分的真实力量，而大部分的力量却因为身体欠佳而力不从心。天下最大的失望，莫过于理想不能实现。他们感觉到自己有很大的精神能量，但是却没有充分的体力作为后盾。自己感觉虽有凌云壮志，却没有充分的力量去实现，这是人世间最苦恼的一件事情。

凡是成就大事业的人，往往不是那些只知道成年累月埋头苦干，从不关注自己身体状态的人，而那些体魄强健的人，他们充分意识到：只有经常保持身心的清新、健壮，才能在事业上达到最高的效率。他们不愿意在过度的工作中摧残自己的身心，拖垮自己的身体。

一个生活积极的人，有充沛的生命力抵抗各种疾病、渡过各种难关、应付各种打击；相反，一个在平日把气力耗尽、活力用竭的人，却经不起一丁点儿的打击。

对于那种整个生命所系的大事业，你必须付出你的全部力量才能获得成功。只发挥出你的一小部分能力，工作一定是干不好的。你应该以一个身体健康、精神饱满的完全的“人”来全身心地投入学习和工作之中，这样工作对于你，是趣味而非痛苦；你对于工作，是主动而非被动。假如你因不懂生活调节，以一个精疲力竭的身体去从事工作，你的工作效率自然要大减。在这种情形下，成功是难以得到的。

在人生的战斗中，能否得到胜利，就在于你能否保重身体，能否使你的身体一直处于“良好”的状态。一匹千里马，假如食不饱、力不足，在竞赛时恐怕也不会取胜。一个具有一分本领的体力旺盛的人，可能胜过一个体力衰弱的具有十分本领的人。

强壮的体魄，可以使人在事业上处处得到帮助。旺盛的体力可以增强人们各部分机能的力量，而使其效率、成就较之体力衰弱的时候大大增加。凡是有志成功，有志上进的人，都应该爱惜、保护体力与精力，而不使其有任何稍许的浪费。因为体力、精力的浪费，都将可能减少我们成功的可能性。

心灵感悟

拥有健康并不能拥有一切，但是失去健康却会失去一切。健康不是别人的施舍，而是对生命的执着追求。体力的旺盛与否，可以决定一个人的勇气与自信的有无；而勇气与自信，是成就大事业所必需的条件。

想要在你的一生中取得成功，最重要的一点是每天都要以一副身强力壮、精神饱满的身体去对付一切。那种以有气无力、萎靡不振的躯体去迎接一切困难的人，永远不可能取得成功。

第四章

处世

《墨子·非攻》中说:“君子不镜于水,而镜于人。镜于水,见面之容;镜于人,则知吉与凶。”意思是:有才德的人,不以水为镜子,而以人为镜子。因为以水为镜子只能照见自己的面容,而以人为镜子才能知道怎样做对自己有利,怎样做对自己不利。

一、言谈举止

1. 让语言充满智慧

现实生活中，会说话的人常常是受欢迎的人，不但人际关系处理得游刃有余，而且在面对危机时能逢凶化吉；不会说话的人则招人嫌弃，工作、交友等方面更是寸步难行。好话和坏话所取得的效果有天壤之别，正如老话所说："好言一句三冬暖，恶语伤人六月寒。"

语言基本法则

（1）问候是润滑剂。

日常生活中，熟人见面，相互问候"你好！""忙什么呢？""吃饭没？""在哪儿发展？""身体健康吗？""父母好吗？"等，脱口而出，人人都想说，个个都会说。虽然这些话初听上去十分平常普通，但是说出来就让人觉得舒服爽心，不说反倒觉得别别扭扭，就像缺少了什么似的。因此，学会打招呼是做人起码的要求，它是人与人之间和谐相处的润滑剂、相互沟通的桥梁。

（2）不讲脏话，讲究语言美。

学会说话，就是要讲究语言美，不说脏话、丑话、假话和谎话。有的人喜欢丑话说在前头，有的人喜欢丑话说在背后，有的人惯于当面说好话背后讲坏话。诸如此类，皆是不会讲话的表现，甚至是"劣性"，有伤大雅，有损人格，有害于社会语言环境，影响友善和谐。

(3) 让语言充满智慧。

病从口入,祸从口出。多说一句漂亮话,少走多少弯弯路。言而不奇,文而不远。

发挥语言的信息功能。语言是交流的工具、信息的载体,说话首先要讲究清楚明了,做到逻辑思维清晰,表达才能简洁明快,深沉悦耳。语言对我们之重要,犹如骏马对骑士。

体现语言的激励功能。语言极具煽动性,既可以鼓舞斗志,也可以消磨意志。好言相劝寒冬暖,恶语相加六月寒。

用语言来塑造自我形象。听其言、观其行,给人的第一印象才会深刻难忘,有教养的人语言和行为一定会优美而文雅。我们通过语言可以判别一个人的品位。

一个人要想自己的语言规范、顺畅,就要善于概括和总结,善于从事物的整体层面来看问题。

(4) 点到为止。

表扬和批评的艺术不可忽视。表扬可以引用别人的话,而批评千万不能引用别人的话。千万不要有通过批评战胜对方的心理。批评的目的是帮助对方进步。中国有句老话叫作适度,话到嘴边留半句,把握火候,见好就收,不要逼人太甚。“批评人点到为止,一生不搞小圈子”,这是邓小平一生的追求和做法。

(5) 不要抢话说。

听别人说话可以学到东西,不要抢着说话,沉默是金。两只耳朵一张嘴,多听少说。听人说话是对人的尊重。

(6) 交谈有禁忌。

优质的谈话应具备三个特点:幽默、充足的准备和认真的倾听。张艺谋说:“我不知道怎么拍电影,但我知道不能怎么拍电影。”说话也是这样,知道什么话不能说,就知道怎么说话了。

一般情况下,以下这几类话不要轻易说出口。

负面定性的话。比如,“你不老实”“你水平不高”,这些话给人压力大。

揭人弱点、伤疤的话。揭人不揭短,打人不打脸。

带有指使、责难的口吻与字眼的话。说话方式不平等容易激怒对方。

于事无益、煞风景的话。即这句话说出口,使下面的话不能正常进行了。比如遇到问题可以先说“让咱们坦率地谈谈彼此的意见”“朋友,能帮我的忙吗”。另一类话却会在沟通中起到相反的作用。比如:女人之间说“我丈夫比你丈夫强多了”,夫妻之间说“当初我怎么瞎了眼,怎么……”

只可意会不可言传的话。只可意会不可言传的话非说出来就会煞风景。一样的话十样说,效果更好。如用抬高对方的方式批评人,会让人容易接受。

意思表达过度的话。说话点到为止,不能说过头。有的人自认为能言善辩,会说几句,把话说过了头也会自找麻烦,授柄于人。

会说话的人,语言一定机智而幽默。达到举重若轻的目的,这是一种驾驭语言的最高境界。

名人语言风范

说话是讲究艺术性的,会说话的人语言活色生香、妙语连珠,能让自己成为交际场里的中心,时时占据主导地位。不会说话的人,举步维艰,到处碰壁。

英国前首相威尔逊在一次演讲中,演讲刚刚进行到一半时,台下突然有人高喊:“狗屎! 垃圾!”威尔逊虽然受到了干扰,但他急中生智,不慌不忙地说:“这位先生,请稍安毋躁,我马上就会讲到你所提出的关于环保的问题。”这个故事看似轻松,却蕴藏着沟通的哲理。人们没有理由不被威尔逊语言上体现出的智慧所折服。日常生活中,在面对他人的攻击时,我们应努力增加自己言语的含金量,举重若轻,出奇制胜。

文学大师萧伯纳在街上行走,被一个冒失鬼骑车撞倒在地,幸好没有大碍。肇事者急忙扶起他,连声抱歉,萧伯纳拍拍屁股诙谐地说:“你的运气真不好，先生，如果你把我撞死了，你就可以名扬四海了。”通过这个小故事，你绝对不会否认萧伯纳言语中的幽默感。

美国代表团访华时，一名美国官员当着周恩来总理的面说：“中国人很喜欢低着头走路，而我们美国人却总是抬着头走路。”此话一出，语惊四座。周总理不慌不忙，面带微笑地说：“这并不奇怪。因为我们中国人喜欢走上坡路，而你们美国人喜欢走下坡路。”

一次，一名美国记者采访全球著名投资商、世界首富巴菲特，问他：“你这么有钱，怎么不喜欢穿名牌的西装？”巴菲特笑着说：“不是我不喜欢穿名牌，而是因为名牌穿在我身上也不像名牌。”

巴菲特的外表并不会给人很深刻的印象，但是，当他开始讲话时，人们都会停下手中的工作，认真倾听他所讲的每一个字。他那给人留下深刻印象的威严个性是他卓越的智力与能力的真实反映。

巴菲特的儿子彼得在做事方面一直是无懈可击的，因为他总能把事情做得非常完美，但是在说话方面就有些欠缺了，总不经意地说出让别人郁闷或者尴尬的话来。这样一来经常会引起一些误会，从而给自己的工作带来麻烦。尽管巴菲特非常喜欢做有个性的人，但是他知道真正在社会中游刃有余的，往往是那些将自己的个性掩藏起来的人。为此，巴菲特告诉儿子要收敛一下自己的个性，多说别人喜欢听的话，做个会说话的人。要做一个会说话的人，必须依靠自己去努力、去学习，并在自己的工作和生活中实践。

会说话并不是花言巧语、巧言令色。真正会说话的人善于不断把握说话的时机，重视说话的技巧，同样也应该是一个懂得倾听的人。这样的人不会不分场合、不分状况一味乱说，他是一个懂得在什么场合说什么话的人。

有时候，“倾听”是比“说”更为重要的沟通技能。倾听是增加知识和提升价值的好方法。在开口之前，先学会听，所说的首先应该和听到的信息有关。让对方多说话，一方面可以多了解他，另一方面也满足了说话者的

表达欲望，他就会更加乐于与你交流。

心灵感悟

一个生活在社会中的人总是要同外界接触，了解社会和社会中的人，知己知彼，提高自身的社会交往能力。为达到良好的交往效果，必须重视交往沟通时的心理反应，同时在生活实践中不断总结，提高和发展自己的交往艺术，这是你迈向成功之门的第一步。只要努力，你一定会达到左右逢源的境界，那么成功定将属于你。

2. 学会尊重，懂得赞美

你要想别人尊重你，你首先要尊重别人。你自己待人的态度往往决定了别人对你的态度，就像一个人站在镜子前，你笑时，镜子里的人也笑；你皱眉，镜子里的人也皱眉；你对着镜子大喊大叫，镜子里的人也冲你大喊大叫。所以，我们要获取他人的好感和尊重，必须首先尊重他人。

尊重他人就是尊重自己

尊重他人是中华民族的传统美德，孔子提倡人要做到“仁、义、礼、智、信”，即做人的基本原则是自身修养好，懂得尊重别人，讲礼貌，讲诚信。俗话说得好，“人敬我一尺，我敬人一丈”，要想得到别人的尊重，首先要学会尊重别人。有道德、有修养、有文化的人，必定谦虚、谨慎，待人和善、宽厚，时时都关心着他人，在与人的交往中，他们始终牢记先人后己的处事原则，善于换位思考问题，在做事前首先想到的是别人，始终表现出一种“虚怀若谷”的高尚境界。

要做到尊重他人，“平等”是最重要的前提和基础。只要你要求他人尊重你自己和你自己尊重他人不要有双重标准，就一定会做到平等。什么叫双重标准？如果朋友在与你约会时迟到，但绝非故意，你可能会心有不满，但是，你在下一次赴约时自己却迟到了，但感觉很坦然，甚至是故意迟到也会找出各种理由搪塞。这就说明在同一件事情上存有两种不同的衡量标准，这样的情况是人际交往中最不可取的。

绝大多数人遇到事情第一时间想到的就是自己的感受和利益，这是无可厚非的，但只要在我们能自重自爱地想到自己的感受和利益之后能做到“己所不欲，勿施于人”，那我们就已经做到了对他人基本的尊重。

对朋友、同事、兄弟姐妹、父母长辈的尊重都应该遵从这一原则。维护好平等的关系，这样才能使人际交往轻松、长久、快乐和和谐。如果你能尊重你的父母长辈，你的家庭关系就会因你而变得温馨和睦；如果你能尊重你的同学，你将会赢得很多真心的朋友；如果你能尊重你的老师，你就会在老师的教导中领悟到更多的知识和人生的道理；如果你能尊重你身边的普普通通的陌生人，那你将成为这城市中一抹流动的风景。

一位商人看到一个衣衫褴褛的铅笔推销员，顿生一股怜悯之情。他不假思索地将10元钱塞到卖铅笔的推销员手中，然后头也不回地走开了。走了没几步，他忽然觉得这样做不妥，于是连忙返回来，并抱歉地解释说自己忘了取笔，希望不要介意。最后，他郑重其事地说：“您和我一样，都是商人。”

一年之后，在一个商贾云集的社交场合，一位西装革履、风度翩翩的推销商迎上这位商人，不无感激地自我介绍道：“您可能早已忘记我了，而我也不知道您的名字，但我永远不会忘记您。您就是那位重新给了我自尊和自信的人。我一直觉得自己是个推销铅笔的乞丐，直到您亲口对我说，‘我和您一样都是商人’时为止。”

商人这么一句简简单单的话，竟使一个自卑的人顿时树立起了自尊，使一个处境窘迫的人重新找回了自信。正是有了这种自尊与自信，才使他看到了自己的价值和优势，终于通过努力获得了成功。这就是尊重，这就

是尊重的力量。

学会尊重别人可以给人以自信，给人以力量，给人以温暖。尽管人与人之间有不同的风俗习惯、饮食习惯、民族传统，尽管人与人之间工作能力有大小、强弱之分，工作方法、思路也不尽相同，尽管在语言表达上有口齿伶俐者，有木讷愚钝者，尽管有的拥有权力，有的学富五车，有的腰缠万贯，有的下岗失业，等等，但所有人的人格是平等的，法律赋予的权利是相等的，人人都需要得到尊重。

尊重别人并不是同情、怜悯，更不是赏赐，帮助别人等于帮助自己，尊重别人也等于尊重自己。尊重从来就不是单向的，而是相互的。夫妻在朝夕相处中学会尊重对方，才能使爱情天长地久；同事之间在工作生活中学会尊重对方，才能使友谊之树长青；邻里在相互谅解中学会尊重对方，才能和睦相处；上级长辈在批评中学会尊重对方，才能使晚辈认识错误，不断成长进步；竞争对手在商场中尊重对方，才能为自己赢得信誉和商机。

好言一句三冬暖

人人都希望得到赞美，也需要学会去赞美别人。学会怎样赞美他人是我们建立良好人际关系的一个重要法则。因为有了赞赏和鼓励，人与人之间相处就会更融洽，事业也可以得到发展的动力。反之，向一个人传递消极的期望则可能使人自暴自弃，放弃努力。

赞美别人，不是廉价的吹捧，不是无原则的你好我好大家好，不是投其所好的精神按摩。赞美别人，是发自内心的欣赏与感动，是友善，是鼓励，是宽容。真诚而友善地赞美别人，是一种修养，是一种美德，是一种良好的心态，是一种高尚的境界，更是构建和谐社会所必需的素质。赠人玫瑰，手留余香，何乐而不为呢？

赞美，是对对方优良品质、能力和行为的一种语言肯定，它实质上是人们对待世界的一种健康心态，是处理人际关系的一种积极态度。它产生于两种情景：一是被赞美人对别人（包括赞美人）给予了某种帮助，从而体现了某种优良品质；二是被赞美人自己的某种行为也体现了某种优良品质，例如刻苦、勤奋等。这都使赞美人产生一种满意、欣赏、赞叹的情感，从而道出赞美之词。赞美运用于人际交往中，它有两个起始动机与客观效果：表达赞美者内心的某种感受和引起被赞美者对赞美者的某种好感。赞美他人是一件人与人之间感情融洽、于人于己都有益无害的事情，它好似人与人之间增进友谊的润滑剂，使自己更容易被人接受。

怎样赞美别人呢？

赞美必须真诚。真正的赞美绝不是虚伪的敷衍。比如，朋友把事情搞砸了，你却“不失时机”地赞美道：“你做得真好，我还做不到那个样子呢。”这个时候，你的朋友会有被赞美的“美妙感觉”吗？

赞美的具体化。首先，把对方令你高兴、值得赞美的优点或行为挑出来。人总有优点和长处，有值得赞美的地方，我们在人际交往中应该发现这一点，并把这种发现变为自己对他人的自发赞美行为。空泛化的赞美使人怀疑你的动机，而具体化的赞美则显得真诚。

从否定到肯定的评价。这种用法一般是这样的：“我很少佩服别人，你是个例外。我一生只佩服两个人，一个是×××，一个是你。”

见到、听到别人得意的事，一定要停下所有的事情去赞美。如一个人给你看了他孩子的相片，那么你一定要夸他的小孩，如果你无声地把相片放回去，他会很不高兴。

适度地指出别人的变化，肯定积极的一面。这表达出来的意义是：你在我心目中很重要，我很在乎你的变化。

与自己做对比。通常情况下，一般人是很难贬低自己的，因此你一旦压低自己同他人做比较，那么就会显得格外真诚。

逐渐增强的赞美。如果你想与某人拉近距离，那么就逐渐增加你对他的赞美。

给对方别具一格的赞美。如果大家都夸一个女孩美，你也如此赞美，可能不会引起对方太多的感触，如果你说她有性格、有素质、有涵养，那么

效果就大为不同了。

心灵感悟

人与人之间，彼此心灵的天平决定于相互尊重。一个尊重别人，内强素质，外树形象的人，定能获得外界对他的尊重。学会尊重别人，就是强调要树立平等意识。如果说，被人尊重是做人的一种权利和需要，那么尊重别人，则是一种美德，一种文明。

3. 善于倾听，从谏如流

在我们的现实生活中，人们常说："良药苦口利于病，忠言逆耳利于行。"这话一点不假，试想"是药三分苦"，越是苦药，药力越大，对疾病才有治疗作用，忠言相劝又何尝不是如此。

言者无罪，闻者足戒

人们常常听到别人奉承的话，心里明知道说的是谎言，可听了也会觉得很舒服，这种心理来自于虚荣。当听到别人的忠告甚至对自己的错误的指责时，却会不高兴、抵触或发怒，同样，这种心理也来自于虚荣。人人都喜欢听赞美的话，因为顺耳之言听起来舒服，可有没有想过，这里面究竟有几分真实？如果一味地沉湎于别人的奉承之中，与安徒生童话《皇帝的新装》里的皇帝又有什么区别？

《墨子·非攻》中说："君子不镜于水，而镜于人。镜于水，见面之容；镜于人，则知吉与凶。"意思是：有才德的人，不以水为镜子，而以人为镜子。因为以水为镜子只能照见自己的面容，而以人为镜子才能知道怎样做对自己有利，怎样做对自己不利。

魏征是隋末唐初著名的政治家，他尽心竭力辅佐唐太宗17年，始终以谏诤为己任，有时甚至犯颜直谏、面折廷争，阻止或纠正了唐太宗许多错误行为和主张，为“贞观之治”的形成和巩固作出了杰出的贡献。当魏征去世之后，唐太宗伤心地说过一段话，其白话文的意思是：“以铜作为镜子，可以端正衣冠；以历史作为镜子，可以知道国家的兴亡；以人作为镜子，可以知道自己的得失。现在魏征去世了，我失去了一面很好的镜子啊！”

什么样的话不好听呢？如果不好听，一定是这里面关系着自己的缺点，因而觉得这番话不好听！再想想，这当中包含着什么含义？是不是长久以来我们致命的伤口就在这里，却一直无法突破、面对其问题之所在？事实上，如何将不好听的、刺耳的言语，转化成为向上的座右铭，是对修养层次的上升。那些我们最不愿听到的话，往往是自己不愿去面对，并且想要逃避的盲点。

唐宋八大家之一的柳宗元曾把与自己意见相左的话当成医病的良药。他在《敌戒》一文中记述：“孟孙恶臧，孟死臧恤，‘药石去矣，吾亡无日’。”说的是，春秋战国鲁国大夫孟孙和臧孙两人对问题的看法常常相左。后来孟孙死了，臧孙不但没有一点高兴的样子，反而悲痛地说了一段话，大意是：“孟孙之死使我失去了治病的药，我不会活多久了。”

一个人在思想上、工作上难免出毛病，一开始自己往往不易察觉。毫不留情地指出你缺点的话听起来虽然有些刺耳，但可能对你有所帮助，这也就是古人说的“良药苦口利于病，忠言逆耳利于行”的道理。在这时就要看你是一个聪明人还是一个糊涂人了。聪明人就能保持清醒的头脑，虚心听取这些逆耳之言，吸收其合理成分，以有“病”治“病”，无“病”防“病”，从而少犯或不犯错误，并以此提高自己的威信；而糊涂人则会做出相反的反应，把逆耳之言当成揭自己痛处，让自己面子过不去。可他们不知道，越是讳疾忌医，就越可能在错误的道路上走得更远，甚至铸成大错。

闻过则喜

忠告就如良药，可以警醒迷途中的人，避免少犯错误。正确对待别人

的忠告相比对待别人恶意的发难要容易得多。忠告是善意所为,而责难却是打击和伤害。面对别人的发难该如何面对呢?

如果对于一个有积极心态的人,别人的发难是不可能挫伤自己的。因为有自信在,也因为能正确认识自己。面对别人的发难,不要一味地针锋相对,只有当你的才能和成就比对方高时,别人才会用这种方式对待你。明白了这一点,你应该感到幸运,从对方的言语中,你更加了解了自己,缺点和优点将一目了然。同时,你也会知道下一步该怎样去完善自己。从某种程度上来说,别人的发难也是一种提醒。所以,面对发难,要有感激之心。有这样一句话(出自一个成功者之口):“因有对手,才促使自己不断学习,不断提高,正是因为对手的存在才会有自己的成功,成功是被逼出来的。”

人非圣贤,孰能无过?我们每个人在性格或待人处世方面,总难免有不曾发觉的死角或是一时疏忽,若在此时有人提醒我们的缺点,我们应衷心感激。所谓朋友之道,贵在劝导、善意忠告。善意忠告是别人送给你最丰富的礼物。“良药苦口利于病,忠言逆耳利于行”,“人受谏,则圣;木受绳,则直;金受砺,则利”。然而现代社会,能够直言不讳地指出他人缺点者已日渐减少。

真正能够苦口婆心地劝告我们、指责我们的人是谁?不外乎是父母、师长、兄弟、妻子、子女或朋友等,他们的目的无非是希望我们在人际关系上更圆满,在事业上更成功。

自古忠言逆耳,大多数人对于善意忠告总是有一种逆反心理,从而导致原有的亲密关系破裂。从某种程度上说,善意忠告的确是一件危险的事情,如在这种情况之下仍有不顾后果提出善意忠告的人,一定是对我们有深厚感情之人。一个从来不曾受到他人善意忠告的人,看似完美无缺,实际上可以说他是一个无良好人际关系的真正孤独者。

清同治年间,名不见经传的谭鑫培来到京都,搭三庆班唱文武老生。他虚怀若谷,从善如流,既能领受同行们的“指责”,更能听取观众们的反映，加之勤敏好学，刻苦善悟，每天散戏后总是“头不免冠，足不去靴，身着戏衣，对镜自练，以观疵谬而正之”。如此日复一日，自然技艺大进，尤其是在短打戏等武生吃重的剧目中，他“身轻似雏燕，体捷若狸奴”，“其功夫之深几臻妙境”，为此而获得了“伶界大王”的美誉。但他并不满足于已取得的成就，几经努力，终于拜在“大老板”程长庚门下学艺。

然而，“大老板”程长庚对自己的这个“门生”并不十分青睐，甚至加以挖苦。一天，谭鑫培练完功后，程大老板不无感慨地对他说：“子唱武生所以不得大名者，以子貌寝而口大如猪喙也。今悬髯于吻，可疵瑕尽掩，无异易容，如佐以歌喉，则无往而不利。”接着又说，“唯子声大甘，近似柔靡，乃亡国之音也。”程长庚对自己弟子的这番评语，尽管深刻中肯而且言之在理，但未免有些措辞不雅。比如说他面貌丑陋，嘴大像猪，而且声音又近于柔靡，还是亡国之音。

可是，面对如此难堪的逆耳之言，谭鑫培没有被激怒，没有气馁，更不曾耿耿于怀或自暴自弃，而是奋发图强，刻苦研练，以扬长避短、藏拙露秀的方法来弥补自己天赋带来的不足，经过锐意求进后，终于独创新声，别树一帜，从而形成了脍炙人口的“谭派”声腔，跻身中国京剧史上颇具光彩的“老生三杰”之列。如果谭鑫培拒听逆耳之言，如果谭鑫培“闻过则怒”或“闻过则馁”，那么，谭鑫培也就不可能成为京剧大师了。

心灵感悟

古语云：“忠言逆耳利于行，良药苦口利于病。”逆耳的忠言我们可能不太喜欢听，但它们却像一盏盏指路的明灯，指引我们走向正确的道路。没有逆耳忠言相伴的人生，是可悲的；拥有逆耳忠言却不懂珍惜的人，是可怜的。所以应感谢逆耳忠言，正是因为有它才能造就自己的点滴成功！

4. 小不忍则乱大谋

“小不忍则乱大谋。”人要忍耐，凡事要忍耐、包容一点，如果一点小事不能容忍，脾气一来，就会坏了大事。

忍者有心

从会意的角度来分析“忍”字，很形象地说明忍字的艰难，忍耐的过程如一把尖刀插在心头。能做到这一点，才能真正“忍”到底。所以，“‘忍’字头上一把刀”成了人们经常挂在嘴边的一个俗语，用它来提醒人们做人必须学会忍耐，不善“忍”的人也必成不了大器。

生活中，我们无时无刻不需要忍耐。同学或朋友之间，因为别人对自己不好的评价，与之争吵，去证明自己，即使胜利了，你也可能会输掉做人应有的风度。那些无谓的争吵最终带来的不是发泄后的快乐，而往往给你带来的是更多的负面影响，它不仅仅使你的形象受损，而且使你的身心疲惫，心胸变得越来越狭窄，时时刻刻都会为小事去计较别人，而忽略了自己身上所具备的种种缺陷，不知改正。如果你有这种缺点，不妨从现在开始学会忍耐。一个善忍耐的人将会赢得别人的尊重，更会获得最后的成功。

忍耐是事业成功的奠基石。能够吃苦耐劳、忍饥挨饿，能够在恶劣的环境下求生存，才能战胜敌人，壮大自己。红军在长征的时候，爬雪山、过草地、吃野菜，避开了敌人的围追堵截，最后取得了长征的胜利。红军在艰苦中忍耐，在艰苦中磨炼了意志，在艰苦中强化了队伍。

忍耐是构建和谐社会的调控器。有人群的地方，就会有矛盾。人与人之间应互相尊重，互相谅解，同时，更应相互忍耐，不要因为鸡毛蒜皮的小事而斤斤计较，常记“忍得一时之气，免得百日之忧”和“退一步，海阔天空”的警句。忍耐告诉我们，不要因小失大。一个人在流言蜚语面前，在受到不公正待遇的时候,尤其是在身处逆境的时候,更要学会忍耐,要相信乌云总是遮不住太阳的,是金子放在任何地方都会放光。忍耐,会把人与人之间的关系处理得更融洽。

忍耐不是弱者的音符,它是强者的形象。忍耐,是一个人追求理想、目标的具体表现。忍耐,需要的是耐得住寂寞,能够抵抗各种诱惑,对理想信念永远不动摇。忍耐与成功相伴。

非洲的一位国家元首曾经问邓小平有什么好的治国经验,邓小平说了两个字:“忍耐”。

儒家与道家都强调忍耐的重要,只有忍到最后一刻才会有意想不到的变化,才有希望看到转机。或许你仍在向往一帆风顺,可是却在面对曲折的人生。其实所谓的一帆风顺只是对自己心灵的一种安慰而已,要坚信唯有奋斗不息才能成为命运的主人。而在这一步步的努力中,你必须学会忍耐。

忍耐是沉默,而功亏一篑都是因为不懂得忍耐的真正含义,坚忍不拔地追求并排除万难有所超越才是忍耐的外延。

实际上,忍耐是一种酝酿成功的高超手段。虽然忍耐有可能错过一些小的机遇,但谨慎小心可以避免意外的发生,意外的发生不那么让人意外。忍耐实际上是一种动态的平衡,是一种形式的转换,不要被利益所陶醉,也不要因失去利益而悲伤。忍耐可以帮助我们排除烦恼,获得真谛。

“百忍成钢”,人生就像一个磨刀的过程,忍耐好比磨刀石,当心性修炼得清澈如镜,达到不以物喜、不以己悲的境界时,那就是我们历经千锤百炼的“忍”炼成之时。

成大事者必为善“忍”之人

“忍”字在中国有讲气节的意义。所谓宁为玉碎,不求瓦全,看似隐忍了一时的落败,却是保全做人的气节。因此有“含辛茹苦”、“忍气吞声”、“负荆请罪”、“大丈夫能屈能伸”等委曲求全的做人典故。以至有“十年寒

窗为苦读”、“不鸣则已，一鸣惊人”等看似昂扬的励志故事。“忍”字有积极向上的意义。

在中国历史上，因为善“忍”而成大事者不计其数。

春秋战国时期，越王勾践被吴王夫差降伏，勾践佯装称臣，为吴王夫差养马，吴王患病，勾践亲口为其尝粪，获得信任，被放回国。回国后的勾践体恤百姓，减免税赋，并和百姓同吃同住。他还在头顶挂上苦胆，经常尝苦胆之苦，忆在吴国所受的侮辱，以警示自己不要忘记过去。经过十多年的艰苦磨炼，勾践以“忍”终于一举灭吴，实现了自己的抱负。

诸葛亮六出祁山时，司马懿采取拖延战术久不出兵。诸葛亮派人向司马懿送去一套女人服装，并递信一封，大意是说：“你如果不敢出战，便应恭敬地跪拜，接受投降；如果你羞耻之心还没有泯灭，还有点男子气概，便立即批回，定期作战。”司马懿的左右看后，非常气愤，纷纷请战，但司马懿却坚守不战。不久诸葛亮因积劳成疾而死，司马懿以“忍”不战而胜。

“世上无难事，只怕有心人。”忍耐是对成功充满信心的表现。成功之路是崎岖的，它不可能是畅通无阻的康庄大道。成功者的特长之一，是善于处理前进中的障碍，有坚忍不拔的忍耐性。“成功者是沿着失败而前进的”，所以“失败是成功之母”的哲理意味深长、发人深省。

在人生中，不尽如人意的事时常会发生，每个人都没有悲观的必要，失败乃是成功必经的过程，关键要有决心和忍耐。昨天或今日的失败，并不意味着明天的结局。吸取失败与错误的教训，是自我教育和提高的有效途径。最怕的是那些犯了错误或失败的人一蹶不振地重复着过错，这将是人生的一大悲哀。因为如果没有了忍耐性，就会真正地成为失败者。有位成功的犹太人曾说过：“人生是试行错误的过程，不犯任何错误的人，是一无所成的人。”

犹太人面对失败、挫折，确立忍耐制胜的法则是：

对“失败”持正确、健康的态度，不要恐惧失败，要懂得失败乃是成功必经的过程，在忍耐中求取最后的胜利；

焦点不要对着过错与失败，应瞄准远大的目标，吸取自己的过错或失败的教训；

遇到失败时，千万不能气馁，要坚忍不拔，矢志不移；

发现此路不通时，要设法另谋他路，使自己顺应环境，适应潮流，而不是逞一时之气，一条道走到黑；

要善于伺机，巧于乘势，等待机遇。

心灵感悟

孟子说："故天将降大任于斯人也，必先苦其心志，劳其筋骨，饿其体肤，空乏其身，行拂乱其所为，所以动心忍性，增益其所不能。"这更是说明人生需要磨炼和忍耐。

忍耐是迈向成功之路的措施和手段，是一个成功者必备的素质。学会忍耐，我们就会看到成功的曙光；学会忍耐，我们就理解了奋斗的意义。

二、待人处世

1. 赠人玫瑰，手留余香

人们常说：当你赠送他人玫瑰的时候，你的手上也一定还弥漫着爱的芳香。这简短的字句之中隐含着一种对他人的友善、无私的给予和博大的关爱等高层次的快乐。它是对人类爱心的一种升华和提炼，它告诉世人在

关爱他人的同时自己也同样会收获喜悦和快乐。收获将以另外一种精神形式来得到,分享原来也是这样美好。

助人为乐更快乐

有个盲人在夜晚走路时,手里总是提着一只明亮的灯笼。人们很好奇,就问他:“你自己看不见,为什么还要提着灯笼走路呢?”盲人说:“我提着灯笼,既为别人照亮了路,同时别人也容易看到我,不会撞到我,这样,既帮助了别人,又保护了自己。”为别人点亮一盏灯,照亮了彼此的心灵,同样也帮助了自己,如此助人,何乐而不为呢?

有一个小男孩,和玩伴之间发生了摩擦,郁闷之时便跑进山谷,对着幽深的空谷声嘶力竭地高喊:“我恨你！我恨你!”话音刚落,幽谷马上传来一阵阵不绝于耳的“我恨你！我恨你！……”的凄冷回声。

孩子沮丧地回到家里,伤心地向母亲哭诉:“世界上所有的人都恨我。”母亲问明原委之后,不置可否地牵着孩子的手再次来到山谷。

“孩子,现在你对山谷说我爱你!”母亲轻轻地抚摸着孩子的头。孩子照着母亲的话做了。顷刻间,原本宁静无声的山谷,从四面八方传来了“我爱你！我爱你！……”的热情洋溢的回声。于是孩子便在这激动人心的场面中跳跃着,破涕为笑了。

这个故事形象而直观地向世人诠释了一个虽十分简单却极易被忽视的道理:若要被人爱,定要先爱人;以爱换爱爱无边,以恨换恨恨无涯。

在生活当中,我们也常常可以清晰地感受到,当你把一份关爱传递给他人的时候,自己的内心也常常会留存着一份欣慰和感动。相反,如果你把一份憎恨给予了他人,自己的心中也同时会长久地遍布着阴郁。

一天当中,如果你带着笑容迎来曙光,那么这美丽的笑容便是你为这新的一天送上的第一枝玫瑰,之后的好心情,便是留在手中的第一缕余香。见到第一个人的时候,送给他的一声发自内心的问候,是你送出去的又一枝友善的玫瑰,而对方同样友善地回谢,便是你一天当中留存于手中的又一缕余香……就这样，当你用平和、友善的心态面对生活中的大大小小的事物时，你会发现，在你慷慨奉献心中“玫瑰”的同时，留存于手中的余香也已经可以把你整个人环绕。

在生活和工作中，你与君子相处，你便容易具有君子之风，这些影响都是潜移默化、不露声色的。一个人如果从小成长在嫉妒的环境中，他就学会了贪得无厌；成长在充满恐惧的环境中，他便学会了忧虑害怕；成长在充满呵斥、挑剔的环境中，他便学会了谴责和吹毛求疵。反之，如果这个人成长在充满宽容的环境中，他便学会了大度与忍耐；成长在充满鼓励、赞美的环境中，他便学会了自信与赏识他人；成长在分享、友善的环境中，他便学会了慷慨与热爱生活。“如果你想把阳光播撒在别人心里，你自己的心里应先要布满阳光。”也可以说，一个人心里充满着什么，就容易带给别人什么。

我们可以观察一下我们周围的人，一个快乐的充满阳光的人，他一定是一个助人为乐的人，他一定是一个心底坦荡、虚怀若谷的人。反之，一个不快乐的人，他一定是一个自私和抱怨别人的人。如果把我们的祝福、我们的微笑、我们心爱的东西，把别人需要的物品，把我们能够给予别人的给他，把我们的快乐与他人分享，他们一定会非常开心，他们开心了，我们就会更快乐！

独乐乐不如众乐乐

“独乐乐不如众乐乐”语出《孟子》：“独乐乐，与人乐乐，孰乐？”其意思是一个人欣赏音乐的快乐不如和众人一起欣赏音乐所得到的快乐。分享快乐是人生的一种境界，更是一种素质。与人分享快乐，能使别人更快乐，自己也快乐。

一个自私的人是不可能有真正的快乐的，更别说自己去感受快乐的真谛了。怎样的人才是快乐的呢？那就是会和他人分享快乐的人。我们都有心情低落的时候，可是当这种状态开始蔓延时，你可以去和你的朋友交

流，从他们成功和快乐的言谈中获得快乐的因子，从而冲淡自己的不快乐。当自己有了快乐后要主动和朋友分享，这样自己的快乐将会得到放大，朋友在体会你的快乐的同时也会产生一种被重视的感觉，从而使自己和别人的相处变得更为融洽。学会分享快乐，还可以使你对于人生的认识得到提升。

当你与他人分享快乐的同时，你一定会感觉与他人的距离也开始拉近了。因为每个人的心目中都有一条渴望快乐的长河，快乐的兑现可以换回很多很多宝贵的东西，所以这里又称快乐是张无限大财富的支票。

生活需要快乐，更需要学会怎样去分享快乐。只有懂得怎样去使他人快乐的人，才是真正明白快乐存在的意义的人。我们都希望自己是快乐的，要怎样做才能使自己快乐呢？那就是：把快乐带给别人，把笑意永远留给那些等待着幸福降临的人。唯有这样，你才能比别人活得更加快乐和充实。

生活本是一首动听的乐章、一幅多彩的图画：同学成功发表了一场演讲、邻居的文章发表了、朋友收到了学生的一张贺卡。诸如此类的值得快乐的事情太多太多了。但面对别人的快乐与成功，人们的心态千差万别：有的快乐着别人的快乐；有的嫉妒着别人的快乐；还有的怨恨老天不公，毕竟这快乐没有降临到自己的身上。仔细想想，无论是怨恨还是嫉妒，都是在拿别人的快乐惩罚自己！聪明的人则是与别人一同分享快乐。

分享意味着没有心与心的隔阂，彼此坦诚以待，那是一种心与心的交流。学会分享快乐吧，因为快乐是可以传递的，就像耕作一样，你播撒的种子越多，收获也就越多。

心灵感悟

与人分享，便是以自己小小的喜悦去点亮另一个人或另一些人的喜悦，因为与人分享快乐的过程就是放大自己快乐的过程。也许，在当今的世界上，只知索取，不知奉献的人并不罕见，但是如果每个人都在认知了送人玫瑰手留余香的道理之后，率先从自我做起，先行将关爱送给他人，那么，一个洋溢着友善、关爱的和谐世界的出现将不会只是个童话。

2. 严于律己，宽以待人

"严于律己，宽以待人"。律己宽人是中华民族传统美德之一，是一个人具有很高素养的标志。《增广贤文》中有这样一句话"以责人之心责己，以恕己之心恕人"，意思是说，以严格要求别人的态度要求自己，以宽容自己的态度宽容别人。中国还有一句谚语"人和万事兴，大度聚群朋"，意思是说，人与人之间团结和睦，齐心协力，事事就兴旺发达，心胸开阔、豁达的人，才能广交朋友。

己所不欲，勿施于人

子曰"己所不欲，勿施于人"，意指自己不想要的东西或不想做的事情，切勿强加给别人。孔子所强调的是，人应该宽恕待人。

我们提倡在人际交往中要做到律己宽人，就是指人们在自己的一言一行中注意遵循一定的道德准则和行为规范，严格要求自己、约束自己、修养情操、完善品德，用宽宏大量的胸怀对待他人。人们生活在社会之中，每时每刻都要同周围的各种人和事物打交道，只有具有顾大局、识大体、忍辱负重、不计较个人得失、严守法纪、严格要求自己、胸怀坦荡、宽以待人等高贵品德，才能使我们的社会真正和谐。在大力弘扬中华民族传统美德和进行社会主义精神文明建设、创造和谐社会的今天，我们更要注意养成律己宽人的品德，要从我做起，从小事做起。

古人云"律己宜带秋风，处世宜带春风"，意思是说，要求自己须如秋风一般严厉，与人相处要像春风般温暖和煦。《增广贤文》又曰："以责人之心

责己，以恕己之心恕人。”它劝诫人们对人要宽，对己要严；不计较他人，不放纵自己。这是一种境界、一种情怀、一种豁达。与人交往，应讲究和谐，当人与人之间发生矛盾、产生分歧时能以律己之心自责，以宽容之心待人，就能化隔阂为理解，化矛盾为友谊，人和人就会和谐相处，事业就会兴旺发达。

一个人不论在工作还是生活中，不能只知责备别人，总去找别人的不是，而应该多看看自己身上的缺陷，多在自己身上找问题，切不能掩盖自己的不足，这才是正确反省自己的方法。要把眼光放开一点、放宽一点。任何时候都应该明白，好多人都比我们强，好多的事情我们都应该审视自己，应该相信别人。相信别人，给别人以空间、信任，到头来就是帮助了自己。

我们做任何事情，处理任何问题，都能有“严于律己，宽以待人”的胸怀和诚恳的态度，我们的社会又何愁不会和谐呢！

一个人最难战胜的敌人是自己，俗话说“金无足赤，人无完人”。人性的缺点其实很多，比如懦弱、畏惧、瞻前顾后、患得患失、处事优柔寡断等。谁也无法保证自己不会出错，出错时，谁都希望得到别人的宽容和理解，人心都是相同的。所以，还是要记住那一句话——己所不欲，勿施于人。想想自己都不太做得到的，何苦去为难人家去做呢。

对己严，对人宽，这是搞好人际关系必不可少的。严于律己，就是要高标准严格要求自己，时时注意不去伤害别人，出现问题时主动承担责任，发生口角时主动进行自我批评，大事当前把方便让给别人，有困难力争靠自己的力量来解决。宽以待人，就是要能够忍受各种误解和委屈而毫无怨恨之心，以德报怨，而不计较别人以怨报德。

与人打交道，总会出现如何要求别人、如何对待自己的问题。待人与律己的态度，可以充分反映一个人的修养，这也是决定他能否与人很好地相处的重要因素。中国自古就有的“君子宽以待人，严于责己”的处事方法是非常可取的。以宽容态度待人，是以理解为基础的，以客观的态度给人以评价，会使我们从别人身上看到自己所没有的优点，又能使我们对别人的缺点；错误抱有一种善意的态度，给予充分的谅解，这是一个人有知识、有修养的表现。

这种严于律己，宽以待人的态度，是人际交往中的“润滑剂”，可以减少生活中许多不必要的摩擦和纷争。如果总是戴着有色眼镜看人，看这也不顺眼，看那也不合适，思想感情与他人格格不入，一言不合就“针尖对麦芒”，那么一句话、一件微不足道的小事，都可能闹得不可收拾。俗话说“心底无私天地宽，人到无求品自高”，事实证明，一个人只有跳出个人的圈子，才能严于律己，宽以待人，才能在正确的交往中提高自己的道德水平。

怎样学会宽容他人

《菜根谭》里有一句话：“人之过误宜恕，而在己则不可恕；己之困辱宜忍，而在人则不可忍。”意思是说，对别人的过失和错误应该多加宽恕，可是对自己的过失和错误却不可以宽恕；自己受到屈辱应该尽量忍受，可是别人受到屈辱就不可麻木不仁。

宽容是中华民族的传统美德，也是当代人必备的道德品质；我们的生活需要相互宽容，每个人都需要学会宽容、善待他人。什么是宽容？中国有句古话：“海纳百川，有容乃大。”雨果则说：“世界上最宽阔的是海洋，比海洋宽阔的是天空，比天空更宽阔的是人的胸怀。”

宽容会带来快乐。多一些宽容，人们的生命就会多一份空间，多一份爱心。宽容是幸福之源。多一些宽容，人们的生活就会多一份温暖，多一份阳光。

宽容是忘却。人人都有痛苦，都有伤疤，动辄去揭，旧伤未愈，又添新创，旧痕加新伤就更难愈合。“渡尽劫波兄弟在，相逢一笑泯恩仇。”忘记昨日的是非，忘记别人先前对自己的指责和谩骂。即使是别人在感情上背叛了自己，也并非不可容忍，能够承受背叛的人才是最坚强的人。若心存报复，自己所受的伤害会比对方更大。

宽容是忍耐。同伴的批评，朋友的误解，亲人的反目，过多的争辩和

"反击"都不足取,唯有冷静、忍耐、谅解,让时间来证明自己的正确。从心理学角度来看,任何的想法都有其来由,任何的动机都有一定的诱因。生活中有许多事能忍则忍,当让则让。忍让和宽容不是怯懦胆小,而是一种坚强,是人生的一种智慧,是建立人与人之间良好关系的法宝。

古代有位老禅师,一天晚上在禅院散步,发现墙角有一张椅子,知道晚上一定有人偷偷越墙出去游玩了。老禅师搬开椅子,蹲在原处观察。不久,一位小和尚翻墙而入,在黑暗中踩着老禅师的后背跳进了院子。当他落地的时候才发现踩的不是椅子而是自己的师父,小和尚惊慌失措。老禅师并没有厉声责备他,只是以平静的语调说:"夜深天凉,快去穿件衣服。"小和尚感激涕零,回去后告诉其他师兄弟,从此再没有人夜里越墙出去闲逛了。

宽容是对人对事的包容和接纳。宽容是一种高贵的品质,更是一种宽广的胸怀。在生活中我们每个人都应该拥有宽广的胸怀。有大的胸怀,才有高的境界;有高的境界,才能干大的事业。宽容是我们自爱、自信的表现。

我们每个人在生活、工作中,都得接触社会与家庭,难免会发生矛盾,出现这样或那样的失误与差错。在这时,如果没有宽容,你不让我,我不让你,很容易引发家庭或同事间的矛盾。在同事、邻里中,为一些意见上的分歧、工作上的摩擦、利益分配上的不公、语言上的过激、礼节上的不周,甚至是为一点鸡毛蒜皮的小事而闹得鸡犬不宁、大动干戈实在不值得。宽容待人,就是在心理上接纳别人,理解别人的处世方法,尊重别人的处世原则。我们在接受别人的长处之时,也要接受别人的短处、缺点与错误。总之,要能容人。

有许多事情,当你打算用愤恨去实现或解决时,你不妨用宽容去试一下,或许它能帮你实现目标,解决矛盾,化干戈为玉帛。切忌得理不让人,而要得饶人处且饶人。

心灵感悟

懂得宽容的真谛，你会忍一时之辱，负一时之重，在怨恨的地方播种友爱，在伤害的地方播种宽恕，在怀疑的地方播种信念，在绝望的地方播种希望，在黑暗的地方播种光明。

无论是对别人还是对自己，当可以宽容时，就多一些宽容吧，为了他人，为了自己，也为了社会。相信在更多的宽容中，我们的社会将会变得更加和谐，更加美好；我们的生活将会变得更加轻松，更加快乐。

3. 常怀感恩之心

感恩之情是一个人应常常持有的一种情感，我们每天享受着大自然无私的馈赠——大千世界千变万化的景色和赖以生存的环境，从小到大沐浴着父母的关爱、朋友的友情、老师的辛勤栽培……这些都是我们感恩的理由，就算是生活中遇到的不可避免的逆境和别人的敌对也无不是对人生的一种磨炼和启发，这些更是我们需要感恩的理由。总之，感恩之情是滋养生命的源泉，是快乐人生的根本。如果我们每个人都怀有一种感恩的心态，那么这个社会就会变得更加和谐、更加亲切，我们自身也会因为有这种积极的心理而变得更为愉快和健康。

感恩就是幸福

我们每个人从小到大，无不是在爱的环境中成长起来的。如果这个世界没有爱的存在，那么社会或许早就变成了地狱，正是因为爱的不灭，才有我们幸福的生活。我们在有意无意中接受了别人的爱的馈赠，那么我们就要懂得怎样去回馈自己的爱，无论是对父母、老师、同学、爱人或者一个不知名的陌生人。

对生活怀有感恩之情的人，心态是平和的，心情也总是愉快的，即使遇上再大的灾难，也能挺过去。常怀感恩之心的人，即使遭遇挫折，也很快会战胜挫折，而那些常常抱怨生活的人，他们总是身在福中不知福，即使遇上了福，也不会认为那就是福，他们是无法从其中体会到快乐的。

在“与成功者对话”的论坛上，一位听众请教台上的企业家——“您觉得一个人成功的秘诀在什么地方?”企业家告诉在座的各位听众:“保持一颗感恩的心。只要你对人对事对物保持一颗感恩的心，你就一定会成功。”这段看似平凡却蕴含着哲理的话赢得了经久不息的掌声。

在现实生活中，有一些人整天牢骚满腹，怨气冲天，总认为这不如意，那不如意，甚至认为总是别人欠他的，社会对自己不公正。在这种偏执的思想左右下，他无法感觉到社会和别人为他所做的一切。一位著名的哲人说过，世界上最大的悲剧和不幸就是一个人大言不惭地说:“没人给过我任何东西。”

每个人都明白自然界里存在着生物链，生命的整体是相互依存的，任何生物都不可能不依赖于别的生物而存在。无论是父母的培养还是师长的教诲、朋友的关爱、他人的帮助或是大自然的赐予……人自从有了生命，便沉浸在恩惠的海洋里。一个人真正明白了这个道理，就会感恩于生命中拥有的一切。

其实，幸福是一种个人的感觉，一个人只有当他自己觉得幸福的时候，他才会感觉到自己存在的意义和价值，才能感受到自己的强大，才会主动地回馈或施予自己的爱。如果一个人体会不到幸福，他永远也不会懂得真正的幸福所在，这样的人谈不上感恩，也不懂得回报。做一个幸福的人，做一个无私的人，做一个坚持感恩、懂得回报的人。这样的人才是一个趋于完美的人。

学会感恩，以德报怨

学会感恩是一种健康的心理，是一种良好的为人处世的标准。在生活中我们会遇到种种的不公，遭受厄运的打击、别人的恶意诽谤和中伤。怎么样看待它们得需要勇气，需要良好的心态。其实，从挫折的另一方面想，正是因为有了这些不利的因素，生命才会变得更有韧性，意志得到了磨炼，难道这不是生活的一种馈赠吗？所以，面对挫折，你仍旧要以感恩之心来对待。

人的品质良莠不齐，相处的方法也要因人而异。遇到奸吝小人，要用诚心来感化他；遇到残暴之人，用和气来熏陶他；遇到贪得无厌的人，用廉耻来警醒他；遇到倾邪私曲的人，用仁义来激励他。如此，无论走到哪里，好人缘总是相随左右。当然，如果你没有感恩之心，没有以德报怨的思想的话，要做到这一点很难。

从为人处世之道来说，能达到左右逢源的境界，非得有大爱之心不可。感恩之心会促使你为人之所不能。当你遇到刚毅的人要提醒他柔和，对怯懦的人要激励他坚强，对充满怨恨的人要开导他，对恐惧的人要安定他，对处于危险的人要解救他，对有困难的人要帮扶他。只要你怀着感恩之心，懂得馈赠于人，你的品质也会随你的行动趋向一个更为完美的境界。

社会是由人组成的，人与人之间能通过各种形式的交往形成各种关系。随着时间的推移，人与人之间不可避免地会产生“恩”与“怨”。当人受人恩惠时会心存感激，并且所受的恩惠越大，感激之情越深。然而，时过境迁，别人可能会对自己对他的恩惠淡忘以至完全抛之脑后了。当你意识到这一点时，你可能会产生怨恨之心，甚至念念不忘，产生报复之心。如此，人间恩怨不能了。这种情况不加阻止的话，久而久之，很可能会产生恶果。所以，为人处世的好办法就是：记功忘过，报恩忘怨。

隋炀帝时，郡丞李靖最早发现李渊有图谋天下之意，他再三检举揭发。李渊灭隋后要杀李靖，李世民极力反对，并再三要求保他一命。后来，李靖驰骋疆场，征战不疲，安邦定国，为唐王朝立下了赫赫战功。

魏征曾经煽动太子李建成杀掉李世民。李世民同样不计旧怨，量才重用，使魏征深觉“喜逢知己之主，竭其力用”，魏征也为唐朝立下了丰功。

王安石当宰相时，因苏东坡与他政见不合，借故将苏东坡降职减薪，贬官到黄州。然而，苏东坡胸怀大度，根本不把此事挂在心上，更不念旧恶。当王安石罢相后两人关系反倒好了起来，苏东坡不断给隐居金陵的王安石写信，或共叙友情、互相勉励，或讨论学问，非常投机。

关于与人相处的方法，有人认为对待君子容易，对待小人困难，对待有才能的小人尤其之难，对待有功劳的小人更是难上加难。既然如此，我们不妨换一种心态和方法处事，对这种人用以宽大之心、浑厚之法，岂不是能让问题迎刃而解，达到海阔天空的境界？佛家有一句话是经典——“放下屠刀，立地成佛”，有的人早晨是小人，晚上转念就可能成为君子了。以发展的眼光看人、对事，以包容之心处理问题，还有什么事情不能解决呢？

心灵感悟

滴水之恩，当涌泉相报。不知感恩的人，不能享受到拥有的一切给我们带来的快乐，更不会心存感激。不知感恩，无法得到更多想要的东西，例如，快乐感、幸福感、良好的人际关系等。只有懂得感恩的人，才会主动对别人回报、施赠，才会从中体会到无上的幸福和成就。

4. 远小人，亲君子

“害人之心不可有，防人之心不可无”这句话出自洪应明的《菜根谭》。我们决不要有害人的心思。但是人心难测，须多个心眼，不轻信于人，以免上当受骗。

英国教育家约·柯林斯说：“不要信任那些逢人尽说好话的人。”

为什么防人之心不可无呢？因为大千世界里并非处处是真诚，也有虚情、诱骗、奉承，并非人皆君子，也有小人和骗子。

对于诱导之言，必须小心提防，不可轻信。凡是诱导，要么编出一番大道理,貌似公允正确;要么说得娓娓动听,话往人心里去说。虚假广告是诱导,常利用一些名人所谓的现身说法诱人相信,也会编造一些用户的所谓证言来打动人心。市场上的“托儿”是诱导,他们制造轰轰烈烈的抢购气氛,诱人上钩。诱导者总能摆出振振有词的架势,或抬出名人、专家,或引经据典,所以颇具欺骗性,特别容易欺骗那些处世不深、文化不高、孤立无援的弱者。

虚情容易使人轻信,因为虚情者的话好听入耳,表面上态度又十分热情,对于十分需要情感帮助的人最具诱骗力。一些急于需要摆脱困境的人,往往不会拒绝帮助,所以头脑中丧失了警惕。虚情假意、投其所好,似一把软刀子,似一针麻醉剂,常常使人在甜言蜜语中上当受骗。正因为虚情假意者装扮巧妙,具有一定效力,所以更应当提防。

奉送“高帽子”,也易使人轻信。奉承使许多人感到舒服,头脑被吹得晕乎乎的,几乎分辨不出真假善伪。通常人们之所以喜欢高帽,是因为我们每个人都渴望被肯定和被赞美,而高帽正好迎合了人们的这种欲望。一则寓言警告人们不要轻信奉承——乌鸦因为轻信了狐狸的奉承,丢掉了自己的干奶酪。

幼稚易于轻信,无知易于轻信,诚笃也易于轻信,绝对的信任会成为滋生欺骗的土壤。古罗马悲剧作家塞内加说:“什么人都信任或什么人都不信任都是不对的。”怀疑一切人,心理太阴暗;相信一切人,心理又太过于天真。在你信任一个人之前,先要深入地了解他。没考察就先别信任,因为笑里藏刀的事是常有的。

轻信助长欺骗的完成,又与欺骗一起使社会产生信任的危机。欺骗如杂草,轻信如泥土,铲除杂草,信任之花才会开得鲜艳,挖掉泥土,欺骗之草便不会生长。欺骗的孕育与完成的一个重要基础是由于存在轻信的泥土,谁让你没有防人之心呢。

世界上的人和事太复杂,真诚与谎言并存。最好的办法是勿轻信,多分析。

心灵感悟

轻信是一种人性缺点，尽管它不害人，但却危及自己、危及事业，又使施骗者的阴谋得逞。轻信原本是出于善意，出于信任，但一方对另一方的轻信，其结果是通过质的变化而远远超过轻信者的本意——变成一方对另一方的欺骗。所以，轻信的结果，是欺骗的完成。

5. 正确对待是与非

人们经常纠缠在“谁对谁错”这一是与非的问题上，因为这个问题而苦恼、争论、争执，最后导致矛盾。其实，世上许多事物的对与错很难做出准确的考量，即使费尽心思，也不一定能有所收获。因为立场不同，看问题的角度不同，就会对一个事物有不同的判断。每个人由于阅历、背景、知识水平、对事物的认知程度等诸多的不同，对一个事物总是有着自己的评价标准。

是非成败转头空

在这个世界上没有绝对的事情，关于“是非”也是如此。从问题的一个方面来看，可能是积极肯定的，也就是所谓的“是”；从另一个方面来看也许会发现截然不同的“非”。事物是在不断发展和变化的，“是”与“非”的位置也将不断替换、融解、变化。

一般来说，我们所关心的“是”与“非”更多地体现在与人相处的问题上。人们都有一个习惯，喜欢以是非对错去判断一个人或者某件事情，当两个人出现矛盾时，尤其是这样。然而，对与错很难有一个精准的评价标准。所谓的判断，也有很多是出于倾听者——第三方——自己的考虑、自己的观点、自己的标准，于当事人的所作所为并不一定贴切、稳妥，所以最终也难以分出谁对谁错。至于谁对谁错，还是让当事双方自己去理解、化解、体会、消化。

真正的智者，不会花尽心思去评判自己的对与错、是与非，因为事实最终会证明一切，浪费大好时光，费尽心机去表白自己的是非曲直是没有实际意义的。因此，在面对是非与对错时，应该冷静，学会放下，积极地着手自己下一步的事情，而少参与争论和争执无谓的对与错，更不必去传播无法判断的是与非。其实，对是与非的处理及认识标准也正表明了一个人的修养。

在我们的生活当中，尽管自己并不参与制造是非，但总是避免不了与那些爱搬弄是非的人打交道。那些有此癖好的人最常见的做法，就是爱说别人的是非闲话，即所谓的搬弄是非，挑拨离间。大部分都是好的说成坏的，坏的说成好的；真的说成假的，假的说成真的。有人说："谎言说了30次，就变成真话。"是非说了多次，就不成是非，是非难有真相。

搬弄是非的人正是蒙蔽真相的人。这类小人欺上瞒下，蒙蔽真相，让有才能的人怀才不遇。过去的奸臣、佞臣，都喜欢蒙蔽真相，最后致使国破家亡，遭世世代代后人唾弃。挑拨离间又是团结的敌人，假如有几个人经常喜好搬弄是非，挑拨离间，本来一个和谐的团体，就因为他们从中挑拨，一池清水被撩动，自然会浑浊不堪。

如果有人在你面前搬弄是非，你要有清醒的头脑，切不可让自己变成那种喜欢别人谄媚逢迎的人，那样是很危险的。

佛说：人世间其实没有对和错，只有善与恶。这句话真是至理名言。

远离是非

古往今来，人群中因有了搬弄是非的人而经常产生矛盾。这种恶果让群体失去了团结，失去整体与个人的利益。那些搬弄是非的人往往潜伏在人群中间，因为个人私利而不惜伤害他人，这种人注定不会得到大家的认可和接纳。他们永远只是在小范围里活动，并且随着其恶行的加深，总有

一天会被人驱逐和排斥。

孔子说过:“君子周而不比,小人比而不周。”意思是说:君子普遍团结人而不只是和少数几个人亲近,小人只和少数几个人亲近而不普遍团结人。

雷锋说过:“一滴水只有放进大海里才永远不会干涸,一个人只有当他把自己和集体事业融合在一起的时候才最有力量。”我们每个人从来就是社会的人,不会孤立存在,个人的发展要靠大家的帮助。集体的力量永远不可忽视,珍爱自己的团体,不做是非小人,才能让自己的力量壮大起来。列夫·托尔斯泰也说:“一切使人团结的是善与美,一切使人分裂的是恶与丑。”

不搬弄是非,不做挑拨离间的“小人”,便是成就人中君子的第一步,但这对于个人在社会中发展的要求来说是远远不够的。因为,在你的一生中不可避免地会与这种“小人”打交道,那么,怎么样使自己不被“小人”暗算,如何对付这种“小人”呢?

首先,对这种“小人”得有充分的认识:这种人往往志大才疏,比不过你,于是就在背后有意无意地贬损你,添油加醋地议论你的短处。当你听到他在背后议论你时,千万不能找人与他对质。如果偶尔为之,你则不必与他计较。如果愈演愈烈,你就直接找到他,非常诚恳地向他征求意见:“你对我有什么不满意吗?请当面告诉我。”他就知道你已听到他的背后议论,知道你对他不满意,从而会收敛许多。如果再遇此情况,你还这样处理,直到他彻底闭上嘴。

搬弄是非的人成事不足败事有余。你要谨言慎行,不要让他抓住把柄,和他保持一定距离。你要通过自己的人格魅力取得别人的信任,和所在学校的同学建立起比较牢固的关系,这样他就没有发挥的市场了。

背后议论别人是一种不道德的行为。对这样的人要“敬而远之”。当对方谈论他人时,可以先顺着对方的话语,谈这个人确实存在的缺点,然后再谈谈他许多的长处,从而形成一个正确的结论。如果有些人搬弄是非的恶习已成为其性格特点，那么你就干脆别理睬他。

面对这些搬弄是非、爱传闲话的人，最好的办法就是远离他们。另外，管好自己的嘴，做到不参与，也可以告诫在你面前说别人是非的人你不喜欢聊别人的私事，也不喜欢听，如果没有什么闲人好奇地听，说的人也会没有“市场”。

要是这种搬弄是非的人得寸进尺，对你的生活和工作产生了不良的影响，那就不能姑息，可以在众人面前说出事实真相，或者与他对质，叫他不能自圆其说，当众揭穿，给大家一个真相，还自己一个清白。影响太严重的，还可视情节诉诸法律，给其以应有的惩戒。

听到闲言碎语，要保持一个好心态，不要因此影响自己的快乐，干扰自己的健康心理，不能用别人的无聊、搬弄是非传来的话惩罚自己的心情，无论听到的是什么，自己要冷静，不要上当。因为有些无聊的人就喜欢四处窥探别人的隐私，打听小道消息，然后经过加工到处传播；这种人看到别人开心他会郁闷，看到别人取得成绩他嫉妒，看到别人幸福他难受，不弄点是非他就感觉很寂寞。

搬弄是非往往会使某些精神空虚的人感到满足，其实这是一种不自信的表现，而且搬弄是非的人往往通过“听众”的认可来稳固自己的市场，哗众取宠。

遇到搬弄是非的人，要提防他，不要理他，要鄙视他、可怜他、远离他，一个人最大的悲哀莫过于不愿意做真实的自己。

心灵感悟

古人说：“察见渊鱼者不祥，智料隐匿者有殃。”没事总是打听别人的隐私，遇着一个大度的人，别人可能不理你；遇上一个心胸狭窄的人，别人可能会记恨你，跟你过不去，最后有可能酿成大祸。不论生活还是事业抑或是与人交往，只要做到自己问心无愧、远离是非、活得健康、活得快乐、活得心安就好。

6. 嫉妒是友谊的毒药

嫉妒是一种最为普遍的心理表现，只不过这种心理是不正常的、卑劣的。它总会发生在那些心地阴暗、内心自私而狭窄的人身上。准确地说，嫉妒也是一种心理疾病，只不过不被人普遍关注而已。经常嫉妒别人的人首先不具备一个良好的人际关系环境，更不会感到快乐。所以，对于那些爱嫉妒的人来说，立刻摒弃嫉妒心理是当下最为重要的，否则害人也害己。

嫉妒之心害人害己

嫉妒其实是一种难以公开的阴暗心理。在日常工作和社会交往中，嫉妒心理常常发生在一些与自己旗鼓相当，能够形成竞争的人身上。

善妒者总爱和别人攀比，逢事唯恐落后于别人。看到别人超过自己，不从自己身上找原因，不思进取，反而怨恨别人有本事，恨别人比自己强。妒火中烧，往往使人头脑发昏，丧失理智，甚至堕落到极其卑劣的地步。嫉妒就像一股祸水，不知要贻害多少人。

卢梭说过："人除了希望自己幸福之外，还喜欢看到别人不幸。"这句话不仅道出了人类易嫉妒的心理，对一些人幸灾乐祸的描述更是一针见血。

嫉妒源于私心，如果真正有一颗无私的大爱之心，能全面地考虑问题，嫉妒之心又从何而来呢？如果人能真正做到仁爱、宽厚、杜绝嫉妒心理，你周围的人也会为你的高尚而由衷感到喜悦，并能以"见贤思齐"来要求自己、勉励自己。不嫉妒他人，不仅会激励别人，更能培养自我。

荀子说："君子以公理克服私欲。"孔子说："君子明于道义，小人明于势利。"义，是天理所应实行的；利，是人情所应思索的。君子根据天理行事，便没有人欲的私心，所以能爱人；小人放纵私欲，不明天理，所以嫉恶别人。

嫉妒是一种慢性"毒药"，可以使人不辨是非。对人无端生怨，对己则

身心俱损。嫉妒是产生“恶毒仇恨、无名之火”的重要根源。嫉妒会杀了自己，也会毁了他人。

许多成功者的座右铭是“我永远是个小学徒。”他们追求理想总像童年那样执着单纯，他们追求成功但绝不嫉妒比他们更成功的人。也许他们成功的奥秘也正在于此。

各方面条件与自己相同或不如自己的人居于优位，自己所厌恶或轻视的人居于优位，与自己同性别的人居于优位，比自己更高明的人居于优位，这些都是引发嫉妒的主要条件。如果本人无意加以比较，或认为自己无法达到那么一个高度，或者二者生活在不同层次的环境，或嫉妒的对象不在自己身边，或是通过艰苦努力得到的结果，嫉妒将不再产生。

所以，要克服嫉妒心理，首先要想到后果，认清危害性。只有这样才能坚决地杜绝嫉妒心理的发生。

其次，如果人一旦被嫉妒心理所困扰，难以解脱，一定要学会控制自己，不做伤害对方的事情。不妨使用转移法，将自己投入一件既感兴趣又繁忙的事情中去。

工作及社交中嫉妒心理往往发生在双方及多方，因此注意自己的性格修养。尊重和乐于帮助他人，尤其是自己的对手，这样不但可以克服自己的嫉妒心理，而且可以使自己免受伤害，同时不仅可以取得事业上的成功，又能感受到生活的愉悦，何乐而不为呢?

宽厚待人，远离嫉妒

知道嫉妒心理隐藏着巨大的危害性，就要想办法避免并克服这种心理的产生。其实，结合自己的个人实际情况，有意识地提高自己的思想修养水平，才是消除和化解嫉妒心理的直接方式。

罗素是20世纪声誉卓著、影响深远的思想家之一。他在《快乐哲学》一书中谈到嫉妒是这样说的:“嫉妒尽管是一种罪恶，它的作用尽管可怕，但并非完全是一个恶魔，它的一部分是一种英雄式的痛苦的表现。人们在

黑夜里摸索，也许走向一个更好的归宿，也许只是走向死亡与毁灭。要摆脱这种沮丧、绝望情绪，寻找康庄大道，人必须像他已经扩展了他的大脑一样，扩展他的心胸。他必须学会超越自我，在超越自我的过程中，学得像宇宙万物那样逍遥自在。”

在这里，给远离嫉妒开一道良方。

(1) 宽厚待人，做心胸宽广的人。

(2) 有自知之明，客观地评价自己。

当嫉妒心产生时，应积极主动地调整自己的意识和行动，从而控制自己的动机和情感。这就需要冷静地分析自己的想法和行为，同时客观地评价一下自己，从而找出一定的差距和问题。当认清了自己再评价别人，自然也就能够有所觉悟了。

(3) “快乐之药”可以使你远离嫉妒。

“快乐之药”可以使你远离嫉妒，说的是要善于从生活中寻找快乐，就像嫉妒者随时随地为自己寻找痛苦一样。如果一个人总是想：相比别人可能得到的欢乐，我的那点欢乐算得了什么呢？那么他就会永远陷于痛苦之中，陷于嫉妒之中。

快乐是一种情绪心理，嫉妒也是一种情绪心理。何种情绪心理占据主导地位，主要靠心态来调整。

(4) 少一份虚荣就少一份嫉妒心。

虚荣心是一种扭曲了的自尊心。自尊心追求的是真实的荣誉，而虚荣心追求的是虚假的荣誉。对于嫉妒心理来说，要面子，不愿意别人超过自己，以贬低别人来抬高自己，正是一种虚荣、一种空虚心理的需要。

(5) 自我抑制，是治疗嫉妒心理的苦药；自我宣泄，是治疗嫉妒心理的特效药。嫉妒心理也是一种痛苦的心理，当还没有发展到严重程度时，用各种感情的宣泄来舒缓一下是相当必要的。

当这种发泄还仅仅是处于出气解恨阶段时，最好能找一个较知心的朋友或亲人，痛痛快快地说个够，暂求心理平衡，然后由亲友适时地进行一番开导。虽不能从根本上克服嫉妒心理，但却能中断这种发泄朝着更深的程度发展。如有一定的爱好，则可借助各种业余爱好来宣泄和疏导。

心灵感悟

每个人都是社会的人，人际交往是必不可少的，营造良好的交往氛围可以优化个人发展的环境。嫉妒心理害人害己，它会成为一剂毒药，从而使人丧失友谊的温暖。克服这种不良心理，就要加强思想修养和心理认识。学习别人的成就和荣誉，将不利的因素转化为利己的因素，才能最终走向成功。

7. 外圆内方，刚柔相济

曾国藩说："做人，必须刚柔并用。只柔不刚的人，就容易萎靡；只刚不柔的人，就容易失败。刚不是残暴，不是严厉，而是自强；柔，不是软弱，不是无能，而是谦让。做人做事，需要自强；追求免得，需要谦让。"从这段话里可以看出曾国藩对老子的"柔弱思想"研究得很透彻。他在一生中，一直保持和推崇老子处世的法则。正是因为如此，在清代官场各种人事的倾轧下，曾国藩虽身居高位，依然能全身而退，全名而归。这正说明他处世的精妙之处。

方做人，圆处事

外圆内方是中国传统的处世哲学。千百年来，它指导人们要"方做人，圆处事"。

"方"指做人的原则与气节，是光明正大、明辨是非的高尚品格；"圆"指处事的方法和手段，是机智圆通、灵活老练的精妙技巧。

那些能在一生中取得成就的人,正是能巧藏“方”、外露“圆”的高手。人生的巧妙正在于将“内方”与“外圆”合而为一,即内心刚直,外表柔和,不张扬,不夸大自己,在心中“咬定”目标。学会“方中有圆做,圆外有方处事,方圆并举去灵动、智慧地谋取成功”。

做人做事为什么需要“内方”?“方”的直接意思是“直”,即内心那种敢于认定、求取人生目标,开拓行动等一系列的胆量、气度和决心。为了成就自己,不顾一切,宁直不弯,就能够在各种困境中挺立身体与人竞争。这种“内方”决定一个人究竟能做多大的事业,是成功的条件和资本。为什么有些人会被失败击倒,正是因为骨子里缺少这种“内方”的精神,缺乏挑战自我、挑战他人的一股气势。

做人做事还需要“外圆”。这是因为人与人之间总存在着许多微妙关系。难免会出现涉及大小利益的争夺,出现谋取名声的心理战术。在复杂多变的环境中,许多正直而明智的人为了维护人格的独立,不是锋芒毕露、义无反顾,而是有张有弛、掌握分寸,从而逐渐形成了“外圆内方”的性格。

然而,做人如果只圆不方,就显得过于圆滑了。方是人格的自立,是自我价值的体现,是对人类文明的孜孜以求,是对美好事物的坚定追求。

如果你成为敌对者的“靶子”,别人制造的种种障碍会使你难以成就自己的事业。如果出现这种情况,就说明你处世时不够“圆”。正是你的“方”过于外露才导致种种人生的困局。明白这一点,你就应该用含蓄,甚至用韬光养晦的方法去成就外圆之道。学会善于调控自己的言行,尽可能地把各种“摩擦系数”降到最低,在“人和”的气氛中做好自己的事,不必非得泾渭分明,一论高下。

刚柔并济,游刃有余

为人处世可方可圆才能避免走极端,走极端就会走向理想的反面。《易经》说:“日中则仄,月满则缺。”老子也说过:“用兵逞强就会招致灭亡,树林粗壮就会遭受砍伐。凡是强大的,总是处于下位;凡是柔弱的,反而居于上位。"这是"道"的最高原则的大智大用，也是"天地观"、"历史观"的大智大用。故人们将其称为"柔道"。我们把它用在谋略上，它就是"柔道"的谋略法则；把它用在处世上，它就是"柔道"的处世方法。

人在做事时，有用刚取胜的，也有用强取胜的；有用柔取胜的，也有用弱取胜的。但老子提倡用柔弱的方法来处世是有道理的。

老子前去探望老师商容。商容问老子："你看我的舌头还在不在？"老子回答道："在啊。"商容继续问："那你看看我的牙齿在不在呢？"老子说："一颗也没有了。"商容说："舌头之所以一直存在，是因为它柔软，而牙齿之所以一颗不留，是因为它太硬太刚强了。天下的事，处世待人的道理全在这里面了。"

老子说："活着的时候，身体是柔软的，死了后身体就变得僵硬了。草木生长时也是柔软的，死了以后身体就变得干硬枯槁。所以坚强的东西属于死亡一类，柔弱的东西属于生长一类。"老子又说："普天下，再也没有什么东西比水更柔弱的了，而攻克最为坚强的东西却没有什么能胜过水的。弱胜过强，柔胜过刚。"

刚而能柔，这是用刚的方法；柔能克刚，这是用柔的方法；强而能弱，这是用强的方法；弱而能强，这是用弱的方法。这四条，大的可以用来治理国家天下，小的可以用来处世持身。

刚容易方，柔容易圆。为人处世时，方圆并用，刚柔并济，才是全面的方法。如果只能刚却不能柔，只能方却不能圆，只能强却不能弱，只能进却不知退，最终导致的是失败。这是因为一个人性格太刚，往往会狂妄自大、自负傲物、谨慎武断、固执己见，这无疑是做人的一大缺陷。鉴古知今，这样的人总是失败多于成功，轻则损兵折将，重则身败名裂。如美国五星上将麦克阿瑟就是因为性格太过刚强，高傲自负，最后被免职。而一个人性格太柔，往往会办事迟疑，没有决断，软弱无能，他们在犹豫不决中失掉了一次次机会。他们缺少果断的勇气，其命运无疑将以悲剧收场。

要记住的是——既能刚又能柔，才能打开成功之门。

心灵感悟

在生活中，要保持外圆内方的处世原则。把自己看作一棵挺拔柔韧而生机勃勃的树吧，可以不那么强大，但一定要坚韧，遇坚如水，柔中含刚，遇土而发，见隙而生。切不可成为干枯的树枝，即使有风轻轻吹过，也是拦腰折断，人生最可怕的悲剧也正在此。所以，外圆内方才是成熟的人的处世原则，不成熟的行为就如同棱角分明的石头，它遇到的阻力将是最大的，受到的磨炼也是最残酷的。

8. 大智若愚是做人的最高境界

真正才智出众的人表面看来好像愚笨，不显山露水，却能在关键时刻做出看似平凡却是非凡的决策和举动，达到一招制胜的目的。大智若愚者在生活当中的表现是不处处显示自己的聪明，做人低调，从来不向人夸耀自己、不抬高自己，做人的原则是厚积薄发、宁静致远，注重自身修为、层次和素质的提高，对于很多事情持大度开放的态度，有着海纳百川的胸怀，这是真强者的境界，也是为人处世中至高无上的境界。

难得糊涂不糊涂

大家都知道，“难得糊涂”与“吃亏是福”是相对应的。它们来自清代书画家、文学家郑板桥之手，寥寥数字，道出做人的哲学。

“人生都道聪明好，难得糊涂方为真”、“难得糊涂”、“聪明难，糊涂难，由聪明转入糊涂更难。放一著，退一步，当下心安，非图后来报也”可不是么？人生在世，在智力上达到“聪明”的状态很难。“聪明”的价值当然不能否定，但也不能把聪明和糊涂对立起来。人世间努力使自己变得聪明的人很多，而真正意义上承认自己不聪明，老老实实做人的所谓糊涂者很少。

可见，聪明人难做，糊涂人也难做。

人若达到聪明的境界之后，再由聪明转入糊涂则更难。若一个人对人生事理了解透彻的话，这个人就会看到人性中的很多缺点和弱点。明白了这一点的人是痛苦的，因为有时候个人的能力是有限的，有时能改变自己已经很难，再想去改变不合理的现实就更难。

那些对问题过于明察的人就会因此而在为人处世上处处挑剔，难以容人。既建立不好有效的人际关系，更达不到自己的目的。而对于不正直的人来说，他可能会因此利用人性的弱点为自己谋取私利，败坏社会的纲纪法度。

自古至今，“难得糊涂”不但流行于官场，也流行于民间。但有时候，“难得糊涂”不是正确地被用在做人做事上，而成了“不分是非，不负责任”的代名词，成了一种为自己推脱的理由。对人对事睁一只眼闭一只眼，与世俗社会同流合污，做事没有原则。所以说，必须真正理解郑板桥先生的“糊涂”，才能做到对过于执着于清醒的蔑视，才能真正对腐败和不公正发起抗议，才能有如清风自拂般的坦荡胸怀。

做人，能达到“难得糊涂”真的很难。但是，人只有达到“难得糊涂”才能成就至高人生。

“难得糊涂”，这“糊涂”一词看似贬义，却深意颇多，除却囫囵愚钝，不甚精明之外，还可引申为韬晦、收敛、包容，此中林林总总，若被运用得巧妙，人生因此而收益良多，这样的人便可被称作大智若愚了。清代宰相刘罗锅便是“难得糊涂”之人的一个典范，真不愧为大愚中的大智大悟。

这里的“难得糊涂”是人屡经世事沧桑之后的成熟和从容。这种糊涂与不明事理的真糊涂截然相反，它是人生大彻大悟之后的宁静心态的表现，是一种很高的精神境界，谈笑间淡泊名利和恩怨，把苦、难、疼、伤深埋在心中，在夜深人静远离人群的海边对天仰笑。

其实，“难得糊涂”也是一种人生经历过后形成的美好境界，只有饱经风霜、坎坷的人才能深得其中真谛；同时，“难得糊涂”也是一种态度，心中

有大目标的人，自然对枝节杂碎不屑一顾，只着眼大方向，为全局负责，能做中流砥柱。它还是一种资格和智慧。淡泊名利、宁静致远的人，他们内涵丰富、底蕴深厚，以平常之心、平静之心对待人生，泰然安详。在纷繁变幻的世道中，能看透事物、看破人性，能知人间风云变幻，处事注意轻重缓急、举重若轻、四两拨千斤。

小事糊涂，大事聪明

"难得糊涂"之"糊涂"是有关人类智慧的学说，是一门人生的大学问，是生活的艺术，是人生的至高境界，是一门让你在各种场合应付自如，以退为进，不动声色却可以成功，成功了又不致遭人嫉妒的学问。

待人处世要掌握聪明与糊涂间转换的标准——宽容、忍让、大智若愚。明代吕坤在《呻吟语》中说："愚者人笑之，聪明者人疑之。聪明而愚，其大智也。夫〈诗〉云'靡哲不愚'，则知不愚非哲也。"其意思是：愚蠢的人，别人会讥笑他；聪明的人，别人会怀疑他。只有既聪明而看起来又愚笨的人，才是真正的大智者。

真正的大智若愚具备以下几个特点。

(1) 精神上追求一种自我释放，无拘无束。他们或者"采菊东篱下，悠然见南山"，或者身居闹市，仍心平如镜。还有一种人，虽然身居官场商界，功名利禄并不是他们所追求的，他们拿得起，放得下。

(2) "大巧若拙"、"大辩若讷"。"大巧若拙"是说身怀绝技的能工巧匠看起来反倒迟钝些。"大辩若讷"是说具有雄辩之才的人看起来好像很木讷。明代作家李昌棋赞叹地说："所谓寓大巧于至拙，藏大智于极愚，天下后世，知其为神仙而已。"因此一个身怀绝技、大智大慧的人应该不外露，应该"和光同尘"，处处要弄小聪明的人怎么能是大智呢？

洪应明在《菜根谭》中说："君子之才华，玉韫珠藏，不可使人易知。"在通往事业顶峰的征途中，成功的、存活下来的，往往是那些看来不怎么样的人。他们能够养精蓄锐，能够不露锋芒，能够躲在幕后，能够不让人注意，能够躲过明枪暗箭。因此“大智若愚”从消极的一面讲，可以明哲保身；从积极的一面讲，可以走向成功。

(3) 遇大事不糊涂。“小事糊涂，大事聪明”，是说人一生不应对什么事都斤斤计较，该糊涂时糊涂，该聪明时聪明，糊涂是经常的，聪明是偶尔的。一味糊涂，会让人瞧不起；一味聪明，只怕“聪明反被聪明误”。

(4) 聪明的外衣是愚钝。培根在其名著《随笔》中认为，表面上有一点傻气，但并不是呆气，再没有比这种人更幸运的了！他同时还指出：“炫耀于外表的才干徒然令人赞美，而深藏不露的才干则能带来幸运，这需要一种难以言传的自制与自信。”因为人们大多喜欢表现和卖弄自己的才干，而不愿露出些傻气。若没有一定的自制与自信，是很难做到“大智若愚”的。

心灵感悟

“难得糊涂”、“大智若愚”的意思就是有大智大慧、大觉大悟的人不显露才华，外表上好像很愚呆。其实，这既是一种至高的人生境界，又是人生谋略。“大智若愚”不是故意装疯卖傻，不是故意装腔作势，也不是故作深沉、故弄玄虚，而是待人处事的一种方式、一种态度，即心平气和、遇乱不惧、受宠不惊、受辱不躁、含而不露。我们需要切记：若愚者，即似愚也，而非愚也。所以“若愚”只是一种表象，只是一种策略，而不是真正的愚笨。在“若愚”的背后，隐含的是真正的大智慧、大聪明、大学问。

第五章

情　感

孟子说:“老吾老以及人之老,幼吾幼以及人之幼。”我们不仅要孝敬自己的父母,还应该尊敬别的老人、爱护年幼的孩子,在全社会形成尊老爱幼的淳厚民风,这是我们新时代年轻人的责任。

一、报答恩情

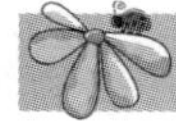

1. 精 忠 报 国

个人与国家之间有一种天然的亲近关系。这是因为，国家给了个人成长的沃土，给了个人特定的生理、心理或精神上独特的遗传素质。个人的生活基础、社会关系、价值观念、文化修养无不与国家有着深厚的联系。国家的名誉、利益和个人的名誉、利益紧紧地连在一起。我们每个人与祖国既有情感上的依存，又有利益上的一致，这也是爱国的最真实、最根本的理由。

有国才有家

皮之不存，毛将焉附？国家是个人尊严的保障，是个人生存和民族繁衍的依靠。

回想历史上处于极盛时期的唐代，国力雄居于世界之首。那时，世界各国将中国当成理想之国来景仰。而今，中国已然屹立于世界强国之林，作为中国人，历史地位更是得到空前的提升，中国人的尊严已经达到了历史的新高。相反，近代的中国，特别是清末鸦片战争以后，我们的历史无不写满了被列强肆意轻贱、蹂躏和荼毒的屈辱和不堪。想想我们的先辈被称为“支那”“马路大”“东亚病夫”的历史吧！没有哪一个中华儿女不义愤填膺，为国家曾经虚弱、可悲的过去而惋惜和痛心。这是为什么？只因为一个道理：国家强大，才有小家的安宁，才有个人的尊严和幸福可言。否则，国家弱小，普天下的国民只有被人践踏的命运，更谈不上小家的存在、个人的幸福。假若亡国，个人的命运将更是不可想象。这样的结局不仅在我国历史中可以得到印证，更可以从世界史中得到印证。所以说，只有国家强大了，人民才能不会遭受他国的欺辱。

回顾中国走过的艰辛历程，我们不能忘记战争岁月时，多少先烈为了推翻旧社会，建设新中国而浴血奋战、抛头颅、洒热血，用鲜活的生命铸造了新中国的钢铁长城。今天，我们生于强大的中国。我们拥有的平安、幸福的生活全来自无数革命先辈们无私的付出。虽然我们不再经受炮火和战争，但是，我们有义务坚守今天的成果，并不断地以我们的热情和才智使国力更趋强盛。这是世世代代中国人义不容辞的责任。而这种责任的践行，全靠我们胸膛里澎湃着的那颗爱国心。

想想那些如今还挣扎在存亡边缘的国家，那些还在为立国处于水深火热中的人们，就能明白国家对于个人、对于小家是多么重要。认识到了这一点，我们就要以百倍千倍的热情去热爱我们的祖国，做祖国母亲最忠实、最热忱、最上进的孩子。

2008 年北京奥林匹克运动会的成功举办，标志着中国不仅综合国力位居世界前列，更已经成为一个体育强国，就连雄霸金牌榜首近一个世纪的美、俄两国也不敢再小视中国，这是中华民族崛起的又一象征。每当看到赛场上伴着国歌冉冉升起的五星红旗，中华运动健儿手贴胸前高唱国歌时，我们都激动得热泪盈眶。众多运动健儿在奥运会上努力拼搏，获得一块“金镶玉”时，高兴的不仅仅是他们，中国勇夺金牌榜状元的骄人成绩更让我们觉得作为一名炎黄子孙是多么令人骄傲和自豪。

国家是我们大家的家，是民族的大家庭，她也需要不断维持，不断发展。对内来说，祖国的繁荣发展得靠子女们的辛劳建设，如蜂酿蜜，如燕垒窝，不能有一时的懈怠和停顿。对外来说，祖国必须有人来保卫。一国既处于世界各国之林，必然会有各种利益冲突和竞争，甚至会遭遇欺侮和侵略。任何国家的独立、发展和强盛都是靠她的全体人民万众一心、竭力奉

献换来的，每个国民都有为国出力尽忠的义务。如果哪个人身处国外却漠视国运，那就是最大的不忠不义。

我们爱祖国，就要如岳飞精忠报国一样，为祖国而舍得付出自己的全部。因为祖国是我们炎黄子孙的根，枝繁叶茂全因她的功劳。有国就有家，同时，爱家也如爱祖国一般。这是因为，家是个人人生的出发点，没有家，就没有一个健康的成长环境，所以要爱家；家有父母，父母对我们有生育和培养之恩，做人要孝敬，所以要爱家；做人要感恩，家庭为每个人的成长和发展奠定了根基，所以要爱家。爱家是博爱的基础，不爱家的人更谈不上爱祖国、爱人民。

爱家、爱国、爱故土是一种伟大的情怀。当年玄奘法师取经出行之际，唐太宗将一撮故土置于杯中，让他喝下，告诫他莫忘故乡。祖国大地有许多壮美山河。祖国的山河是可爱的，其中最爱的恐怕只有自己的家乡，因为家乡是一个人成长的摇篮，一草一木早已深入人心，这种对故乡热爱和眷恋的感情更是一种自发的对以“家”为中心的所有存在事物的深厚情感。

如何培养爱国情操

爱国是我们中华儿女发自内心的情感。这种情感表现在以下几个方面。

第一，爱祖国的每一寸土地。无论在哪个民族的心目中，土地都享受着至尊、致敬的地位。中国古代皇城里专建有社稷坛，用五色土拼成，皇帝每年要祭坛拜土。土即代表社稷。国土是一个国家赖以生存的根基，是它的第一物质形态。皮之不存，毛将焉附？国土不存，国将不再，历来的侵略战争都是先攻城略地，犯人国土。而战败国最大的屈辱就是割地赔款，或去他国逃亡，或在已沦陷的国土上做亡国奴。“最是仓皇辞庙日，教坊犹奏别离歌”何其凄凉。

抗日烈士吉鸿昌临刑前赋诗曰：“恨不抗日死，留作今日羞，国破尚如此，我何惜此头。”祖国的土地岂容外人蹂躏？“还我河山”是古往今来一切爱国志士泣血而呼的口号;"爱我家乡"是一切爱国者发自内心深处的共同呼唤。爱国首先就要爱河山、爱国土。要保卫她、维护她,让她更富饶、更美丽。

第二,爱人民。人民是国家的主体,人民的意志支撑着国家的存在。一个爱国者首先要摆对个人和人民的位置。一国之中从国家领袖到普通百姓都是人民的一分子。对治国者来说,是人民之水推举着国家之舟。敬民爱民,按照民意来决策行事,就会国运兴、国事盛、国势强;轻民贱民,逆民意专横妄为,就会国运衰、国事败、国势弱。

每一个人都必须按照国家中最大多数人的意志行事。没有人民的解放就没有个人的解放,没有人民的幸福就没有个人的幸福。那些握有一点权力就向人民作威作福、欺压人民、鱼肉人民的人,那些不顾人民利益暗售其奸、中饱私囊的人,都会被社会所唾弃、被人民抛弃、被法律制裁。所以每一个爱国者,每一个志士仁人,都把能为人民做一点贡献看作自己终生奋斗的目标。陈毅有诗云:"靠人民,支援永不忘。他是重生亲父母,我是斗争好儿郎。"邓小平说:"我是中国人民的儿子。"毛泽东更是将这一爱国思想提炼为精辟的五个字:为人民服务。只有"人民万岁"才是颠扑不破的真理,而"人民的功臣"则是历史对爱国者的最高奖赏。

第三,爱祖国文化。文化是一个民族的血液,是这个民族在长期的历史演变中所积淀、所认同的精神准则。国家和民族的概念不完全相同,一个国家可以是单民族也可以是多民族,但只要几个民族在一个统一的国度里生活,就会因国家的影响力和长期的融合,形成一个大的民族群体。

文化是一个国家的魂,是祖国为他的儿女留下的精神基因。那些海内外的中华儿女,尽管多年来可能居住环境不同、政治派别不同、生活习惯不同、宗教信仰不同,但还是年年要到陕西祭黄帝陵,到福建拜妈祖庙,在家里供关公,与子孙说岳飞,就是因为还有文化这条根、这个魂。一个中国人,当他离乡背土在国外时,当他暂时离开祖国时,若他深谙祖国文化,他仍会感到自己是一个中国人。但是假如他不认识祖国的文字,不知道祖国

的历史，已没有本民族的习俗时，纵然他还是黑发黄肤，也不能再算是一个地道的中国人。因为他精神世界中的文化之根已被彻底拔掉。

法国19世纪著名的现实主义小说家都德的小说名篇《最后一课》，是写德国人入侵法国，从次日起学校里将不能再用法语上课。日本强盗一占领东北就强制推行日语，企图从根子上奴化中华下一代，让我们几代之后竟不知自己是何人种。爱国须爱祖国的文化，因为这是国家、民族的灵魂。

国土是根，人民是本，文化是魂。一个人如果无根、无本、无魂是多么可怜，不但他的身体漂泊无定，就是灵魂也无处归宿。所以爱国，一要爱祖国的河山土地，二要爱祖国的人民，三要爱祖国的文化。能做到这三个方面，就是一个中华赤子，就是一个爱国者，是一个有血、有种、有志的人。

心灵感悟

“一屋不扫，何以扫天下。”这句出自古人之口的经典将个人、国家和小家的关系巧妙地衔接在了一起。一个国家的公民必然要爱国，爱国应该是公民自发的、由衷的深厚情感，也是一种义务。爱国的人，必是爱家之人，反之亦然。我们要爱自己的家，更要爱自己的祖国，因为没有国家就没有我们的小家。就让我们每一位中华儿女，将爱祖国当成是终身奋斗的事业吧！

2. 百善孝为先

落叶在空中盘旋，那是对滋养它的大地的感恩；白云在蔚蓝的天空中飘荡，那是白云对哺育它的蓝天的感恩；羊有跪乳之恩，鸦有反哺之义……

动物虽不通人性,也皆知感恩,报答养育之情。这个社会因为感恩才会多彩,因为感恩人与人之间的关系才会更真挚、更亲密。正因为我们懂得生命的真谛,所以我们懂得感恩。

尽孝,是中华传统美德

古话说:“百善孝为先。”孝敬父母是各种美德中占第一位的。一个人如果都不知道孝敬父母,就很难想象他对其他人会有爱心,更谈不上对帮助过他的人有所感恩了。

古人说:“老吾老,以及人之老;幼吾幼,以及人之幼。”我们不仅要孝敬自己的父母,还应该尊敬别的老人、爱护年幼的孩子,在全社会形成尊老爱幼的淳厚民风,这是新时代年轻人的责任。

子路小的时候家里很穷,长年靠吃粗粮、野菜等度日。有一次,年老的父母想吃米饭,可是家里一点米也没有。子路想到要是翻过几道山到亲戚家借点米,不就可以满足父母的这点愿望了吗?于是,小小的子路翻山越岭走了十几里路,从亲戚家背回了一小袋米,看到父母吃上了香喷喷的米饭,子路忘记了疲劳。邻居们都夸子路是一个孝顺的孩子。

从母亲十月怀胎到自己呱呱坠地,再到被父母哺育至长大成人,我们的父母不知花去了多少的心血与汗水,那些由企盼和辛劳编织的无数个日日夜夜几乎耗尽了父母的所有精力。俗话说:“滴水之恩,当涌泉相报。”父母为你付出的不仅仅是“一滴水”,而是一片汪洋大海。知道父母恩比山重、情比海阔,就要知道如何用感恩的心去体会,去报答。

我国素来是个讲究孝道的国家,传说中二十四孝的故事缔结了中华民族崇尚孝道的精神。湖北孝感一直流传着董永卖身葬父的传说。董永的家境一贫如洗,父亲亡故后,因无钱葬父,董永便卖身至一富家为奴,换取丧葬费用。后因事迹感动天上仙女,仙女遂下凡与之结为夫妇。“孝感”之名的来历也取自于董永的孝心感天动地之意。

晋朝濮阳人吴猛,八岁时就懂得孝敬父母。那时,家里贫穷,没有蚊

帐，蚊虫叮咬使父亲不能安睡。每到夏夜，吴猛总是赤身坐在父亲床前，任蚊虫叮咬而不驱赶，担心蚊虫离开自己去叮咬父亲。

东汉江夏人黄香，九岁丧母，事父极孝。酷夏时为父亲扇凉枕席；寒冬时用身体为父亲温暖被褥。少年时即博通经典，文采飞扬，京师广泛流传"天下无双，江夏黄童"。

近代，更有老一辈革命家遵从孝道的典范。朱德曾经著文《回忆我的母亲》，以无限的深情赞颂了母亲对自己、对他人无私的爱和高尚的品质。毛泽东接到母亲病危的家信，星夜上路，昼夜兼程，他抚摸着母亲的棺木放声恸哭，悲痛之中挥笔写下《祭母文》："吾母高风，首推博爱。"宋庆龄孝心至诚，在母亲灵前"饮泣不已"。陈毅探母，执意要给瘫痪在床的母亲洗衣服。

当代，更有因尽孝事迹而被入选"2006 年 100 名感动中国事迹人物"的黄来女。黄来女 2003 年考入武汉大学计算机学院。大二时，父亲突发脑溢血。一年多来，父亲 6 次脑溢血、脑梗阻，右肢一度瘫痪，后又查出糖尿病、膀胱癌。面对接踵而来的打击，黄来女以坚强而柔弱的双肩一并承担着。她一边读书，一边抽时间做家教和兼职打工，悉心照料父亲，并且竭力为父亲治疗。

为什么在中国孝道如此畅行呢？正是由于我们中华民族有着深厚的关于孝道文化的积淀。更因为，我们知道作为人，尽孝是做人的基准，是所有善行仁爱的源泉。

母爱如水，父爱如山

"你入学的新书包有人给你拿，你雨中的花折伞有人给你打，你爱吃的(那)三鲜馅有人(她)给你包，你委屈的泪花有人给你擦，啊，这个人就是娘，啊，这个人就是妈……"这一首大家耳熟能详的歌曲《母亲》深情地表达了人们对母亲的敬爱。

任何一个人的生命都来自母亲，母亲是我们生命的载体，是我们永久的港湾。一个新的生命从十月怀胎到一朝分娩，母亲承受了怀孕的艰难、分娩的阵痛，只因她是母亲，所以无怨无悔。这是作为母性最原始、最伟大的人格体现。她们承担着繁衍后代的巨大重任，推动着整个人类历史的发展。

“儿行千里母担忧”“慈母手中线，游子身上衣。临行密密缝，意恐迟迟归”，这些都是母亲慈爱的真实写照。母亲的嘱托和牵挂伴随我们长夜苦读，伴随我们人生的漫漫征途。无论我们取得了多大的成就，创造了多少的业绩，在母亲博爱的面前都是微不足道的，无论我们做什么都不能和母亲的博爱相提并论。

母爱是伟大的，母亲的形象是光辉的，与之同样照耀我们心灵的还有深深的父爱。父爱就像山一样高，像阳光一样灿烂，像一只能抚慰我们心灵的大手，给我们信念和精神的力量。

也许，你的父亲是严厉、刻板、不苟言笑的。那是因为父爱的深沉，肩上的责任。父爱蕴藏之深往往需要用心去体会，父爱在许多人眼里没有直观地得到反映。可在一个家庭里，父母之爱正是刚柔相济地使我们健康、平安成长的保证。父亲，用那宽广厚实的胸怀呵护着整个家庭，用坚韧的双肩承担起家庭的责任。没有父亲的奉献和深沉的爱，就没有如今自己的人生。父爱的深沉和厚重正反衬了母爱的炽烈和张扬。高尔基说过：“父爱是一部震撼心灵的巨著，读懂了它，你也就读懂了整个人生。”

母爱像涓涓的流水，时时滋润着我们，而父爱却像莽莽群山中的矿藏，默默地呵护着我们。有人说父亲是男人最温柔的名字，一个男人一旦做了父亲，就等于背起了一个大包袱，他在我们成长的路上已不仅仅是一位宽容、慈祥的父亲，更是一位良师益友。父亲点点滴滴的关爱已筑成一座大山，于无言中坚定、执着地守望着我们。

若说母爱似大海一样宽容博大，那么父爱就像一座高山，深沉、刚强。父爱也许是严肃的，有时也许不近人情，但爱就是爱，即使表现的方式不一样，其本质也永远是一样的。

父爱像冬天里的火，像夏日里的冰；父爱像高山，却比高山多了几分柔情；像泉水，却又比泉水多了几分刚毅，父爱是伟大而深沉的。父爱像空气，它看不见、摸不着，它没有形状、没有大小、没有重量，但又无处不在，它让我们在深沉的关爱中快乐成长，在关爱中感受亲情，在关爱中体验生活，踏入生命的历程。

不论何时，我们都要用心体会父爱的深沉。父爱在一个人的人生中不是拐杖而是绳索，父亲永远会在绳索的另一头看着你前行。

母爱是伟大的，因为母亲赋予了我们生命；父爱是深沉的，因为父亲丰富了我们生命的内涵，构织了我们的七彩人生。父爱同母爱一起筑造起了人类社会爱的基石。

父爱永远散发着活力，它永远是我们强有力的精神支柱。母亲给了我们血肉，而父亲却给了我们脊梁，使我们能够站立。如果把母爱比作一枝盛开的百合，在每个角落中散发着它迷人的芳香，那么父爱就是一株茉莉，它在某个角落中默默地吐着它那清新的芬芳！人们大多赞颂母爱的伟大，可又有谁知道父爱的含蓄！

心灵感悟

亲情永远是人间第一情，生我者父母，养我者父母。父母的养育之恩，何以为报？不如在父母的有生之年，多一份关心，多一份体贴，多一份亲近，多一份赞扬，多一份感激，让父母少一份担心，少一份牵挂，少一点烦恼，少一点忧虑。家永远是我们温馨的港湾，父母的爱就是我们最温暖的家！常回家看看，回家的感觉真好！

二、珍惜友情

1. 良师益友相伴人生

在一个人一生的发展过程中，能深深影响自己的人除了父母和家人之外，就是老师和朋友了。当我们第一次背上书包踏进学校的大门时，我们每个人如同一张空的白纸，接受着老师的悉心教育和培养，老师是除父母之外与自己关系最为紧密的人。人生长路漫漫，少不了朋友相伴。没有朋友的人是悲哀的，拥有挚友的人是幸运的。所以，我们要学会感谢那些帮助过自己的人，无论是老师还是朋友。

师恩难忘

《太公家教》曰："弟子事师，敬同于父……一日为师，终身为父。"于是"一日为师，终身为父"便成了一句敬师爱师的俗语。这个比喻是教导人们要尊重老师，学会感恩。

从古至今，民间百姓仍有在神案上供奉"天地君亲师"牌位的习俗，"天地君亲师"作为中华民族祭祀对象的历史悠久，从而铸成一个民族将天与地、最高统治者、祖先和老师放置于同一个神圣的地位，形成了固定的崇拜文化体系，这种意识形态和思想道德规范，已渗入中华民族家教家传的言行举止中。古人把师与天地君亲相并列，说明师在人心目中的尊贵地位。同时，也说明我们国家尊师重教的传统由来已久。

说到敬师，我国伟大的教育家、思想家、文学家鲁迅便是我们的楷模。

他在《藤野先生》中这样说道:“但不知怎地,我总还时时记起他,在我所认为我师的之中,他是最使我感激,给我鼓励的一个。有时我常常想:他的对于我的热心的希望,不倦的教诲,小而言之,是为中国,就是希望中国有新的医学;大而言之,是为学术,就是希望新的医学传到中国去。他的性格,在我的眼里和心里是伟大的,虽然他的姓名并不为许多人所知道。”

鲁迅很重视藤野对他的关怀,从内心里感激他、敬重他。1934 年,日本岩波文库要出版《鲁迅全集》,译者增田涉写信给鲁迅,征求选文意见,鲁迅回信说:“请您全权处理好了。在我看来,非放进去不可的东西是没有了。不过《藤野先生》一篇请您译出加入。”1936 年增田涉再次到上海,鲁迅又向他打听藤野的近况,当增田涉说没有下落时,鲁迅慨叹说:“藤野先生大概已经去世了吧!”其实藤野先生还在世,而且还读到了鲁迅写的《藤野先生》。1937 年 3 月,《文学案内》上发表了以《谨忆周树人君》为题的藤野先生的谈话录。

中华民族素有“礼仪之邦”之称,《礼记》记载:“天生时而地生财,人其父生而师教之。”社会是由人组成的,人的素质决定着社会文明和国家强盛,而人的素质的形成与他所接受的教育密切相关,教师则起着关键性作用。尊师才能重教,这不仅是对教师的尊崇,也是对体现在教师身上的人类文明的充分肯定。

徐特立是毛泽东学生时代的一位老师。在徐老六十华诞时,毛泽东写了一封热情洋溢的信,表达自己的敬仰之情,信上说:“一日为师,终身为父。你是我 30 年前的先生,你现在仍是我的先生,你将来必定还是我的先生……”新中国成立之初,徐特立应毛泽东邀请从南方来到北京,毛泽东在中南海家中专门做了湘笋和青椒等湖南家乡菜为老师洗尘。毛泽东说:“没有好菜吃。”徐特立表示:“人意好,水也甜”。上桌时,毛泽东要徐特立坐上席,徐老说:“您是全国人民的主席,应该坐上席。”毛泽东谦让道:“您是主席的老师,更应该坐上席。”硬是让老师坐了上席。

挚友，人生感受温暖的源泉

人人都需要朋友，没有人能独自在人生的海洋中航行，我们需要别人的帮助，也需要给予别人帮助。朋友的重要，就像人生命中不可或缺的阳光、空气和水一样。

试想，如果生活中没有朋友，你的生活会是个什么样子？

当你情绪低落的时候，会有人帮你从阴影中走出来；当你遇到困难的时候，也会希望有人帮你走出困境；当你对某些事物有了兴致，你愉悦的心情会想与某人分享；当你孤独无助时，更想有人耐心地劝导你，听你娓娓地倾诉。

如果你心灵上有了创伤，只有朋友才能抚平你的内心，让你从痛苦中恢复过来。朋友是那个可以常常倾听你的烦恼，给你提出建议，并可以与你同甘共苦的人。

友情是一种最纯洁、最高尚、最朴素、最平凡的感情，也是最浪漫、最动人、最坚实、最永恒的情感。人人都离不开友情。一旦没有了友情，生活就不会有悦耳的和音，如同一潭死水；友情无处不在，她伴随你左右，萦绕在你身边，和你共度一生。

朋友可贵，贵在相遇。大千世界，红尘滚滚，于芸芸众生、茫茫人海中，朋友能够彼此遇到，能够走到一起，彼此相互认识、相互了解、相互走近，实在是缘分。在人来人往、聚散分离的人生旅途中，在各自不同的生命轨迹上，在不同经历的心海中，能够彼此相遇、相聚、相逢，可以说是一种幸运，缘分不是什么时刻都会有的，应该珍惜得来不易的缘分。

朋友很多，可挚友却难得。人常说，人生难得一知己。那么什么样的人才算是挚友呢？

挚友贵在相知。挚友相处是一种相互认可、相互仰慕、相互欣赏、相互感知的过程。对方的优点、长处、亮点、美感，都会映在你脑海，尽收眼底，哪怕是挚友一点点的可贵，也会成为你向上的能量，成为你终身受益的动

力和源泉。挚友的智慧、知识、能力、激情，是吸引你靠近的磁场。同时你的一切也是挚友认识和感知你的过程。

挚友贵在相契。挚友相处就是彼此一种心灵的感应，是一种心照不宣的感悟。你的举手投足、一颦一笑、一言一行，哪怕是一个眼神、一个动作、一个背影、一个回眸，挚友都会心领神会，不需要彼此的解释，不需要多言，不需要废话，不需要张扬，都会心心相印。那是一种最温柔、最惬意、最畅快、最美好的意境。

挚友贵在相伴。挚友就是漫漫人生路上彼此相扶、相承、相伴的伴侣。她是你烦闷时送上的绵绵心语或大吼大叫；寂寞时的欢歌笑语或款款情意；快乐时的如痴如醉或痛快淋漓；得意时善意的一盆凉水。在倾诉和聆听中感知挚友深情，在交流和接触中不断握手和感激。

挚友贵在相助。风雨人生路，挚友可以为你挡风寒，为你分忧愁，为你解除痛苦和困难，挚友时时会伸出友谊之手。挚友的相助是你登高时的一把扶梯，是你受伤时的一剂良药，是你口渴时的一碗水，是你过河时的一叶扁舟。挚友的相助是金钱买不来、命令得不到的，只有真心才能够换来的最可贵、最真实的东西。

挚友贵在相思。挚友是彼此的牵挂、彼此的思念、彼此的关心、彼此的依靠。思念就像是一条奔流不息的河流，像一片温柔轻拂的流云，像一朵幽香阵阵的花蕊，像一曲余音袅袅的洞箫。她有时也是一种淡淡的回忆、淡淡的品茗、淡淡的共鸣。

挚友永远是那个向上拉我们的人，是催促我们成长的动力；他们是我们的一面镜子，挚友说仁爱诚实的话，虽然忠言会使我们痛苦或受伤，但是疗伤后会使我们更健壮，他们是陪我们走过那阴霾日子的人。在大学里你要交一些朋友，大学的朋友往往是人生中最好的朋友，因为在大学里你和朋友能够近距离交往。另外，在一块儿成长，一起独立，很自然地你们就会紧紧地系在一起，成为密友。你应该挑选一些真诚上进的朋友，跟他们亲近，别在乎他们的爱好、成绩、外表甚至性格。

心灵感悟

千里难寻是朋友，朋友多了路好走，好朋友是一座山，巍峨连绵、同心志坚；好朋友是一条河，源远流长、纯净坦然；好朋友是一杯酒，愈久愈醇、情谊无边；好朋友是一碗茶，越品越香、回味久远；好朋友是一篇诗，奇文共赏、正身正己；好朋友是一首歌，唱出温暖、唱出勉励。但愿你一生多交好朋友，珍惜朋友情。

2. 莫把友情当爱情

人生何其幸运，年轻时代既会赢得众多的友情，也会收获爱情，这不得不说是一件值得庆贺的事情。然而，在某些人看来，友情似乎与爱情一样披着一件让人说不清道不明的外衣。从而，在处理感情的时候往往会闹出或让人尴尬或让人伤心的无法挽回的误会。所以，当代大学生们一定要认清什么叫爱情，什么叫友情。

友情、爱情，人生最灿烂的花朵

友情纯真，爱情忠贞，我们每个人的一生既生活在这些情中，同时又在追求着这些情，力求最美最真。我们的生活因为有友情和爱情而变得多滋多味，充满色彩。虽有时有些烦恼，但那只是浩瀚大海里的点点浪花，反而把我们的生活点缀得更加充实与美丽！每个人不管欠缺其中的哪一样情，都是不完整的，人生都是有遗憾的。

友情、爱情是我们情感中不可或缺的部分。那么什么是友情，什么是爱情呢？

友谊是人与人之间相处和谐时产生的心与心的相通，来自理解、包容、互助、支持等关系。真正的友谊能无私地分享自己的幸福、喜悦和快乐，也

能分担困难时的挫折和不幸。一般来说，真正的友谊只有在一方遇到困难的时候才看得出。因为分享快乐是容易的，而分享痛苦和困难却不是每个人都能做到的。有些人嘴上跟你说友情，吃喝玩乐时会跟你好得像一个人一样，在对他有利的时候甚至还会有意讨好你。可一旦你失败了，人生陷入低谷时，这种围绕在你身边的人也许早已作鸟兽散。只有那些在你成功时能真正认同你，会由衷地为你而感到骄傲；在你遇到困难时，会毫不犹豫地帮助你，不计较得失；在你失败时，会安慰你，扶你一步步站起来的友谊才是真正的友谊。

友谊不在于年龄的相称，只要是谈得来、有共同语言的人都能建立友谊。友谊是不分年龄、国籍、相貌、性格的。哪怕是远隔千里，哪怕是九十老叟和十岁小儿，容貌俊美或者是长相丑陋，都可能产生友谊。因为真正的友谊是非功利的。

爱情是一种特殊的友情，确切地说，它包含着友情最美好的部分。那就是互相体谅帮助，支持慰藉。除此之外，爱情是发生于两性之间特殊的爱，有时候，异性之间的友情也会转化为爱情。真正的爱情是相互唯一的拥有，它具有强烈的排他性，是一种异性之间强烈的吸引和占有，充满着包容和对彼此缺点不自觉的美化过程。所以说，爱情是人类天生的伟大情感。

爱情的可贵之处是它强烈的包容性，但这种包容性决不是放纵。真正的爱是发自内心的对对方的关心和爱护，仅有宠爱是不够的。另外，爱情是发自双方内心的情感，目的是取得双方的思想、情感和身体的相互交融而不是单相思。真正的爱情随着时间的推移拥有人生百味而不仅只有甜蜜。正是由于爱的滋味丰富，才更显出甜蜜的可贵。

真正的爱情并不一定是他人眼中的完美匹配，而是相爱的人彼此心灵的相互契合，是为了让对方生活得更好而默默奉献。这份爱不仅温润着自己，也同样温润着对方。真正的爱情，是在能爱的时候，懂得珍惜，在无法爱的时候，懂得放手。真爱是一种从内心发出的关心和照顾，没有华丽的言语,没有哗众取宠的行动,只有在点点滴滴一言一行中能感受得到。

友情和爱情有相似之处,它们都来自于某种缘分的发生,也可能因相处的矛盾而消亡。友情和爱情经常会由于一次偶然的相遇,使未曾有所准备的人们在相遇的刹那产生共鸣,甚至产生出“相见恨晚”的感觉;缘分也可能降生在擦肩而过之后的那两双蓦然回首的眼睛里。当友情或爱情诞生之时,那种相遇相知的欢愉便绽开在彼此灿烂的微笑间和心领神会的轻轻点头的刹那;缘分也可能降生在“你好!”这样一声简洁而充满善意的问候中,温馨而让人感动;有时或因一次举手之劳的相助,陌生便被揭去拘束的面纱,缘分坦然握手在诚挚的谢意中。人与人相遇,缘分是得之不易的,人人都应当珍惜。

生命中,人人离不开爱。没有爱,人类就不会再生存;没有情,生命就失去了光彩。当友情轻轻握住你稚嫩的双手时,不要退缩,去迎接友情之爱。人生因为有爱而充满幸福,因为友情,你无论走到何方都不会觉得孤单。当然,与别人建立的友情也是相互的,你在得到别人帮助和关心的同时也要懂得回报和感恩。让你的友情之树常青,才会拥有美好的生活。

如果有一天,爱情来找你,不要慌乱,也不要意外。爱本就是一本博大精深的教科书,它教会你怎么获取别人对你的爱,也会让你明白如何珍惜和回馈。

要学会打理自己的感情,无论是友情还是爱情,都需要用真诚的心来经营。不懂得经营的人永远也得不到持久的感情。

友情向左,爱情向右

现在有一些大学生对爱情和异性友情的认知错误,使自己陷入虚无的单恋中难以自拔,严重影响了人际交往和心理健康。所以,有必要将爱情和友情区别开来。

首先,二者性质不同。友情来自于“理解”,爱情则来自于纯粹的“感情”。友情最重要的支柱是彼此的相互了解,不仅是对方的长处、优点,就

是短处、缺点也要充分认清。只有这样，才能产生友情。爱情则不然，它是对对方的美化，视作理想后产生了恋爱，贯穿其间的全过程是感情。

友情多是对对方的志趣、爱好、品德的敬爱与尊重，而爱情除了以上内容外，更多的是对异性的相貌、人体特征、气质、人品等的倾慕；友情是平等的友爱之情，而爱情是渴望身心交融，成为终身伴侣的情感。

其次，包容性不同。爱情是独享的、专一的、不可分割的纯洁情感。情感系统是封闭的、排他的。友情则是公开的、开放的，一个人可以有较多个异性朋友。印度诗人泰戈尔说："友谊意味着两个人和世界，然而爱情意味着两个人就是世界；友谊中一加一等于二，爱情中一加一还是一。"这句话幽默地揭示了爱情与友情的区别。

再次，稳定性不同。友情是"发乎情，止乎礼"，会随着交往次数的增多和兴趣的相投而稳定增强。一份真诚的友情，具有绝对的信赖感，犹如不会动摇的磐石。而一对相爱的男女，虽然信赖对方，但总会被种种不安所包围，比如"我深深地爱着她，但她是否也深深地爱着我呢?""他的态度变了，是不是还和以前一样地爱我呢?"

最后，冲动性不同。朋友长时间不见，有想见的冲动，但这种冲动是平缓的，不实现也不会影响人的生活和心理。但爱情的冲动是不顾一切的，想与相爱的人见面而不得时，会茶饭不思，一切活动都索然无味，心中只渴望早一点见到对方，一旦你爱上了对方，总有强烈的要和对方在一起的冲动。这在友情中是不会出现的。

爱情包括友情的全部，而且还要有奉献精神，这也许就是爱情高于友情的一面吧。

余秋雨曾经说过："真正的友情不依靠什么。不依靠事业、祸福和身份，不依靠经历、方位和处境，它在本性上拒绝功利，拒绝归属，拒绝契约，它是独立人格之间的互相呼应和确认。它使人们独而不孤，互相解读自己存在的意义。因此，所谓朋友也只不过是互相使对方活得更加自在的那些人。"这样看来，友情的"无所求"就显得更加高尚与珍贵，正是这种高尚与

珍贵，才使它更加让人珍惜！

恋爱中的两个人两情相悦、花前月下，甜蜜而温馨。但这一切终将归于平淡与自然，甚至会被一种责任所代替，包容、关怀、牵挂，成为彼此生活中的一部分，这样的爱情才是最牢靠的。有人常感叹，恋爱时浪漫，结婚后平淡，那其实是一种误区。

友情和爱情都来自于缘分，但此缘分不同于彼缘分。友情的缘分是多元的，一个朋友就是一个缘分。一个人拥有的友情缘分是可以相互包容的，一个人可以同时和两个彼此不和的人发展各自的友情。每个人都有各自友情的圈子，每人的友情可能是彼此独立的，也可能是相互交叉的，两个人的友情圈子要完全吻合几乎是不可能的，所以朋友间也必须有一份宽容之心。爱情的缘分却是单一的，一个人不可能也不应该同时对与自己相关的两份爱情保持宽容。或许有的人一生只有一次爱情，他们应该庆幸自己拥有了一份没有选择痛楚的爱情。从爱情缘分不期而遇的那一刻，注定就要一生同心同德、生死相守。有的人在一生中可能会有几次爱情缘分的存续，那就意味着爱情的缘分要在非此即彼的筛选中经历感情的挣扎、搏斗才能花开花落。那不是缘分的错，缘分只是给爱情提供了一个舞台，让所有的恋人去演绎自己爱情缘分的内涵和结局。即使一个人一生可能经历几次爱情的洗礼，但几份爱情同时存在又要不分彼此几乎是不现实的，必须有一个爱情是需要真心实意地去维护的。纵是真有其他爱情同时存在，除了前者，那也是不道德的。其他的爱情必定是不能见到阳光的，自会消失在道德和法律正义的滚滚洪流中。

心灵感悟

友情和爱情是人类感情中的奇葩，它们就像一对孪生姐妹一样可爱又美丽。我们需要友情，更需要爱情，分清爱情与友情可以使我们更好地用“情”，使友情更和谐，使爱情更甜蜜。

爱情和友情都是人生奋斗的动力之源，我们应珍视它们并呵护它们，让它们成为一棵棵常青树永远蓬勃地生长在我们的心里。

三、善待爱情

1. 树立正确的恋爱观

大学生，正处在花季，人生还有许多未开启的窗，每扇窗的窗外都有迷人的景色在等待着他们的观赏。爱情，这扇窗不知什么时候会在毫无防备中悄然打开。对于情窦初开的你，是激动，是欣喜，是头晕目眩般的悸动，还是对爱的企盼和未来的希冀？也许，初历爱情的你，还是那么懵懂。既然爱情已经来临，那么就应该好好地把握。

直面爱情，善待爱情

爱情是人类一个永恒的主题，却是一个最难表达的话题，又是每个人一生必须面对的话题。直面爱情、认识爱情、把握爱情已经成为恋爱中的人们的必修课。

爱情是人生路上不可或缺的精神驿站，有爱情的人生是丰满的人生、有意义的人生。但是，爱情是不是必须要在大学里寻找，在大学里产生呢？回答是——不必强求。

现在大学生群体对待爱情的看法似乎变味了。一部分女生早在大一进校时就开始计划自己的爱情。“干得好，不如嫁得好”常常会隐约地挂在一些人的嘴边。如此，许多人把大学当作一个可以物色心中“白马王子”的平台，当作人生迈向“更高平台”的跳板，从而忽视学业，投机钻营。

不少女生戴起有色眼镜，一板一眼地挑起男生来。可以想象，一般的男生是无法入她们的“法眼”的，如果你相貌平平，家境一般，毫无“钱途”的话，你想得到她们的爱情是难上加难的。这些人一旦在校园里挑不到中意的，可能还会将眼光放至校外。于是，就会“傍大款”，年纪轻轻的女孩就成了那些别有用心的男人所包养的对象，甚至成了他们“猎色”的牺牲品。女生们的愿望到头来是“竹篮打水一场空”“偷鸡不成，反蚀一把米”，伤害了自己，也损毁了自己大学生的形象。更有甚者还会惹上官司，铸成大错。那些有这种想法的女生们，请珍视自己的青春，端正思想，永远将学业放在第一位。如果，有那么一天，爱情也来到你的身边，你不要以势利的眼光去权衡它，只要是真诚的、健康的、你所欣赏的，你就要勇敢地接纳它。

大学的男生热情四溢，正处于血气方刚的年代。他们的恋爱观大致可分为以下几种。

理智型：这类男生很看重爱情，一旦有了心仪的对象就会该出手时就出手，不达目的不罢休。当然，他们的前提条件是一定要将爱放在第一位，这种类型的男孩在大学里极为普遍。

寄生型：寄生型的爱情，其实不叫爱情。如今，不少男生因为大学毕业找不到工作，对人生心灰意冷，从而自暴自弃、自甘堕落。成为社会上某些“富婆”们包养的对象，如今网络上时常可见“大学生求包养”的帖子，充斥着一种低俗腐糜的气息，男生自毁前程的现象不能不说让人忧虑。可想而知，除了暂时的吃穿享乐外，他们的人生已经滑向不可轮回的深渊了。这样的行为怎么能对得起“大学生”的称号，怎么对得起自己含辛茹苦的父母亲，又怎么对得起大学里给你谆谆教诲的老师们。所以，奉劝有这种思想或行为的男生及时悬崖勒马，学会珍视自己，树立健康的爱情观，让自己拥有一个积极健康向上的人生。

其实，真正的爱情往往是在不经意的瞬间产生的。它具体在什么时候出现无从知晓，所以，爱情不是计划也不是跳板，更不是借口。有时候，我们真的不能不相信缘分。属于你的，远隔千山万水也会来到你的身边；而不属于你的，就算站在你面前，也未必会注意到对方的存在。就像人们常说的“有缘千里来相会，无缘对面手难牵”。

爱情之花常浇灌

有了爱情，这是一件让人激动喜悦的事情。从此你或许不再感到孤寂，觉得时间不再平淡，也不觉得有什么事情能难倒你。可是，当爱情进行一段日子以后，不知从何时起，你与恋人之间不再有那种如胶似漆的感觉，不再有“一日不见，如隔三秋”的思念了，有时甚至感觉两人在一起聊天时竟有些心不在焉。一切不是因为不爱了，而是，无法抑制时光之水对浓情的淡化。那么这时，你应该做的事情是——为爱情保鲜。

如何令浪漫的爱情之花长久保鲜呢?

爱情保鲜的一个重要秘诀:沟通。两个人因性格、兴趣、爱好、环境、经历不同，难免会出现在同一事物上意见不一致的情况，况且在学习、工作和生活中也常会出现一些分歧和矛盾。对此，双方应保持理智和冷静，认真倾听对方的意见，解释消除误会。互相理解、互相包容、互相尊重、互相谦让、求同存异，多看对方的长处，多检查自己的不足，绝对不要奢求别人的看法总是和你一致。对待爱情也是同样的道理，那样才会避免无休止的争吵。

请牢记无论在什么样的情况下，沟通都是令爱情保鲜的黄金秘诀。

爱情保鲜的另一个秘诀是忠诚。每个人想从对方那里得到的，忠诚往往是排在第一位的。人们希望对方是可以信赖的，是无话不谈的，这样可以在彼此间营造一种比较安全舒适的氛围。然而人无完人，每个人都会有缺点，有自身的不足，甚至说错话，做错事。但是，应该避免做那些我们明明知道是错误的事情。尤其要力戒感情上的错误。当然，对待可能犯错的事情要竭力避免，要珍视对方的情感，不要随意对别人造成伤害。如果因为一次错误，两人之间总是矛盾不断，这就证明你们彼此间缺乏信任和关心。保鲜的秘诀在于应该认错并且要为所做的错事感到内疚。一旦你或你的恋人意识到这一点，你们就会通过某种方式来承认自己的错误，并采取补救措施。

在真正的爱情中，体谅和关怀同样是爱情保鲜的秘诀。你希望你的恋人体谅你并关怀呵护你，反过来你也应该这样对待对方，在他需要你的时候始终陪在他身边。即使因工作和学习两人不在一起，但心灵应是相通的。

爱情保鲜的另一个秘诀是明确接纳的理由。被接纳是爱情中的必要条件。没有人想和那种仅凭身份或性格的某些特点来判断别人的人在一起。个性是美妙的，我们都有权利拥有自己的选择、爱好和目标。一个人真正喜欢你，他就会喜欢你的全部，你的外表、你的性格和你所拥有的梦想和喜好。你选择的恋人应该是支持你的梦想并且尊重你的爱好的人。这样一来，即使双方在某些问题上产生了分歧，也不会产生大的矛盾。

还有一个爱情保鲜的秘诀是保持一定的独立性。你要记住负责爱情保鲜任务的人应该是你，而不是你的恋人。恋人之间既要亲密也要学会保持一定的距离，因为距离产生美感。爱情如潮汐，时涨时落。所以有时候也需要有情人若即若离，才能保持爱情的鲜活。

要彼此细心关怀。如恋人生病了给予关心和照顾，让对方能切身地感受到你无微不至的关爱。

要相互欣赏。两个人走到一起，一定是有什么因素相互吸引，比如对方的气质、性格、学业、才能等，一有机会就要学会欣赏并表达出来。这样对方才会觉得你是很重视他的，这种感觉会形成一种被依赖感，从而加深双方的感情。

别忘了节假日的问候。每年的节假日，特别是情人节这种特殊的节日一定要向对方表示自己的心意。这种心意的表达有时不需要太多的金钱，

只需要一句真诚的祝福或者问候便足以打动对方的心。

创造共同活动的机会，如恋人一起旅游，增加两人和谐相处和相互关怀的机会。

总之，爱情保鲜的方法有很多，只要你的心还在恋人的身上并能及时地让他(她)感受到，那么你就能达到让爱情保鲜的目的。

心灵感悟

美好的爱情能使人精神焕发，使人在为事业奋斗时更有活力。虽然有爱情的生命是精彩的，有爱情的生活的滋味是丰富的。但大学生时代不可强求爱情，应当顺其自然地接纳爱情，理智地对待爱情，使爱情之树健康蓬勃地生长。决不能让爱情成为达到某种目的的功利手段，更不要让爱情成为事业的拖累。

2. 让爱情成为事业的动力

爱情和事业是人生的两大支柱。爱情是那样的美好，值得人为之舍弃一切所得。可事业是人生价值的源泉，有了它生命才能告别平淡。爱情和事业对于人生来说是缺一不可的，因为没有事业支撑的爱情是没有生命力的，爱情之花需要事业来浇灌，事业也因爱情才有一往无前的动力。其实，二者并不是矛盾的，而是相辅相成的关系。

爱情与事业不应该是矛盾的关系。只拥有爱情不注重事业的人，人生不可能精彩，爱情也得不到滋润。有了爱情，事业的发展才会增加无穷的动力，两者之间是互相促进的。

事业和爱情是人生的两件大事。这两件事孰轻孰重？应该说两者都很重要，但如果一定要划分个先后的话，正确的观点是事业第一，爱情第二。其实，爱情与事业之间是可以统一的，没有必然的矛盾。马克思与燕妮的爱情一直让人称道，他们向人们证明了爱情可以成为鼓舞人们事业成功的力量。当马克思在大学里向青年黑格尔派发展的时候，燕妮就明确而坚定地支持马克思。当青年黑格尔派遭到普鲁士反动政府的迫害，马克思谋求大学讲师职位的计划未能如愿的时候，已 27 岁的燕妮毅然推迟婚期，用实际行动表达对马克思的同情与支持。结婚以后，他们的生活十分清贫，可是燕妮始终如一地支持马克思的事业。马克思的女儿爱琳娜说过："没有燕妮，马克思也就不能为马克思，这绝不是夸大。"马克思和燕妮的爱情成为爱情的光辉典范。

爱情和事业的问题，关键在于人们如何处理它们之间的关系。处理得好，两者就能统一，并能相互促进；处理得不好，两者之间就会出现矛盾，并相互牵制。如有的大学生谈了恋爱以后，就把学习抛在一边，整天耳鬓厮磨、缠绵不已，闲聊、闲逛、闲玩，自然会使学业受到冲击；但也有的大学生，恋爱后经常在一起学习、共同探讨，在感情上相互慰藉，生活上相互照顾，这不但不会对学业产生负效应，而且能促进学习，促进成长，促使爱情更健康地发展。

怎样才能处理好两者的关系呢？首先应当确立一个正确的观念：以事业促进爱情，反对爱情至上。匈牙利著名诗人裴多菲的诗句脍炙人口："生命诚可贵，爱情价更高。若为自由故，二者皆可抛。"这首诗深刻地展现了"自由""爱情""生命"三者之间的应有位置，表现了一个革命者对待爱情和事业的正确态度。

相反，如果把爱情摆到一个至高无上的位置，那就成了爱情至上主义者了。唐明皇得到杨贵妃后，"不爱江山爱美人"，整天花天酒地，不理朝政。白居易有诗云："芙蓉帐暖度春宵，君王从此不早朝。"结果落得个既失江山又失美人的可悲下场。在今天，也有人把爱情看得高于一切，看做人生的唯一追求，一旦坠入情网，就忘掉一切，甚至为谈恋爱到了发狂的地步。他们一旦失去爱情，就感到生活空虚，悲观厌世，甚至痛不欲生。

总之，在人生长河中，爱情是重要的，但不是唯一的，更不是第一的。正如培根所说的："一切真正伟大的人物，没有一个是因为爱情而发狂的人。"为爱情而发狂，是没有出息的人，在任何一个社会都不会被推崇。

为爱情而抛弃事业追求的人是愚蠢的人，事业关系到你的一生，人的生命不能只停留在爱情生活中。在许多情况下，你之所以得到爱情，正是由于你在事业上有所成功，一个在事业上毫无建树、无足轻重的人是不易得到爱情的。当你为事业不惜劳苦的努力时，同时也在珍惜爱情，这样的人才是真正懂得生活，知道人生价值的人。

爱情与事业并不是非此即彼的，在能成功地处理爱情与事业的关系的人那里，爱情反倒是推动事业成功的动力。爱情可以使人精神饱满，对未来充满信心，还可以使人获得极大的勇气，克服难以想象的困难。事业又是爱情的基础，人生不能只靠爱情，人的潜意识中都有一种渴望成功的欲望，都在追求一种达到目的后的喜悦，而这是爱情所不能替代的。

因为有爱，才有奋斗的力量

春天不能没有鲜花，人生不能没有爱情。"爱情是生活中的诗歌和太阳。"爱情是人生的重要组成部分。真正的爱情能给人以鼓舞，给人以力量，给人带来精神上的激励、情绪上的欢愉、生活上的充实，给人创造出工作上、学习上的良好条件和有利环境，从而不断推动事业的顺利发展。

人生若有了爱情，事业往往也会发展得顺利。有意义的人生中，事业往往会高于爱情，虽然两者同是人生不可或缺的东西。应该说有事业基础的爱情更加健康一些，爱情是精神食粮，需要物质基础。事业与爱情，本质上就是人生的两个主旋律，只有这二者配合得当，才能有美好的意趣。

经不起考验的爱情常常就在不富有的物质基础上失去了生机。而有些人，他们相信伟大的爱情能创造一切，爱情能给人一种向上向前的动力，在爱情的推动下，会创造出另一个奇迹。爱情的力量可以战胜物质的匮乏，虽然是暂时的贫穷，但有了爱情的雨露与阳光，同样会打造出一片光辉的天地。爱情能创造出面包，但面包不一定能创造出爱情。有些人会为了光明的前程而舍去爱情，把前程看得很重，认为只要有了名和利，有了丰富的物质财富，就可以再寻找一段美好的爱情，再寻找到心目中另一个意中人。但往往在他们功成名就时，再也找寻不到以前那段完美的爱情，再也找寻不回昔日那个爱自己也被自己爱的理想爱人了。

对于爱情与事业的关系，有抱负的人永远将事业放在第一位。爱情服从于事业又促使事业的成功，古今中外的名人中有不少就是这样处理它们的关系的。哥白尼在科学研究的道路上，与普通人一样，也遇到了爱情雨露的滋润，成为鼓舞和支持他事业的重要力量。

在哥白尼50岁时，丘比特的爱神之箭开始射向这位中年科学家的心扉，一位聪明秀丽的姑娘——安娜，开始闯入了他的生活。哥白尼那严谨深刻的思想、热情奔放的性格、广博深厚的学识、扎扎实实的学风，深深地吸引和打动了安娜。同样，安娜的高贵典雅、温柔多情、聪明美丽，也深深打动了哥白尼。爱的力量终于使他们成为具有真挚爱情的情侣。爱情的力量是无限的，安娜为了爱情，竟然以佣人的身份来到了哥白尼身边。她的到来，大大地改变了哥白尼的生活。由于安娜在生活上无微不至地关怀照顾，哥白尼的衣食住行有了正常的规律。哥白尼在观察广袤的星空之后，得到了宽慰与温暖，为他的科学研究注入了新的活力，从而加快了研究进程。哥白尼一方面欣然地接受着安娜最诚挚的爱，另一方面，他也深深地爱着安娜。爱的甜蜜与温馨，大大振奋了他的科学研究精神，增强了他克服困难、战胜邪恶的信心与力量。

当哥白尼在尽情地享受甜蜜爱情的时候，同时也为安娜为了他放弃高贵生活甘当佣人的自我牺牲的举动而深感不安，他只能用对安娜加倍的爱及更加努力地进行科学研究去加以补偿。

爱情与事业有时会存在各个方面的矛盾。要善于处理好二者的关系，让爱情成为人生的滋养剂，成为事业的支撑，这才是成功者应该做的。

心灵感悟

爱情与前途就像人们常说的爱情与面包,这里的面包指的是事业与前途,也就是所谓的物质生活,而爱情则是精神生活。即使爱情再伟大神圣,没有面包充饥,爱情也会不堪一击,而没有了爱情的滋润,即使有再强大的物质财富,那也是一副没有灵魂的躯壳,显得可怜悲哀。

3. 健康的爱情心理素质

爱情是一个美好的字眼,恋爱了,是一件值得庆幸的事情。但是你关注过此时心理方面的健康状况吗?健康的爱情心理是滋润心田的养料,它会使爱情常青常新,相反,不健康的爱情心理是扼杀爱情的毒药,甚至是葬送自己前程的杀手。

爱情呼唤健康的心理

健全的爱情心理素质是甜蜜爱情的坚固后盾。爱情的成功与失败,除了许多外在的原因,健全的爱情心理也是十分重要的因素。健全的爱情心理有如下特征。

关心:关心是双方相处的基础,口头上谈爱而不去感同身受的关心对方只是一种虚假的爱,至少不是真诚的爱,或是爱得不深,长此以往,注定双方的关系也难以持久。

专一:爱情是最忌讳三心二意的。爱情是排他的,容不得其他异性。在爱情中必须遵守的原则就是忠于对方。三心二意既会伤害自己,也会伤害别人,是一种不健康的心理表现。

奉献:从某种意义上说,爱应该是一种主动的、无私的、不计回报的、勇敢的奉献。只有懂得奉献的人,才会获得真正的爱情。爱应该主动给予,不应该被动付出，更不应消极等待。

信任：相爱就要相互信任，不要胡乱猜疑。再真挚的爱情也经不起猜疑的折磨，爱情中的猜疑有时候是情感失衡引起的，也可能来自一方的自卑心理。

尊重：真正的爱情是两相情愿、平等相待、相互尊重的。恋爱中的相当一部分人，只顾自己而不了解对方，个人意见第一，不善于听取别人的意见，而且喜欢想当然地把自己的想法强加于人。

自信：只有自信，才会有一定的心理承受能力，才会有魅力，才敢于主动地去爱别人，才敢于接受别人的爱。自卑会令人封闭，躲避自己的爱，更躲避他人的爱。

理解：要设身处地为对方着想，在对方遇到困难时要及时帮助，关系出现矛盾时，要设身处地地站在对方的角度想问题，在工作中和生活上出现分歧时要换位思考、互相包容、互相谦让，这样的爱情才会更有生命力。

欣赏：爱情的欣赏不仅包括对所爱对象的欣赏，还包括对其周围一切有关事物的喜好，所谓“爱屋及乌”就是这个道理。如果你懂得欣赏，更懂得赞美的话，爱情没有理由不甜蜜。

独立：爱情中的独立不是对恋人的疏远，更不是与他人隔绝。独立就是自信，独立就是坚强。独立，是一种成熟的心理品质。不管爱情多么真挚，对方都不可能照顾你一辈子。别忘了，爱你的人是会变的，什么时候都要保持你的独立性。

宽容：宽容在朋友间也是一种必须，人与人相处总会产生这样或那样的矛盾，恋人之间更是如此，学会宽容，给双方一个轻松的相处环境，你的爱会更加生动感人。

鉴于以上健康爱情心理的特征，给年轻的朋友们提出了几个关于恋爱行为中具体的看法，主要有三个方面。

第一，树立正确的恋爱观。

提倡志同道合的爱情。在恋人的选择上最重要的条件应该是志同道

合,思想品德、事业理想和生活情趣等大体一致。

摆正爱情与事业的关系。大学生应该把学业放在首位,摆正爱情与学业的关系,不能把宝贵的时间都用于谈情说爱而放松了学习。因为学业是大学生价值观的主要支柱。

懂得爱情需要相互理解、相互信任,是一份责任和奉献。责任和奉献则意味着个人道德的修养,它是获得崇高爱情的基础。

第二,注意恋爱中的行为。

恋爱言谈要文雅,讲究语言美。交谈中要诚恳、坦率、自然,不要为了显示自己而装腔作势,矫揉造作;不能出言不逊,污言秽语,举止粗鲁。

恋爱行为要大方。一般来说,男女双方初次恋爱,在开始时常感到羞涩与紧张,随着交往的增加会逐渐自然与大方。而有的人感情冲动,过早地做出亲昵动作,使对方反感,影响感情的正常发展。

亲昵动作要高雅,避免粗俗化。高雅的亲昵动作能发挥爱情的愉悦感和心理效应,而粗俗的亲昵动作往往引起情感分离的消极心理效果,有损爱情的纯洁与尊严,有损大学生的形象。

恋爱过程中双方要平等相待,不要拿自身的优点去比较对方的不足,以此炫耀抬高自己,戏弄贬低对方。这些都可能挫伤对方的自尊心,影响双方的感情。

善于控制感情,理智行事。恋爱中引起的性冲动,一方面要注意克制和调节,另一方面要注意转移和升华,参加各种文娱活动,与恋人多谈谈学习和工作,把恋爱行为限制在社会规范内,不致越轨,要使爱情沿着健康的道路发展。

第三,培养爱的能力与责任。

迎接爱的能力。包括施爱的能力和接受爱的能力。一个人心中有了爱,在理智分析之后,要敢于表达、善于表达,这是一种爱的能力。

拒绝爱的能力。自己不愿接受的爱应有勇气加以拒绝。拒绝爱要注意两个方面:一是要果断,勇敢地说“不”。二是要掌握恰当的拒绝方式。

不顾情面，处理方法简单轻率，使对方的感情和自尊心受到伤害，这些做法是很不妥当的。

发展爱的能力，培养爱的责任。发展爱的能力，就是要培养无私的品格和奉献精神，要培养善于处理矛盾的能力，有效地化解消除恋爱和家庭生活中的矛盾纠纷，为恋人负责，为社会负责，才能创造出幸福美满的婚恋。

第四，提高恋爱挫折承受能力。

大学生的恋爱受多种因素的制约，因而在追求爱情的过程中遇到各种波折是在所难免的。单相思、失恋等恋爱心理挫折对大学生的心理承受能力就是一种考验。如果承受能力较强，就能较好地应付挫折，否则就有可能造成不良后果。

心灵感悟

追求爱情是每个人的权利，而要使爱情结出甜蜜的果实，让人生充满甜蜜和幸福的话，首先要保证你的爱情是纯洁的、健康的。不健康的恋情是导演婚恋悲剧的罪魁祸首！年轻的朋友们，永远要做一个心理健康的人，以健全的心态迎接美好的爱情。

4. 雾里看花谈网恋

在互联网高度发达的今天，网络给人们的交流提供了优越的平台。人们不再仅限于电话和通信方式来加深沟通，如今网上即时聊天工具、网络电话、E-mail 更拉近了人与人之间的距离。于是，就有了从未谋面的朋友，有了千里姻缘一线牵的网络情缘。

理智对待网上的爱情

网络是个极其复杂的虚拟社会，如果幸运的话，你就能在这里找到心

仪的恋人，但是这种概率是很小的，因为在网上聊天的人大多不是真实的自己，换一句话说，网上的人们多与生活中他们本来的面目是大相径庭的——这已成为不争的事实。而且，在网络里还充斥着一些居心叵测的坏人，他们打着各种华丽的旗号诱骗涉世未深的大学生，以达到不可告人的目的。如果你是个有心人，几乎每天、每个月都能从报纸或其他媒体上看到相关网络诈骗的报道。

网恋的游戏性、开放性和虚拟性决定了有很多不安全的因素。若一个人长期痴迷于网恋，不仅会影响自身的学习，还会对其心理健康造成消极的影响。长期在虚拟与真实之间，两种或多种人格交替出现，有时人格特征相差悬殊，判若两人。心理学的研究表明，当多重角色之间的差异和冲突达到一定程度或角色转换过频时，容易出现心理危机，导致双重或多重人格障碍。还有，过多的自我表露，就可能形成对网络情人的过度依赖，同时会影响自己日后的婚姻生活。当有一天，这类人觉得现实与虚拟世界相差太远，内心形成极大的反差时，心理遭受的冲击就很大，会远远超出承受能力。同时，一个人过分痴迷于网恋，有可能上当受骗，或者做出违法行为。互动的双方都隐藏在信息符号的背后，谁也不知道谁，不以婚姻为交往目标，而把过程看得比结果还重要，这里面不可避免地会出现欺诈的现象，受害者还是我们这些不经世事的大学生。

过分狂热的网恋还有可能造成人际关系的紧张，影响大学生的社会化过程。缺乏与周围的人交流，失去一般的行为模式，就会影响到大学生的社会化过程，孤僻、自卑、抑郁、自杀等现象会不可避免地出现。

在快节奏的现代生活中，人们对爱情也在探求有没有“快捷方式”。终于有一天在网络上找到了感觉，以为寻找到了灿烂生活的行为方式。在这里，从发出“爱”的信息，到与“爱”的对象拥肩而坐，一般会把从相见、相识、相知、相爱的自然流程缩短为十天半个月，甚至两三天，科技的推动力，彻底地让“爱情”提速！

网络上的男女双方等到有一天迫不及待地以约定的记号面对面时，才

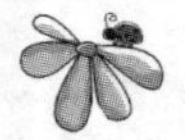

感受到无论你们聊得多么投机，无论网上如何称呼，此时此刻，面对一种大相径庭的期望误差，从未有的陌生会让你感觉这种“玫瑰之约”纯属风干后的无奈，轰轰烈烈的爱情只是一“网”情深、一帘幽梦。

别再执着于“躲在一个阴暗的角落，怀揣着强烈的自卑在网络上描绘心中永远也达不到的理想的化身”。世界上最出名的“女人”——伊妹儿从一定意义上只能是网络人，彼此间的交流只能是代码组成的信息，至于感情还得在现实生活中生根、发芽、开花、结果。

感情缘于岁月的沉淀，缘于忠贞的守候，更缘于能一同面对狂风暴雨，只有这样的感情才能真正经受住生活的任何考验。

心灵感悟

网恋的虚拟性、戏剧性、神秘性和浪漫性势必会对当代大学生产生一定的负面影响。网络世界的虚拟恋爱及由此产生的爱情生活会给大学生带来许多未曾遇到过的问题：痴迷与焦虑、感情迷失、依赖性、人格障碍、信任与承诺等，更有甚者是在网恋中失足、受骗。所以，作为天之骄子的大学生们，一定要擦亮自己智慧的双眼，避免网恋的危害，去寻求一份健康的爱情生活。

5. 放弃也是一种爱

爱情总是叫人激动的，有了爱情的人会感觉人生充满着无尽的希望，变得朝气蓬勃而意气风发，生活会变得更富有激情，工作时也比以前更活力十足了，这就是所谓的爱情的力量。然而，世间的爱情多半要经历萌生、发展、高潮的过程。如果由于双方这样或那样的原因产生隔阂和矛盾，甚至还有无法弥补的裂痕，这段感情该何去何从？很多徘徊在十字路口的人

们却不知道如何选择。其实，爱并不完全等同于得到，相反，有一种美好的爱叫放弃。

强扭的瓜不甜

有这样一种现象：当爱过之后面临分手时，曾经的甜蜜感情却变成了仇恨的苦涩。曾经是如此相爱的两人，一旦分手，一方却由爱生恨，用种种卑劣的手段残害对方，这样的事情让人感到痛惜。其实，爱情本是两情相悦的事，他不爱你，就放了他。用过激的手段不仅挽回不了逝去的爱情，反而可能会受到法律的严惩。

美国幽默小说家比林斯说："友谊像瓷器，破了可以补好，爱情像镜子，一旦破了就完了。"既已破碎，又何必将其踩成粉末呢？难道恋人们就不能"破镜重圆"，即便做不了情人，做朋友，如何？

何为爱情？从来没有一个准确的定义。但那种以极端手段，包括威胁、暴力、权势等等得来的所谓"爱情"都不是爱情。因为爱情不是单一的个体活动，而是双方的互动行为，不管缺少哪一方的主动参与，都不应该算是真正的爱情。

俗话说："强扭的瓜不甜。"爱情是不能强求的，更不能去乞求。爱一个人，就给他自由。给他选择的自由，给他离去的自由。

在恋爱中，因为这样或那样的原因导致分手，虽然遗憾，但从反面来讲也未尝不是一件幸运的事。你应该感谢对方给了你重新选择的机会，真正找到那个你爱的人同时也是爱你的人。还有一些沉湎于单相思中的人，因为自己的爱无法得到对方的允诺而陷入单相思的苦海中，这是最愚蠢的事，既然你无法得到那种本已无望的爱，何必要将自己弄得神不守舍、身心憔悴呢？如果有这种情况，就应设法转移自己的注意力，寻找新的情感依托，以此淡化单相思的痛苦，设法将自己从爱的沉溺中解救出来。

爱是双方的事，一厢情愿是不会有什么好结果的，学会规避爱的误区是明智者所为。放下精神和感情的负担，将自己的注意力投放到未来的追求中。或许有一天你因为失恋的打击而更加努力，事业爱情双丰收并不是没有可能。

放弃也是一种美好的结局

有一首名字叫《有一种爱叫做放手》的歌中唱道："如果两个人的天堂像是温馨的墙，囚禁你的梦想，幸福是否像是一扇铁窗，候鸟失去了南方。如果你对天空向往，渴望一双翅膀，放手让你飞翔，你的羽翼不该伴随玫瑰，听从凋谢的时光。浪漫如果变成了牵绊，我愿为你选择回到孤单，缠绵如果变成了锁链，抛开诺言，有一种爱叫做放手。"歌词写得有些凄美，有些感伤，但无不是发自恋爱中人心底真实的呼喊。是啊，当幸福已经变成了牢笼时，此刻也是应当为爱放手之时。真正爱一个人就要学会为对方考虑，当爱情已不在时，不要悲伤，不要愤慨，因为你付出的是真爱，所以，你最大的愿望一定是希望对方能过得幸福，过得如意。那么，你的离开就是他寻找真正幸福的开始。既然是这样，放弃也会成为一种美好。

深陷情感中不能自拔的人们往往会有糊涂之举，明知道对方已不再爱自己，可仍旧执着地深爱对方，或许你很想让对方知道。就算你这样固执地守候下去，到头来一切挽回不了，你也许会伤得更重，痛得更深。就失恋心理的分析，即使对方知道了又能怎么样呢？可能会因为你的追求成为对方的羁绊而让他更加讨厌你，你在对方心中的形象当初是以美好进入的，到头来却以丑陋为结局，这也是你不愿看到的吧。

爱是两个人的感情，是彼此相互的精神寄托，既然对方不爱你了，那么你为何还要继续爱着对方呢？有时候，感情太过于执着，是件很痛苦的事情。就算对方以前对你怎么好，但毕竟他已经不爱你了，你也就没有必要再去执着强求。如果你一味地追求自己情感上的得到，而不去改变，那受苦的甚至受害的只能是你。也许在苦闷的打击中你不知道挽回失落的自己，除了感情的失去，还会波及你的学业或事业，到头来真正是一切失去不复返，人生也将受到重创。

拥有爱情固然难能可贵，但是对于已经没有希望的爱，你根本没有必要再去为之付出任何情感。很多时候，爱情并不是你一个人能够控制的。爱情的那股力量，需要的不仅仅是默契，更多的是真心。这份情、这份爱，是用两个人的真心去共同换来的结果。只要一个人不真心，爱情就会失去平衡。

落花有意，流水无情。如果你爱的人不能成为爱你的人，就要学会选择忘却，彻底地忘却。就像匆匆地行走在路上，一不小心，认错了人，不必耽搁太久，为此怨恨甚至报复对方更是毫无道理。收拾起自己的尴尬，尽快调整好心态，继续前行，才是最应该做的。“莫愁前路无知己，天下谁人不识君。”爱你的也是你爱的那个人，正在前方等待与你同行。

爱情已逝，放弃的确是一种美好的选择。人总是在经历过以后才会懂得如何保护自己，才会懂得适时的坚持与放弃，学会在得到与失去中慢慢地认识自己。其实，生活并不需要这种无谓的执着，学会放弃，路更宽，生活会更美好。

学会放弃，在落泪以前转身离去，留下简单的背影；学会放弃，将昨天埋在心底，留下美好的回忆；学会放弃，让彼此都能有个更轻松的开始，遍体鳞伤的爱并不一定就刻骨铭心。轻轻地抽出手，说声再见，真的很感谢，这一路上有过你。

心灵感悟

放弃无望的爱情，虽然痛苦却是一种幸运的选择，因为在今天你失去的同时，正预示着你明天的成熟。当你紧紧地握住一把沙子的时候你会看见那些细沙从指尖流走。把手握紧，里面什么也没有，把手松开，拥有的是一切。爱一个人，就要让他(她)快乐，让他(她)幸福，如果你做不到，那就放手吧！放弃何尝不是另一种美丽。

6. 失恋不失志

人世间分分合合是很正常的事，感情也是如此。感情中会有春的明媚、夏的火热、秋的丰厚，更会有冬的残酷和伤感。爱情是双方发自内心的一种融合和需要，是两人情感碰撞出现的耀眼火花。然而，当爱逝去时，一方不再爱另一方时，便意味着分手。分手在两个毅然离去的人身上也许并不会体现太多不舍带来的痛苦，但对于一方去意已决，另一方仍沉浸于爱中的恋人来说，是一件遗憾的事情。怎样对待失恋，这取决于一个人的心态。积极的心态，再沉重的打击也会是一次严峻的洗礼；消极的心态，就算是偶然的风吹草动也会被摧折。

失恋不失态

不少失恋的人都会纠结于这个问题——为什么他（她）会拒绝我，冷落我？其实不爱了，没有太多的答案，爱与不爱只是一种感觉罢了，它正像是爱情来临时，你如果要弄清为什么会爱他（她），这个问题恐怕是说不清的，爱是一种直觉的体现，感性使然，不是由什么明确的理由来决定的。所以，不爱了，就要当过去的情感如风一般吹过，自己的生活被翻到了新的一页，不要非得去追寻什么理由，不要去寻求什么答案。

法国著名化学家格利雅，年轻时是个出名的浪子。有一天，18 岁的他在舞会上看上了从外地来的一位漂亮姑娘，心生爱慕，便立即上前邀她跳舞，以求相识。哪知那姑娘早已知格利雅的底细，只听她毫不留情地对格利雅说：“请你站得离我远些吧，我最讨厌被你这样的花花公子挡住自己的视线。”遭到姑娘的当场奚落后，他的行为引起了许多在场人的窃窃私语，这使格利雅十分的难堪，特别是她当面又与一位男士跳起舞来。

格利雅经过冷静的思考，回到家中就悄悄地给家人留下了几个字：“请不要追寻我的下落，我将努力创造出令人高兴的成就来。”随后，便出走了。

格利雅来到了一所中学，立志攻读。8年后，格利雅运用卤素化合物与其他相关物质进行综合，制成了许多有机化合物。1912年，格利雅由于杰出的贡献，荣获了诺贝尔化学奖，赢得了人们普遍的尊重。

每个人在释放爱的元素时，原本都有一个心理平衡，一旦心理平衡被打破，爱的情感就会破裂而出现解体，进而影响到心境、意志、自尊等方面，产生出自怨、自责、自轻、自贱等主观情绪。

用心灰意冷、万念俱灰来形容失恋后的心情，一点儿都不过分，在那种时候，一旦进入死角转不出来，很可能会以极端的方式来逃避痛苦和那份巨大的失败感。每个人的心里都有一段属于自己的爱情回忆。不论那段回忆是甜蜜的还是痛苦的，那都是属于我们自己的。当我们要和那段爱情说再见时，心里都会不舍和留恋。可是，那段爱情已不再属于我们，我们能做的只有放弃，放弃那段刻骨铭心，放弃那些海誓山盟，放弃曾经说过的不离不弃。

失恋其实是对爱的另一种释放。当我们真的决定彻底放弃时，心里就不再有阴霾。其实很多以为一辈子都不会忘记的事就在我们念念不忘之间被淡忘了。那个曾经约定要一辈子厮守的人也在时间的冲洗下一点点地离我们远去了。

失恋其实也是另一种美。失恋会让你学会更好地把握和珍惜。你在放弃一段感情中明白了你现在是在为自己而活，你所有的决定都是自己的选择，你无怨无悔。你在其中成长，在其中成熟。事实上，失去的只是一段恋曲，分手不是谁的错，只是合不来；失恋不是失败，只是不再牵手同行；失恋绝不意味着你不够好，只是你们彼此在交往中，并不是一开始就能准确地知道对方是不是自己的最爱，也许是在交往后才发现差异，若这些发现都在可以忍受的程度，且双方都愿意努力调整，那么还可以维持下去，甚至结为夫妇。假若有一方觉得忍受不了或再交往下去已经没有意思，因而提出分手，那根本不叫失恋，而是各自回到原点，各走各的路。从这个角度来讲，应该感谢失恋，正因为有了对方的拒绝，你才会拥有重新选择的机会。

失恋不失控

失恋了，就要学会潇洒地对过去说“再见”，宽厚地对他(她)说声再见，并祝他(她)幸福，毕竟过去你是真心地对待这一段感情的。不能成恋人还可以成为朋友，这种经历过大彻大悟后形成的朋友关系会更为珍贵，因为你们相互了解，因为你们曾经是那么的和谐，你失去不合适的恋人，同时多了一个可以推心置腹的朋友。另外，你还多了一次重新选择的机会，你会更清楚地知道你究竟需要什么标准的恋人。

如果你执意强求得不到的感情，这会令你身心疲惫不堪，是不理智的行为。再者，有些东西是不可挽回的，一旦你勉强重新拥有它，它有可能不再是以前的面貌，更没有想象中的那么美好。常有这样的一句话：“得不到的东西永远是最好的。”就将这份感情当作曾经美好的记忆珍藏吧，毕竟，你曾经真正的爱过，这就已经足够了。所以当你执着于一样东西时，拥有它并不一定是你的明智之举，无论得到也好，失去也罢，永远不要让感情变成自己的负累，卸下包袱，轻松地去面对，只有平静地对待生活，生活才会时刻以真实的面目对你。

从另一角度讲我们应该感谢失恋，失恋后不要一味地沉浸在痛苦中，应多从自己身上找找原因，找找自己的缺点和错误，追究自己对失恋所应负的责任。而不应把失恋看成对方的罪过，从而报复对方。检讨失恋最好的办法是将身心投入到事业中，让事业的成功来弥补空虚的心灵，找到生活的勇气和奋斗目标。从现在起，把失恋当成一个新的开始，将失恋带来的所有悲痛全都转化为对生活的热情。

失恋有可能是很多人都会经历的事，名人也不例外。美国作家杰克对心爱的情人的最后一次求爱，又因对方父母的反对而失败了。杰克怀着失恋的痛苦回到家里，大声喊着“我要与新世纪一起出发!”，连夜埋头读书，用发愤自学迎来20世纪第一个黎明。从此，他抓紧学习和写作，1900年2月发表了轰动美国文学界的小说《狼的孩子》。

贝多芬31岁时，境况艰难，无法迎娶心爱的恋人。两年后对方嫁给了别人，贝多芬痛苦地写了遗嘱想自杀。但他最终从音乐中寻到了安慰，不久便创作出《第二交响曲》。36岁之后，他与另一位恋人的爱情又被毁了，又是一次无情的打击，但他决心为事业奋斗，接连创作出《第七交响曲》《第八交响曲》《第九交响曲》。

居里夫人年轻时第一次爱上的是当家庭教师的那家主人的大儿子卡西密尔。由于对方父母反对，漂亮英俊的卡西密尔向她宣布断交。失恋的痛苦像反作用力一样，推着她以发狂般的勇气去奋斗。生活和科学在召唤，她终于跳出了失恋的深渊，踏上了科学大道并觅到了知音。

法国文学家罗曼·罗兰向心爱的索菲亚求爱被拒绝后很痛苦，但他认为，不能因为失恋而失去对生活的勇气和热情，失去爱情也不等于失去友谊。他在后来漫长的岁月中，依然与索菲亚保持友谊，互相通信探讨人生和艺术，时间长达33年。

分手了，就默默地离开，离开曾经相爱的日子和那些信誓旦旦的昨天。放手昔日的恋人，给双方一个重新选择的机会，走得洒脱，走得坚强！对一个依然被自己爱着的却已经失去缘分的人，坚持是无意义的，放弃这种投入却无从复得的感情，才是最好的选择。

也许你对某件东西曾经拥有过许多年，但不知何时才发现它已遗落在不知何处。它正告诉你这样一个道理：原来握在手里的，不一定就是我们真正拥有的；我们所拥有的，也不一定就是我们真正铭刻在心的！其实人生很多时候需要自觉的学会放下，学会遗忘！

有时候当我们拥有某种东西时，我们也许正在失去，而放弃的时候，我们也许又在重新获得。对万事万物，我们其实都不可能有绝对的把握。如果刻意去追逐与拥有，就很难走出患得患失的误区。所以生命需要升华出安静超脱的精神。明白的人会懂得放弃一段早已无望的感情，真正懂得生活的人也懂得什么叫牺牲，幸福其实永远把握在自己的手中！

心灵感悟

失恋,证明双方真正的爱过了,这应该是一种幸运,比起那些没有经受过失恋的人,你多了一份人生的成熟选择。失恋的过程何尝不是自己人生中又一笔宝贵的精神财富。

愚蠢的人总是拿失恋作为自己失败的理由,而聪明的人才知道怎样将失恋化作奋斗的动力,人生不仅仅需要爱情,事业的成功会给你生活的热情,或许你在赢得成功时,爱情将不期而至。因为,爱情只青睐那些永远对生活有积极态度的人。

第六章

立　业

“成功的花，人们只惊慕它现时的明艳，然而当初它的芽儿，浸透了奋斗的泪泉，洒遍了牺牲的血雨。”在人生的道路上，我们野心勃勃，期望通过奋力拼搏、千帆过尽，取得令人瞩目的成就，实现人生的“大满贯”。“功之成，非成于成之日。”无论是工作，还是自主创业，无不需要我们在“冥冥之志”的支撑下，做“惛惛之事者”，在用血汗铺就的人生路上，砥砺前行，一步一步走向更开阔的天地。

一、精心谋业

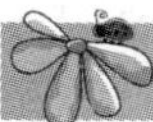

1. 可以平凡，绝不可平庸

平凡与平庸，看似相似，却是两种截然不同的生活状态。在我们的生活中，大多数的日子是波澜不惊、平静如水、平平淡淡的。而滴水能够穿石，我们看到过太多太多成功那一刻的绚烂，也恍惚以为成功是轻而易举、一蹴而就的，好像就是一挺胸、一抬手之间的事，然而真正了解后，不觉叹然，成熟的果实正是由无数次周而复始的加班、无数次争论不休的会议、无数次沮丧与坚持所孕育的，人们正是在无数个平静的日子坚持拼凑着、完善着事业的版图，最终以完整、完美缔造了业内传奇。从某种程度上，我们甚至可以说，平凡是不平凡的基石。

当然，大千世界，有人在平凡中安于现状，持续着平凡；也有人在平凡中谋动并行，造就了不平凡；更有人在平凡中不思进取，陷入平庸的沼泽。在人生的道路上，我们可以平凡，但绝不可平庸。

在平凡的岗位上，做不平凡的贡献

从大的格局来看，我们每个人都是平凡的人，所从事的工作也都是平凡的工作。而人与人之间的差距，不是差在岗位上，而是差在做事上。工作中，平凡的事，时常会被许多人轻视甚至忽视，认为它无关痛痒，或者不屑一顾懒得去做，或者以一种极其敷衍的态度对待。久而久之，平凡这把隐形的利刃，削去了这些人的“法器”，打磨掉了这些人的意志，消耗掉了这些人的热情，最终使得这些人丧失了对生活和工作的激情，变成碌碌无为、毫无斗志的平庸之辈，成为可有可无、无甚于有的存在。平凡，波澜不惊地使这些人将工作变成他们的鸡肋，将他们变成社会的鸡肋甚至蛀虫。

优胜劣汰是自然的法则。在田径比赛中，奋力奔跑的最后一名，收获的不是观众的嘘声及教练的失望，反而是观众的欢呼及教练的赞扬和栽培，当然这些还不是最主要的。最主要的是，在一次一次的最后一名里不放弃，一次一次奋力奔跑，越过倒数第二名，越过倒数第三名……越过第二名，终会站在领奖台的最高位，领取以无数汗水铸就的勋章，以最高荣誉为回报。我们也见过胆怯的运动员，因为畏缩，失去了角逐的勇气，主动放弃了奔跑的资格，他们成功地规避了观众的嘘声，规避了一次不太好的成绩，也成功地规避了一次置之死地而后生的机会，一次一次的退缩，一次一次的自我放弃，最终导致被荣誉放弃，被赛场放弃，被不平凡放弃，最初的鸿鹄之志终成为黄粱一梦，梦醒了平庸度日。

其实这时候，人生还是有选择的。不甘于平庸，将会奋起，回归强者；而甘于平庸，将会继续混沌，牺牲前途。可见，甘于平庸是可怕的，它不仅是使人平庸的“罪魁祸首”，更会使人在这个优胜劣汰的世界里得到汰而不是胜的结局。

《士兵突击》中，许三多在到钢七连之前，在红三连五班待过。茫茫的草原，几百里不见人烟，一个班长四个兵，无事可干，无前途可言。极度无聊的生活把原来有斗志的四个兵磨成了无追求、浑浑噩噩无追求的人。许三多来了后，也觉得无聊，但一根筋的他从班长的一句话中得到启发，决定去营区修路。他每天用背篓从远处背来石头，抽空就用这石头砌路，日复一日，月复一月，甚至夜晚也要去看一看，去弄一弄。修路让其余四个人非常不舒服，他们觉得这事毫无价值，对许三多也冷嘲热讽。他们拿着工具要去把这路挖掉，镐头都举起来了，他们突然醒悟了，许三多用石头堆砌的路让他们震撼，于是也开始来修这条路。许三多用一背篓一背篓的石头，在许多个无数的日月星辰下，用实际行动无声地回击了笑话他修路的战

友，同时也影响了这几个对未来迷茫、没有打算的战友，让他们重拾对军人的信仰。

看过这部电视剧的人或许都会对许三多的那句“有意义就是好好活，好好活就是做有意义的事”颇有感触。在一集又一集的电视剧中，我们跟着许三多成长，看他从极度的自卑中站起来，最终成为万里挑一的兵王。“什么是有意义?”“有意义就是好好活。”“怎样好好活?”“好好活就是做有意义的事。”

我们很难从许三多的回答中得到清晰的“什么是有意义”“怎样好好活”的答案，或许这两个问题本来就没有一个标准的答案，许三多以他的实际行动告诉我们他的回答：在钢七连期间，333 个腹部绕杠，活捉过 A 大队中校队长袁朗，师部夜间射击表演等；在班长史今退伍后代理班长，时年二十一岁；钢七连改编后，许三多独自看守营房半年，后参选 A 大队时以第三名的成绩进入 A 大队特训，编号 42，23 岁生日时近身击毙毒犯，演习时显过拼命三郎本色，从目测高度 14 米的吊桥摔下，仍坚持不撤出战斗等。作为一名普通的兵，他并不比他的战友更有当兵的天赋，但他坚持做好了每一件需要他完成的事，承担起了一个兵所应承担起的责任，所以最后他让很多战友望尘莫及。

很多人把他们一生平凡的原因归于平凡的岗位。然而，我们所看到的那些站在人生金字塔尖的人，并非一开始就是站在那里的，他们无一不在底层奋斗过。毫不夸张地说，正是在平凡的岗位上不平凡的表现，才使得他们平步青云。平凡而又认真工作的人，他的人生态度是乐观的、向上的。他们乐得将复杂的事情简单做，将简单的事情重复做，将重复的事情快乐做，将快乐的事情用心做，厚积薄发，最终做出了不俗的成绩。伟大的人，常寓于平凡的躯体。许多伟大的事业，都是通过一件件小事不断积累所成就的。

在工作中，我们要摆正心态，积极进取，开拓创新，拒绝平庸，认真对待平凡的工作，把平凡的工作看作是机遇，在平凡之中追求卓越，在微小之中追求博大，在无奇之中追求精彩，踏踏实实走好现在的每一步，把每一个平凡的基础夯实，在平凡的岗位上，我们最终一定能创造不平凡，实现自身的价值。

做人以平庸为耻

比起贫穷，平庸乏味才是人生最大的不幸。贫穷可能是被动的一个生活状态，而平庸却反映出一个人的主观意识。平庸的人，犹如河蚌里拒绝磨砺成为珍珠的沙子，他们不思进取，自甘埋没。

人生是一件不太容易的事。生活中，我们遇见过形形色色虽然不满于现状，但依然安于其中的人。他们总是有着各种各样的不思进取的认命般的理由："无力改变，就这样吧！""生活短短数十载，何苦为难自己？""拼搏过后，且不说会更好，万一更坏呢？""我就是一个普通人，将就吧！"……这些人都陷入了一个误区，他们都不认为自己可以成为那种会光芒万丈的人。

在李嘉诚做钟表店店员的时候，谁会想到他会在将来成为华人首富？在马云还站在三尺讲台上做英语老师的时候，谁会想到他会成为家喻户晓的企业家？陶华碧从小到大没读过一天书，在她开着普通的"实惠餐厅"的时候，谁会想到由她建立的公司所生产的辣椒制品已经远销国外？光芒万丈并不是宿命，拒绝平庸的人，都为有一天大放异彩埋下了种子。

还是一名学生的时候，每天都是按照安排好的课程表上课，下课，背单词，写作业。步入了社会，从事一项工作，每天的重心，也不过职责范围内单调的重复性很强的工作内容。很多人做着一样的事，却过着完全不同的人生。有人因为苦学而知识渊博，最终前程远大；也有人因为敷衍而得过且过，最终前景黯淡。有人不耐其烦地在单调而又重复的工作中不断出新，最终迎来事业的黄金时代；也有人在大材小用的愤愤不平中玩忽职守，最终沦为多余的存在，跌入事业低谷。对待平凡的事的态度，往往反映着一个人的价值观。发现平凡的事中的不平凡，便会不断改进，不断完善，最

终成事，成为一个有价值的人。而大事做不了，小事不想做，便会失去学习的能力，最终一事无成。

在《与玛格丽特的午后》这部电影中，查尔曼五十多岁，住在他母亲的花园旁的房车里，平时打理菜园，和朋友们泡小酒吧，有一个善良漂亮的司机女朋友。他的母亲在不想要他的情况下生下了他，他的朋友喜欢他却又常常嘲笑他。他因为愚笨，在上学期间被老师百般嘲弄。他有阅读障碍，连一个句子都读不通。午后公园石椅边的偶遇后，玛格丽特便定时给查尔曼读书，如加缪的《鼠疫》，将文明之光一点点输给查尔曼那还没来得及开发就已经荒废了的心脑。玛格丽特仿佛是开启查尔曼人生另一扇窗的使者，她让查尔曼有了发现自我并接受自我的认知和勇气。玛格丽特还有着丰富的阅历和善感的心灵，她仿佛一个低调的哲人，总说出贴合心境的话语，如“衰老，尤其对他人而言，是种负担，不过，岁数大的好处在于，即使烦恼，也持续不了太多的日子了”。再如，得知查尔曼的不幸遭遇后，玛格丽特宽慰道：“如果一个人童年时没得到足够的爱，一切都还等着被他发现。”查尔曼实在是一个可爱的、热爱生活的“大老粗”，他不去想五十多岁了才去翻字典学认字是多么一件不可思议的事，他也因为单词难以区分而恼怒自己的愚笨，也因为发现单词的有意思而兴奋雀跃。自己学着去识字阅读，并没有给查尔曼平凡的生活带来什么实质性的改变。他依然打理着自己的菜园，耐心地照料着暴躁偏执、疯疯癫癫的母亲。但查尔曼不同了，他不再自卑地不敢结婚，终于能在朋友面前卖弄一下文化，偶尔也可以避免不分场合地说不合适的话。

其实生活中，只要做的是一件对生活有意义的事，这件事就会成为你拒绝平庸的砝码，使得平凡的生活多姿多彩起来。查尔曼是平凡的，我们生活中有太多太多这样的人，然而他又是不同的，因为大字不识一个的五十多岁的粗俗的人没有几个会像他那样有求知欲，享受徜徉在知识的海洋。我们每个人都不过是沧海一粟，但绝不能以平凡为借口，散漫、懒惰、颓废、平庸，应在以平凡为中点的拔河中，站在不平凡的这一端，使出浑身解数，丝毫不给平庸翻身的机会。

心灵感悟

平凡的脚步可以走完伟大的行程。但平凡的工作不是人们做平庸人的理由。不平凡的人，是那些把简单的事做彻底，把平凡的事情做经典，把每一件小事做得更精彩的人，是那些在平凡中脚踏实地、拒绝平庸的人。如果说社会是一个大机器，我们每个人都是一颗小小的螺丝钉，那么，在平凡的岗位上做不平凡的事的人便是这台机器上举足轻重而非可有可无的螺丝钉。年轻的朋友们，我们要做自己命运的主宰者，拒绝平庸，使得我们在回首往事的时候，不会“因虚度年华而悔恨，也不会因碌碌无为而羞耻”。

2. 临渊羡鱼，不如退而结网

我们总是艳羡事业有成者，觉得他们是不同于常人的存在。我们拜读着他们的发迹故事，从而更加坚定，他们注定是不平凡的人。他们的事业高度看似我们常人难以企及，但是却不是不可企及。有谋有动，改“临渊羡鱼”为“退而结网”，我们同样可以成就一番大事业。

爱拼才会赢

生而无弱者，而空想、懒惰是造就弱者的沃土。当我们有了远大梦想时，奋力拼搏是唯一要做的事。

有人说南仁东是“FAST 之父”，而他却用“战斗型的老工人”来评价自己。

25 年前，时任北京天文台副台长的南仁东，提出了“在中国境内建造

直径500米、世界最大的单口径射电望远镜”。

当时，我国最大的射电望远镜口径只有30米，从30米到500米，这是个太大胆的设想，看好的人寥寥无几——建设这样大口径的射电望远镜已不仅是一个严密的科学工程，还是一个难度巨大的建设工程，涉及天文学、力学、机械工程、结构工程、电子学、测量与控制工程甚至岩土工程等各个领域，且工程从纸面设计到实际建造和运行，有着十万八千里的距离。

从1994年开始，年近50岁的南仁东开始主持国际大射电望远镜计划的中国推进工作。为了选址，南仁东当时几乎踏遍了中国的所有洼地。他带着300多幅卫星遥感图，跋涉在中国西南的大山里。访山归来，南仁东心里有了底，正式提出利用喀斯特洼地建设射电望远镜的设想。经过多年的论证，2007年7月，FAST作为“十一五”重大科学装置正式被国家批准立项；2008年，国家发改委批复了FAST的可行性研究报告；2009年，中科院和贵州省人民政府联合批复了FAST项目初步设计及概算。

从2011年开工令下达起，在5年半的工程建设过程中，先后有150多家国内企业、20余家科研单位、数千人的施工队伍相继投入FAST建设，这么大的射电望远镜建设，关键技术无先例可循，关键材料急需攻关，现场施工环境非常复杂，工程的艰难程度远超出想象。可想而知，南仁东肩上的担子，压得很重。

在2010年，FAST曾遇到建造以来的一场近乎灾难性的风险。据姜鹏回忆，2010年，他们对买自知名企业的十余根钢索结构进行疲劳实验，结果全部以失败告终，没有一根能满足FAST的使用要求。当时，台址开挖工程已经开始，设备基础工程迫在眉睫，可由于购买的材料达不到工程要求，反射面的结构形式迟迟定不下来。

为了解决这个问题，南仁东提出用弹簧作为弹性变形的载体，来解决钢索疲劳问题。在姜鹏看来，这有些异想天开。“在我看来真有点天马行空，不可思议。”姜鹏说，“但他就是希望大家能发散思维。”

然而，用弹簧仍然是行不通的。在姜鹏最后一次向南仁东论述了弹簧方案不可行之后，他清晰地记得，空旷的会议室里，南仁东背着手站在黑板前，盯着那草图。“像一个无助的孩子。”姜鹏说，“我当时很难理解，这样的大科学家也会手足无措。”但他很快就明白南仁东的压力之大。“他寝食难安，天天与我们技术人员沟通，想方设法在工艺、材料等方面寻找解决途径，他背负的担子太重了。”

尽管失败带来了打击，但放弃却绝不是科学家的选择。“国家投了那么多钱，国际上又有人说你在吹牛皮，我就得负点责任。”这样的话挂在南仁东嘴边。南仁东决定转向钢索的研制，整个研制工作接近两年，经历了近百次失败。几乎每一次，南仁东都亲临现场，沟通改进措施。最终，研制出满足 FAST 要求的钢索结构，使 FAST 渡过了难关。

2016 年 9 月 25 日，500 米口径球面射电望远镜（FAST）竣工，最终建成的 FAST 拥有 500 米的口径，相当于 30 个足球场的接收面积。如果在国际上做一个横向比较，FAST 与号称“地面最大的机器”的德国波恩 100 米望远镜相比，灵敏度提高约 10 倍，比排在“阿波罗”登月之前、被评为人类 20 世纪十大工程之首的美国“阿雷西博”305 米望远镜，综合性能提高约 10 倍。建造 FAST 的“窝凼”——几百米的山洼被四面的山体环绕，正好挡住外面的电磁波。这个世界第一大单口径射电望远镜，可以观测脉冲星、中性氢和黑洞等这些宇宙形成时期的信息，以及捕捉来自外星生命的信号。

自 2016 年 9 月 25 日落成启用以来，500 米口径球面射电望远镜——“中国天眼”共发现 51 颗脉冲星候选体，其中有 11 颗已被确认为新脉冲星。FAST 作为世界最大的单口径望远镜，将在未来 20 至 30 年保持世界一流地位。它全新的设计思路，加之得天独厚的台址优势，使其突破了望远镜的百米工程极限，开创了建造巨型射电望远镜的新模式。

多年来，FAST 项目成为享誉世界的超级大工程，其创新技术得到了各方认可，获得了各种奖励，如创新的索网技术成果获 2015 年钢结构协会科学技术奖特等奖、2016 年广西技术发明一等奖和 2016 年北京市科学技

术奖一等奖等。没有南仁东，就没有 FAST，这样的说法一点也不为过。他对事业的执着常人无法想象，他为后人留下了丰硕成果。南仁东在患病后仍不忘科研事业，从骨子里迸发出的激情折射出他常挂在嘴边的拒绝平庸。正是南仁东不屈不挠的拼搏精神，使得中国空间测控能力由地球同步轨道延伸至太阳系外缘，深空通信数据下行速率提高了 100 倍。

他山之石，可以攻玉

牛顿说："我只是站在巨人的肩膀上看世界。"这里的巨人，指的是前代伟大科学家。通过吸取别人的经验教训，我们可以少走弯路；通过借鉴别人的经验成果，我们可以找到成功的捷径。他山之石，可以攻玉，以别人的经验来指导我们自己的事业不失为明智之举。而聪明的人，总是善于巧妙地利用自己身边的资源。

成功讲究的是天时、地利、人和，要懂得判断时势、把握趋势，懂得进退舍得，学会选择，懂得放弃。联想集团创始人柳传志，年轻时曾经从事铁饭碗般的科研工作，因为 1984 年中国科学院创办北京计算机新技术发展公司(联想集团前身)，他审时度势抓住突然来的这个机会，才成就了现在的事业。而且，他因为对中国国情的了解和敏锐的商业嗅觉，从一位单纯的成功企业家转身成为一位成功的多领域投资家。

在通向成功的道路上，我们也要善于学习前人的经验和智慧，用最快的方式来达到预想的效果，节约人生的成本，缩短成功的时间。对于借用前人的经验，历史上有著名的"萧规陈随"。陈平是西汉王朝的开国功臣，史记称他为"陈丞相"。陈平当上太尉后，一直沿用萧何留下的规矩。于是吕后问陈平："为什么不变规矩呢?"陈平则问："萧何的规矩好不好?"吕后说："很好。"陈平问："我是否比得过萧何?"吕后说："比不过。"陈平总结说："既然我比不过萧何，而他的规矩又很好，那我为什么要改变他的规矩呢?"于是，陈平用萧何留下的规矩保持了汉初局势的稳定。

"没有能力买鞋子时，可以借别人的，这样比赤脚走得快。"很多人判断一件事情能不能做到，往往是看自己的能力够不够，而忽视了一件事情：做成一件事，谁又规定只能用自己的能力呢？成吉思汗就非常善于借助他人力量。他当年进攻蒙古蔑乞儿部时，兵力不济，后来他联合草原雄鹰札木合，一举歼灭了蔑乞儿部，等到他与札木合争雄时，他又联合王罕，打败了札木合，奠定了其草原霸主的地位。

成功地借用他人的力量达到自己目的的例子简直多如牛毛。例如诸葛亮的草船借箭等，都是借用他人的力量获得成功的范例。

“三人省力，四人更轻松，众人团结紧，百事能成功。”成功不是自己能力大、本领高就可以了，如何发现别人的能力才是成功的关键，因为合适的伙伴将会使你的成功概率翻倍或者多倍提高。石油大王洛克菲勒就曾说：“我获得成功的奥秘，就在于有一大批人在工作中真诚的合作。”

需要说明的是，借势、借智、借力，我们可能走得更远，但也有可能摔得很惨。

中国历史上著名的“背水一战”脍炙人口，韩信以少胜多的成功经验被后世无数人推崇和学习。三国时期，徐晃借鉴韩信的成功经验却遭到了失败。同是背水列阵，为什么韩信能够高奏凯歌，而徐晃却惨遭失败呢？其实，两人所面临的情况和客观条件并不相同。其一，韩信在敌方主将放弃良计的情况下，采用奇正互变之法，在背水列阵的同时出奇招，派奇兵袭击敌营。其二，徐晃对“置之死地而后生”的理解和运用不当。韩信非常明白“以患为利”的用兵策略，“投之亡地而后存，陷之死地然后生”，因而使众多的新兵老将都有决死的斗志。而徐晃呢，敌方明智地坚守而不出击，部队从日出战到日落，兵将身疲气衰，所以不但没有达到预想的效果，转患为利，还导致大败。

徐晃这样的失败案例是不胜枚举的。他给我们的教训是深刻的。在我们为事业打拼的过程中，可以借鉴成功人士的一些好做法和经验，但并不能说就可以机械照搬。那样的话，再好的经验都有可能起到适得其反的效果。在工作中，为了少走弯路，赢得更多的机会，较为可靠和明智的做

法，就是先观察、学习先行者的成功经验，然后，独立思考并拟订自己的行动方案。

心灵感悟

要想取得事业的成功，不仅要有拼搏的精神和持之以恒的意志，还要学会审时度势，学会利用手中的资源，学习别人成功的经验，总结自身失败的教训，少走弯路。我们每个人都是在不断的尝试、不断的失败、不断的改进中一步一步成长起来的。越挫越勇，做到不被同一块石头绊倒两次，就会离成功越来越近，历经最黑暗的黎明，终将迎来热切的光明。

3. 工欲善其事，必先利其器

磨刀不误砍柴工，是人们熟知的一个哲理故事。为了多砍柴，阿德每天比阿财起得早，到山上后，使尽力气工作，一点儿都不敢歇息，但砍的柴却不如阿财的多。而阿财虽然比阿德较晚上山，但因为在家把斧头磨得非常锋利，所以砍柴的速度比阿德快，很快就追上了阿德的进度。阿财劝阿德休息一下磨磨斧头，但阿德不听，心里想着趁阿财休息抓紧时间多砍几捆柴。结果一天下来，阿德只砍了六捆柴，而阿财砍了九捆柴，还在休息时采了一些哄孩子开心的野果子。阿德想不明白其中的道理，阿财告诉阿德说："砍柴除了技术和力气，更重要的是我们手里的斧头。我经常磨斧头，刀刃锋利，所以砍的柴当然就比较多；而你从来都不磨刀，虽然费的力气比我多，但是斧头却越来越钝，砍的柴当然就少啊。"这个故事还有其他版本，但都告诉人们一个道理，"工欲善其事，必先利其器"，做好充分准备才能提高工作效率。

艺多不压身

科学技术的迅猛发展使多学科交叉融合、综合化的趋势日益增强。当今时代，任何高科学技术的成果无一不是多学科交叉、融合的结晶。所以，“专业对口”的毕业生已经不能满足社会发展的需要，各行各业对复合型人才的需求日益提高。

马克思、恩格斯是搞社会科学的专家，但他们对数学有浓厚的兴趣，而且很有造诣。据一些研究马克思、恩格斯的同志说，马克思、恩格斯能在社会科学方面做出如此辉煌、重大的突破和创见，一个重要的原因就是，他们靠学数学锻炼了自己严谨、科学的思维能力。马克思、恩格斯自己也说过类似的话。因此，要想当专家，首先应该是“博”士，要想成为某一门知识的专家，切忌把自己的视野限制在这门学科的范围内。可见，大学生既要学好自己的主专业，又要尽可能地学一些其他技能，力争成为一个专业精、涉猎广的复合型人才。

消费引导市场，就业指导学业。近年来，通才教育正在被越来越多的高校重视，很多院校设置课程时总是合理地安排一些非本专业但对学生的后期发展有利的课程，使得学生在术业有专攻的同时兼顾跨学科知识的掌握。切不可轻视这些跨学科知识，也许当你和许多人在同时竞聘一个职位时，这些跨学科知识会成为你脱颖而出的砝码。

“术业专攻”和“一专多能”看似相互矛盾，其实是相辅相成的。可以说，科学家、画家等无一不是术业专攻、一专多能的。术业专攻使人寸有所长，一专多能补人尺之所短。

术业专攻，强调的是个人主修专业的重要性。

福特公司有一台电机坏了，请无数高人都没修好，一拖就是两个月，公司上上下下都很着急。有人说某家小公司有个叫斯坦门茨的德国人，刚移居美国，听说他对电机挺精通，可以请他来试试。斯坦门茨围着电机转了两天，一边观察一边计算，最后，用粉笔在电机外壳的某个地方画了一条

线，说："这里面，线圈减少十六圈，就行了。"拆掉16圈线圈后，电机转起来了，一切技术指标均好。福特公司经理很高兴，问斯坦门茨要多少报酬，他说："10 000美元。"经理吓了一跳，这在当时不是个小数目，就说："你给我列个明细表吧，把这10 000美元的各项费用依据都写清楚。"斯坦门茨想都没想就说："不用写了，用粉笔画一条线，值1美元；但知道在哪里画线，值9999美元。"这个回答让经理对斯坦门茨刮目相看，他当即决定以福特公司最高薪酬将这个罕见之才挖过来。

就这则故事而言，一条粉笔线画在大街上一文不值，但是把它画对了地方就价值10 000美元。俗话说，术业有专攻就是这个道理，越专业越值钱。

如果从专业角度来分析，有一技之长，又专注于这个特长去发展，相信路会越走越宽。汉初三杰，各有所长。张良善于运用计策，韩信善于带兵打仗，萧何善于安抚百姓，安定国家。虽然他们都不是全能的人，但都有自己十分突出的一方面。可见，各挥所长，才能发光发亮。俗话说："百事通，一场空。"如果没有自己的专业，人生走起来会很容易迷茫。只要做事专心一意，就必定胜过能力弱的人。但用心不专的人，就会形成一种错乱，也就会造成定型不到位的局面。无所不能的人实际上一无所能，无所不专的专家实际上是一无所专。专家一词，分化来细说，就是指专注于一个领域的行家。

一专多能，强调的是复合知识的重要性。

达·芬奇是一位画家，但他又是一个科学家、生物学家，我们可以在他的作品中看出，他也一直在试图创造一个永动机。也许，多才多艺，才能在各行各业有立足之地。

"读书就像蜜蜂采蜜一样，倘若叮在一处，所得就有限。必须如蜜蜂一样，采过许多花，才能酿出蜜来。"具有丰富知识和经验的人，比只有一种知识和经验的人更容易产生新的联想和独到的见解。人的知识面越广，人本身也越臻完善。成功的科学家往往是兴趣广泛的人，他们的独创精神可能

来自他们的博学。多样化会使人观点新鲜，而过于长时间钻研一个狭窄的领域，则易使人愚蠢。这种局限性，容易限制我们的脑部思维，抑制我们的全方面发展。往往行行精通的人，是受人敬佩的。

近年来，各行各业中也掀起了"一专多能"的热潮。2015年7月，第二炮兵某旅着手根据"专业相通，岗位相近"的原则，广泛开展一专多能训练；2016年5月，遂宁市国土资源局办公室发布《关于印发〈开展"一专多能业务互动大讲堂"活动实施方案〉的通知》；2016年7月，河南油田采油一厂测试大队纷纷做起"第二职业"：司机考取了测试工操作证，测试工考起了驾驶证，社区电焊工当起了"泥瓦匠"……当前，大学生只有不断更新知识结构，才能在竞争中取得主动权。在校期间，大学生一定要有规划、有准备，做一个学习的多面手；在实习和社会锻炼期间，大学生应有目的地选择行业和岗位，做一个践行的多面手。

时下，单位用人普遍青睐"有工作经验者"。在校就读的大学生，应尽量利用业余时间来锻炼自己，利用校企合作、工学交替和顶岗实习在做中学、在学中做，在实践中不断提高自己的实际动手能力和专业技能水平，不断积累社会经验，为就业打下扎实的基础。另外，在实习期间，应该有针对性，把实践锻炼与将来顺利就业联系起来，力争做到"一专多能"。

"即招即用，能马上为单位创造效益"是用人单位的普遍心态。这同时也对大学毕业生提出了要求，大学生应根据市场的需求，在大学期间做好职业规划，并为之做充足的准备，有针对性地学习和实践，增长本领。

敬业是择业的关键

如何做好一份事业？不少专业人士曾给出答案"五万小时定律"，他们认为，任何一个行业，只要坚持钻研和努力达五万个小时，想不成为这个领域的专家都难。敬业是许多用人单位最看重的品质之一。敬业的人热爱他所从事的事业，有责任心，以圆满完成工作的高标准来要求自己。一个人如果没有敬业精神，即使技术能力很强，也很难在工作岗位上发挥自己

的实力。

林永和，全国著名就业指导与心理素质教育专家，从1990年中央国家机关录用工作人员考试(现为公务员考试)开始，先后多年担任用人单位选拔毕业生的考官。常常有大学生问他：“用人单位选人的时候最看重大学生的什么素质?”他的回答是不变的：“三实，即作风朴实、说话诚实、做事踏实，也就是脚踏实地的敬业精神。”“今天工作不努力，明天努力找工作。”是当今职场流行的一句名言。因为在我国社会主义市场经济的大潮中，各行各业都需要脚踏实地的敬业精神，都需要爱岗敬业的员工。热爱本职工作和脚踏实地的敬业精神是时代的呼唤，也是大学生求职竞争和生存发展的需要。

国家的发展和社会的进步，个人作为的大小和价值的实现，有赖于敬业精神。任何一个国家想要实现快速发展，国民必须拥有一个好的精神状态。美国为什么发展迅速，美国人非常敬业是原因之一。他们认为，任何职业都是上帝安排的任务，人们必须把职业视为人生的目的、使命和价值所在，必须尽一切努力履行自己的责任。德国人的敬业世界闻名，他们对任何事情都严谨认真，不做投机取巧之事。宁波奉化江上的灵桥桥龄82年，这座桥由德国公司设计，这家公司经历第二次世界大战，依然保存着灵桥的档案，2011年，还寄来文件提醒业主及时维修，敬业精神令人敬佩。

敬业，是一种高尚的品德，是人们对自己所从事的职业充满着热爱、珍惜和敬重，不惜忘我地为之付出和奉献，从而获得一种荣誉感和成就感的思想品质。敬业精神，体现了一种事业追求和思想境界，体现了一种勤恳态度和精神风貌，更体现了一种可贵的事业心和责任感。具有敬业精神的人，所关注的往往不是自己事业的成功能得到多少报酬，而是这一成功对社会的价值。

敬业的人乐业。敬业的人热爱自己的工作岗位，热爱本职工作。对工作是否热爱，是一个人对工作的兴趣问题。有兴趣就容易产生爱的感情，没有兴趣就谈不上爱。但每一个岗位都要有人去干，缺一不可。这就要

求，不论我们对从事的工作是否感兴趣，都要从整个社会需要的角度出发，培养兴趣，热爱这一工作。干一行、爱一行，饱含感情去工作，把所从事的工作做到一定高度、一种境界。

敬业的人精业。敬业的人能够熟练掌握自己的工作业务和技能，具备事业发展的知识、能力、素质和水平。敬业不易，精业更难。梅兰芳在舞台上顾盼生辉、流光溢彩，可是很少有人知道，为了让眼神活起来，眼睛近视的他每天早晨放飞鸽子，苦练眼功。

敬业的人勤业。“业精于勤，荒于嬉；行成于思，毁于随。”敬业的人对本职工作有责任心，能够做到手勤、脚勤、脑勤，这是提高工作效率的关键。只有勤勤恳恳对待工作，兢兢业业从事职业，时时刻刻明确责任，实实在在完成任务，才叫勤业。

中华民族是敬业的民族，勤劳敬业是我们的传统美德。正是依靠敬业奉献，在历史上我们创造了灿烂的文明。改革开放以来，我们缔造了经济发展的奇迹。历史经验反复证明，国民敬业则国家强盛，社会进步。作为一名大学生，第一，应从学习上培养敬业意识，热爱并专心致力于自己的学业，认真刻苦，学习目标明确，态度端正，具有强烈的上进心和求知欲，努力取得最好的成绩；第二，应增强组织纪律观念，一个纪律观念很差的学生，对工作单位的规章制度就会淡漠，最终导致违反工作单位的正常程序；第三，对工作心存敬畏和感激之心，保持对本职工作的信念和社会价值的认同，一丝不苟地对待工作；第四，养成“工作中无小事”的工作习惯，认真对待工作中简单的、琐碎的小事和细节；第五，以高度的责任感认真履行好自己的岗位职责，这是敬业的关键所在。

心灵感悟

很多时候，我们总是会因为过于沉溺于一个活动之中而忘了应该采取必要的步骤使工作更简单、快速。“工欲善其事，必先利其器”虽是一句老话，但至今仍然适用。这里的“器”，

既可以是专业水平，也可以是使用的工具，还可以是商业模式或所借助的财富通道。作为一名大学生，我们应该时常充实自己，改善、完善自己的“工具”，以收到事半功倍的效果；要善于开拓眼界、增加见识，善于借用外来的“利器”，以达到四两拨千斤的效果，从而顺利、快速地达成理想的目标。

4. 做好职业规划

有人说，一个人的一生幸福在于选对两件事，一是找对教育环境、找对就业单位，二是找对终身伴侣。当太阳升起时我们为了自己热爱的工作而努力打拼，当日落西山时我们与亲密的家人欢乐团聚。作为一名大学生，做好职业规划，将个人生活、事业与家庭联系起来，将会使生活变得更加充实和富有条理。

职业规划，指导人生

根据中国职业规划师协会的定义，职业规划也叫“职业生涯规划”，是对职业生涯乃至人生进行持续的、系统的计划的过程，它包括职业定位、目标设定和通道设计三个要素。从某种角度来说，规划职业就是规划人生，职业生涯规划的好坏必将影响整个生命历程。

对于大学生来说，毕业后面临的就业问题不仅是一个他们最关心的问题，更是一个难题。为了能顺利处理好就业这件大事，我们需要一个纲领性的指导文件。进行职业规划，可以分析自我，以既有的成就为基础，确立人生的方向，制订奋斗的策略；可以重新安排自己的职业道路，突破生活的边框，塑造充实的自我；可以准确地评估自己的特点与强项，在职场中充分发挥个人优势；可以评估出个人目标与现状的差距，提供前进的动力；可以重新认识自身价值并使其增值；可以使我们全面了解自己，增强职业竞争力，发现新的职业机遇。做得好的职业规划，使我们在选择职业的时候不会盲目，当别人都在盲从的时候，我们已经为自己选择了一条正确的路。

职业规划的意义，综合体现在以下几个方面。

第一，职业规划有助于帮助大学生明确人生未来的奋斗目标。

一个人要成就什么样的人生、取得多大的成绩，常常取决于他是否有明确的目标。人生目标可高可低，但绝不能没有。一个人如果没有目标，缺乏对未来生活的思考和打算，就如同航船时没有航向，飞行时没有目的地。大学生活是一种高度多样化的生活，也是高度自主的生活，存在多种多样的发展机会。专升本、考研、读博、出国，参加社团、竞赛，做志愿者等，要选择哪些，不选择哪些，都由自己来决定。而做选择时，如果不清楚自己的长远目标，就会迷茫，进而浪费时间和精力，最后得不到很多知识和才能的积累。

第二，职业规划有利于大学生的个性发展和综合素质的提高。

每个大学生，特别是低年级的学生，往往还未形成稳定的自我认识，对于自己的能力、兴趣、性格和价值观不能做出稳定的、清晰的判断，自己的专业和职业爱好也往往会发生变化。正因为如此，积极探索自我才显得尤为重要。大学生应有意识地通过各种途径认识自我，了解自己喜欢什么样的人和环境，擅长什么样的活动，从事什么工作能够体会到快乐和满足，以及清楚地认识自己的优势与特长、劣势与不足，知道自己适合做什么。

第三，职业规划有助于大学生准确定位、合理安排大学学习生活。

根据舒伯的生涯发展理论，大学阶段，尤其是低年级时期，是职业规划的探索期。这个时期，需要大学生个人通过实践活动初步探索自己感兴趣的职业发展方向，需要大学生个人好好思考和规划如何度过大学时期，为未来获得理想工作做准备。大学生如果到大三或大四毕业时对自己还没有一个准确的定位，找工作时就会感到无措、迷茫、焦虑。

通过在规划职业时进行自我探索，大学生可以对自己有一个客观、全面的了解，有计划、有目的地参加社会实践活动，以助于大学生摆正自己的

位置，知道自己的发展防线，帮助自己更合理地安排学习、实践、休闲生活，鞭策自己努力学习，在毕业时能更从容地为自己的未来做出合理的选择。

第四，职业规划是大学生应对就业压力的需要。

根据国家统计局和教育部发布的最新数据显示，2017 年我国的应届大学毕业生约 795 万人。然而，除了受到经济环境和劳动市场结构的影响外，大学生自身的素质也成为造成大学生就业难的原因。很多大学生对学习之外的领域极少接触，对职业生活只有零散、片面的认知，学习、活动缺乏有利的内在动机，大学的有限时光不能被充分和高效利用，导致个人的专业技能、通用素质都不能达到用人单位的要求。大学生只有站在对自己人生负责的高度，积极、主动地关注自己的职业生涯发展，深入了解自我、全面探索职业，尽早形成明确的职业目标，并持续地为此目标努力和积累经验，才能成功应对就业形势对个人的挑战。

第五，职业规划可以促成大学生入职匹配，实现自我。

美国心理学家马斯洛在“需求层次理论”中指出，人的需求从低级向高级逐层推进，人生最高层次的需求是自我实现的需求。人生的成功是在有限的时间内、特定的职业中去谋求的，而不同的职业生涯决定着不同的人生轨迹。因此，进行职业规划是大学生实现自我的有效途径。

大学生最终必将走向社会，职业规划的意义并不仅仅在于制订一个长远的发展计划，它更多的是让大学生懂得把握大学生涯，更好地发展自己；它不是一个限制人生发展的计划，而是为了让大学生在更加了解自己的基础上规划未来，并以此引领他们披荆斩棘，最大限度地实现自我的价值。

如何制订职业规划

制订一个系统的职业规划，需要经过觉知与承诺、认识自己、认识环境、决策、行动与再评估六个步骤。

第一步，觉知与承诺。

在此阶段，大学生应充分了解到职业生涯规划的重要性和作用，并愿意花时间来规划自己的职业生涯。而且,大学生应该认识到,职业规划是一个过程,是一种面对职业生涯发展的态度,它未必能立竿见影马上为自己带来理想的工作,就好像播下的种子不能马上发芽一样。因此,对职业规划要有合理的预期。

第二步,认识自己。

系统化的职业规划是一个“从内到外”的过程。因此,在规划职业生涯时,首先要认识自己,诚实地自问“我有哪些人格特质?”“我的兴趣是什么?”“哪些东西是我的生命中不可或缺的?”“我有哪些技能是与众不同且可以帮助我生存的?”“我适合做什么?”“我的健康状况如何?”等。这些问题的答案会直接引导我们的职业兴趣、职业技能、潜力发挥和职业价值观等。

第三步,认识环境。

职业环境信息和个人信息是职业规划中重要和基础的部分。大学生对职业环境的了解具体包括家庭环境、教育背景、专业与职业的关系、职业环境世界的宏观发展趋势、具体职业要素分析和继续教育方面的选择等。

第四步,决策。

决策是综合整理和评估信息的部分。决策时,有可能因为信息不全而重新回到第二步和第三步。决策的具体内容包括综合与评估信息、目标设立与计划、处理决策过程中的各种问题,如生涯信念和障碍等。

第五步,行动。

行动是将全部的探索和思考落实的阶段。大学生要通过行动来实现自己设立的工作目标,这是六个步骤中最重要的一步。行动通常包括实习、具体的求职过程、制作简历和面试等。

第六步,再评估。

当大学生在实践中迈出了生涯的第一步——进入职场时,或许会继续沿着过去的规划前进,或许会随着外部环境的变化而发现过去的规划已经不适合自己,甚至可能发现过去的规划不尽人意。这就需要再次进行职业

生涯探索，修正自己的职业规划。

大学生在进行职业规划时，要把目光投向未来，研究清楚自己现在想做或正在做的工作十年后会怎么样；自己的职业在未来社会的需求是会增加还是会减少；自己在未来社会中的竞争优势是会随着年龄的增长而不断加强，还是会不断减弱；在自己适合从事的职业中，哪些是社会发展迫切需要的。所以，好的职业规划不是刻板的，而是一个动态的、不断修正的过程，需要不断去进行探索。

心灵感悟

“谋定而后动，知止而有得。”职业生涯发展应该是有计划、有目的的，不可盲目地“撞大运”。很多时候，我们的职业生涯受挫就是由于职业规划没有做好。好的计划是成功的开始，古语云“凡事预则立，不预则废”也是这个道理。在一个人有限的生命中，职业生涯往往占据着非常重要的位置。据调查统计，大部分人平均职业生涯用的时间占可利用社会活动时间的71％～92％。可以说，职业生涯活动伴随着人的大半生，甚至更长远。中国职业生涯规划、人生设计专家徐小平说：“如果不做职业生涯规划，你离挨饿只有三天。”作为一名大学生，应高度重视职业规划，以确立目标、不断努力，最终实现职业生涯的成功。

5. 掌握应聘技巧

求职就业对于大学生来说既是沉重的压力，又是严峻的考验。大学生能否在求职中脱颖而出，获得满意的工作，取决于大学生个人展示自我的能力。制作一份精美的求职简历，在面试过程中恰到好处地展示自己的优势等，均能帮助大学生找到满意的工作。

制作一份精美的求职简历

简历，“简”即写作原则，行文简洁明了；“历”为写作内容，阐述做过什么。作为与用人单位的初次沟通，简历制作得是否精美直接决定了我们能否争取到面试资格，进而开始自己的职业生涯。制作简历是一个技术活，一纸简历能体现一个人的语言表达能力、逻辑思维能力、概括能力，甚至性格特征、审美趣味等。对简历的写作技巧了解得越深，越有利于我们挖掘、展示自身特质，向招聘方证明我们的优势正是他们所需要的。个人求职成功与否取决于应聘、招聘双方的需求是否能够达到一致。因此，简历的制作应遵循一定的原则，运用一定的技巧，以使对方对我们有所了解，这是十分重要的。

归纳起来，简历的制作技巧有以下七个。

第一，仔细检查已成文的个人简历，绝对不能出现错别字、语法错误和标点符号使用不规范等低级错误。

第二，个人简历最好用 A4 标准复印纸打印，字体采用常用的宋体或楷体，尽量不要用过分夸张的艺术字体和彩色字。另外，简历的排版应简洁明快，切忌标新立异，排版得像广告一样。当然，如果应聘的是排版工作，则例外。

第三，个人简历必须突出重点。简历不是个人自传，与所申请的工作无关的事情尽量不要写，而对所申请的工作有意义的经历和经验绝不能漏掉。同时，要凸显这份简历与别的简历与众不同的地方，突出自身的实力。

第四，所制作的简历应能使招聘者在 30 秒内，即可判断出你的价值，并且决定是否聘用你。

第五，个人简历越短越好，因为负责招聘的人员没有时间也不可能花太多时间阅读一篇冗长、空洞的个人简历，最好在一页纸内完成，一般不要超过两页。

第六，切忌不要只寄个人简历给应聘的公司，附上一封简短的应聘信会使其增加对你的好感，大大提高你求职成功的概率。

第七，要尽量提供个人简历中提到的业绩和能力的证明资料，并作为附件附在个人简历的后面。一定要记住，是复印件，千万不要寄原件给招聘单位，以防丢失。

面试成功的技巧

面试是一种经过组织者精心设计，在特定的场景下，以考官对考生的面对面交谈与观察为主要手段，由表及里测评考生的知识、能力和经验等的考试活动。面试是目前公司挑选职员的一种重要方法。

谈到面试，其实真正讲究的东西并不多，但其细节非常重要。以下是有关面试的一些技巧，以及应该注意的问题。

第一，守时。

面试的时间、地点和对方事先提出的基本要求，必须遵守，绝不能疏忽，绝不能迟到和随意告假。

第二，注意个人形象。

面试时，必要的个人修饰是不可忽视的。具体地讲，穿衣得体，坐有坐相，站有站姿，以给人留下落落大方、从容、自信和严谨等正面形象。

第三，注意交谈时使用的语言。

与人交谈最好以普通话为主，但也要看对方习惯使用何种语言，双方能用同一种语言进行交谈是最轻松的。回答问题时，要沉着、冷静，以说清楚、使对方听懂为主。重要的表态，可以重复一遍或加重语气确定其内容；陈述事实要简明扼要，点到为止，并见好就收，切忌使用讥讽、挖苦和其他不礼貌的语言。

另外，与人交谈最好保持半米左右的安全距离；即使话不投机，也不能对他人态度不友善；无论是与人见面还是与人告别，都要使用礼貌用语。

第四，做好充分准备，做到知己知彼。

面试前的准备工作包括以下两个方面。

一方面，充分了解应聘单位和应征职位。面试前一定要了解你要去应聘的这家单位的主要业务是什么，你所应征的职位的工作内容是什么；同时，还应了解自己，清楚自己的优势在哪里。

另一方面，着装。面试时的仪表风度很重要，面试官对求职者的印象常常在前 30 秒就已经形成，所以求职者一定要注意自己的着装和精神面貌。需要强调的是，面试并非非得西装革履，但着装一定要整洁、干净。

第五，展现真我，平等相待。

首先，展示真实的自己，不要卖弄技巧。求职者在面试时切忌伪装和掩饰，一定要展现自己的真实实力和真正性格，这不仅是面试成功的基础，而且是以后职业生涯顺利发展的基础。

其次，以平等的心态面对面试官。面试官和求职者是平等的，应该以平等的心态面对面试官，特别是在回答案例分析的问题时，一定要抱着我是在和面试官一起谈论这个问题的心态，而不是觉得他在考自己，这样才有可能做出更精彩的论述。

第六，轻装上阵。

面试时，除携带简历及相关资料，如证件、证书等外，不要带很多其他的物品，携带大包小包去面试，既不方便又不礼貌。

面试时，一定要淡化面试的成败意识，保持自信，保持愉悦的精神状态，树立对方意识，仪态大方，举止得体，冷静思考，理清思路，即使面试不成功，也不应气馁或者否定自己，应坚定自己的选择，从容面对不好的面试结果。

心灵感悟

求职是一种考验，它考验着人们的能力，更考验着人们的品质。在平常的生活、工作中，我们应努力成为更好的人，清楚自己要走的路，脚踏实地，勤奋进取。敷衍的人敷衍生活，

最后将被生活敷衍。在人生的道路上，我们应清楚地意识到，只有努力、诚信、认真、坚持，才会让我们在人生的道路上走得更远。所谓简历制作的技巧、面试的技巧，一切都建立在真实、真诚这一基础之上。

经纬人生

人才是创业的根基

湖北兴和电力新材料股份有限公司（简称兴和股份）坐落在国家级湖北省黄冈市高新技术产业开发园区，由周锦平于2003年1月创立，主要涉及电力器材及电气设备的生产制造，电力工程设计、安装及施工总承包两大板块业务，于2014年8月在新三板挂牌。经过15年的成长，兴和股份已发展成为一家总资产超过5亿元、净资产超过3亿元、年实现利税5000余万元的黄冈市骨干民营企业。兴和股份设有湖北省绿色电力新材料工程技术研究中心，拥有38项专利（含3项发明专利），取得湖北省重大科学技术成果三项，湖北省科技进步三等奖一项，曾获得湖北省中小企业创新奖，承担国家火炬计划项目两项和国家重点新产品计划项目两项，是国家标准GB/T 27676—2011《铝及铝合金管形导体》的负责起草单位，是电力行业标准《干式绝缘管型母线》及《变压器低压侧绝缘铜管母线》的参与起草单位。

兴和股份在短短的15年内取得如此骄人的成绩，与公司董事长周锦平珍惜、重视人才是息息相关的。

周锦平毕业于鄂东职业技术学院，于2003年初开始自主创业。他在创业的过程中，十分重视人才。为了聘请和留住行业销售精英，周锦平对从沈阳聘请到公司担任销售副总的赵总做出了这样一个承诺："只要你在兴和工作，我一定每年正月十五前到沈阳给你父母亲拜年，弥补你远离家乡不能照顾父母的遗憾，直到你退休回到父母亲身边为止。"

2012年正月十三，周锦平依照惯例拜完年，踏上了返程之路，但被一场百年不遇的暴雪，困在了沈阳桃仙机场。机场的交通瘫痪了，路上停放了不少的"雪车"，进、出港的航班全部取消了，一下子上万旅客都被困在机场候机楼里。平常航班延误三四个小时已经让人十分难受了，而这场暴雪一下子让航班停飞了两天，又困又饿的周锦平只能蜷缩在候机楼长椅上，静候老天爷的安排，直到正月十五晚上八点钟，周锦平才登上飞机，踏上回家之路。

周锦平一直坚守承诺，2012年是他连续第八个年头在正月份去沈阳给赵总的父母亲拜年，直至2015年赵总的父母离开人世。

说起兴和股份的成就，周锦平说："人才是企业最宝贵的财富，企业的竞争归根结底是人才的竞争，在这个实体经济从产品数量急剧膨胀到产品质量迅速提升的转型年代，只有尊重人才，尊重人才的价值才能吸引人才，发挥人才的作用。兴和于2003年成立，历经风雨，仍勇往直前，走过了15个春秋，取得了不凡的成绩，但要实现百年企业的愿景，成为一个有更大社会价值的企业，我始终在诚惶诚恐中认真探索，在纳士招贤中汇集力量。我坚信，只有更多的优秀人才集聚在一起，才能创造出更大的奇迹。"

点评：当事业受挫的时候，总有一些人用"怀才不遇""明珠暗投"这样的字眼来形容自己的遭遇，来掩盖自己的不作

为、不上进甚至无能。然而事实上，真正有才华的人从来不用“怀才不遇”“明珠暗投”这样的字眼，他们勤奋、坚韧，挫折、困难只不过是他们成功路上的调剂品或者垫脚石。才华或许是一个模糊的词，我们无法界定怎样才算是有才。但是，你且看，那些在喧嚣的人群里认真看书的人，那些在黑暗里亮着一盏灯奋笔疾书的人，那些在没有路的地方摸索着行走的人，那些碰到疑难问题第一个闪现在我们脑海里的人，那些领导一提起来眼里满是自豪的人，都不是普通的人。作为一名大学生，我们应清楚地认识到，当别人在酣睡着流口水时，我们却在坚持耕耘流汗水，我们的前程就会是远大的。

二、爱岗敬业

1. 爱岗敬业才有事业

爱岗敬业是人类社会最为普遍的奉献精神，它看似平凡，实则伟大。一份职业、一个工作岗位，都是一个人赖以生存和发展的基础保障。同时，一个工作岗位的存在，往往也是人类社会存在和发展的需要。所以，爱岗敬业不仅是个人生存和发展的需要，也是社会存在和发展的需要。作为个人，一定要培养良好的职业道德素质，忠于职守，爱岗敬业，今天工作不努力，明天必然要努力找工作。

培养良好的职业道德素质

职业道德素质是指所有从业人员在职业活动中应该遵循的行为准则，它反映了鲜明的职业要求，是整个社会对从业人员的职业理想、职业信念、职业态度、职业品质、职业责任和职业良心等诸多方面的标准要求。

职业道德素质是正确处理职业内部、职业与职业之间、职业与社会之间、人与人之间的关系所应遵循的行为规范，它不仅关系着个人的名誉和形象，还与公司、企业乃至整个行业的声望和利益密切相关，良好的职业道德会给个人带来荣誉和更好的职位，也会给企业带来更大的收益。

专业技能是必需的学习和储备，专业技能的锻炼和提高，是大学生从事未来职业活动所必需的。但是仅仅拥有这些还不够，大学生还需要做很多方面的准备和锻炼，特别是有意识地培养和提高自己的职业道德素质。职业生涯是否顺利、是否成功，既取决于个人的专业知识和技能是否扎实，又取决于个人职业道德素质的高低。一些人在就业之后，事业发展缓慢甚至遭受大的挫折和失败，问题不只是出在专业知识和技能的缺乏上，更多的是出在个人的职业道德素质不高上。

良好的职业道德素质不仅是市场经济发展的需要、两个文明建设的需要，而且是提高个人素养、专业水平的需要。在市场竞争日趋激烈的今天，树立职业道德规范是处理好各方面的关系、实现效益最大化的条件，是职业人必备的素质。

从个人的角度来看，个人如果缺乏良好的职业道德素质，就很难在工作中取得突出的成绩，更谈不上建功立业。从用人单位的角度来看，唯有集中具备较高职业道德素质的人员，才能得以生存和发展，这些具备较高职业道德素质的人员，可以帮助单位节省成本，提高效率，从而提高单位在市场中的竞争力，提升单位在市场中的地位。从国家的角度来看，国民职业素质的高低直接影响着国家经济的发展和社会稳定。正因为如此，职业道德素质是每一个身在职场、即将步入职场的人应该加以培养和重视的，

它直接影响着一个人的职业发展。

对于我们个人来说，培养职业道德素质，应做到以下几点。

第一点，树立全心全意为人民服务的思想，这是职业道德的出发点和落脚点。

第二点，忠于职守，热爱本职工作，刻苦钻研职业技术和业务，在职业活动中发挥创造才能。

第三点，遵纪守法，团结合作，诚实守信，以主人翁精神对待工作。

第四点，努力提高工作效率，保证工作质量，注意增产节约，爱护公共财物，廉洁奉公。

由于各行各业有自身的特点，所以职业道德规范也不一样。与人打交道的行业，如教师、医生等，要学会情绪的自我控制，不可将个人的主观情绪带到工作中去。

对于我们个人来说，恪守职业道德规范，应做到以下几点。

第一点，要有高度的责任心。责任，作为一种信念、一种态度、一种职业涵养，是职业道德最重要的表现。责任催生良知，责任推动敬业。一个人有了责任心，就会忠诚于自己的工作。

第二点，要有朴实的平常心。平常心不仅是一种心态、一种品质，更是一种境界。古人云：修身、齐家、治国、平天下。其中，修身是最重要的，而保持良好的平常心态，则是修身中的关键。在工作中，我们要保持一颗平常心，认真对待自己的职业。

第三点，要有严谨的自律心。职业道德高尚的人，一定是具有较强自律能力的人，他能坚定心中的信念，能严格要求自己，自觉抵制不良诱惑，坚守住自己的底线，并做到勤于自省。一个人出现错误和缺点在所难免，关键是要及时认清、及时改过，用理性的力量去克服、纠正，并巩固道德防线。

第四点，要勇于接受批评和监督。要以诚恳的态度，虚心接受别人的意见和建议，真正做到有则改之、无则加勉，在监督中工作，在监督中成长。

今天工作不努力，明天努力找工作

竞争总是伴随着危机，在如今这样一个残酷竞争的时代，无论是企业还是员工，都要有危机意识。职场中的竞争已经成为一场不进则退、永无止境的竞赛。“能者上，平者让，庸者下”的理念越来越为人们所接受。与此同时，随着就业压力的增大，各行各业的在职人员倘若不称职，都会有随时失业的可能。因为任何一个行业都是以盈利为第一目的的，为了达到这个目的，决策者们要解雇那些不努力工作、不能创造更多价值的员工，同时吸收新的员工进来。这种优胜劣汰的现象几乎在每个企业都会出现。正如许多企业家所说：“现在很多企业少了谁都能运行，几乎没有谁是不可或缺的。”只有自己更优秀、更卓越，在职场上才能更抢手。“今天工作不努力，明天努力找工作”已经不是一句口号、一句标语，而是非常实际的现实。

努力总是让我们的生活向好的方向发展。

《叫我第一名》是根据真实故事改编而成的励志电影。影片中，布莱德患有先天性的妥瑞氏症，这种严重的痉挛疾病，导致他无法控制地扭动脖子和发出奇怪的声音。而这种怪异的行为，更是让他从小不被周围的人理解，在学校里老师经常批评他，同学们更是对他冷嘲热讽，就连他的父亲也对他失望透顶。只有他的母亲一直是他的坚实臂弯，母亲的坚持与鼓励，让他能够在正常人的生活里前行。然而面对这个不能理解他的世界，布莱德一直在痛苦的漩涡里挣扎。直到在一次全校大会上校长在众人面前巧妙地让大家了解了布莱德的真实情况，让他有了成为一名关爱学生的教师的坚定梦想，即使因为这个病症让布莱德在寻求教师梦想的道路上遭到众人怀疑，屡屡受挫，但他始终坚持着自己的这份梦想，为了找到一个愿意接受自己的学校，他不抛弃梦想，不放弃信念，默默地努力，而他曾经曲折的人生道路在他的坚持下也开始慢慢好转。

方仲永、江淹等一个个鲜活的例子，都在向我们证明：即使再有天赋，不努力也注定失败。从这个角度来说，不努力工作的人，从一开始走上工作岗位就为自己埋下了被淘汰的惨淡结局。另外，工作上的懈怠，直接影响着他的生活，使他所处的整个环境陷入恶性循环，人也慢慢变得狭隘、自怨自艾甚至庸俗不堪。

成功或许就是别人付出一百分的努力，而你付出了一百倍的努力。我国著名戏曲表演艺术家梅兰芳曾说过："我是个笨拙的学艺者，没有充分的天才，全凭苦学。"他说的一点不假。梅兰芳年轻的时候去拜师学戏，师傅说他长着一双死鱼眼睛，灰暗、呆滞，根本不是学戏的料，不肯收留他。然而，天资欠缺不但没有使梅兰芳灰心、气馁，反而促使他变得更加努力。他喂鸽子，每天仰望着天空，双眼紧跟着飞翔的鸽子，穷追不舍；他养金鱼，每天俯视水底，双眼紧跟着遨游的金鱼，寻踪觅影。经过多年的不懈努力，梅兰芳的眼睛终于变得如一汪清澈的秋水，熠熠生辉，含情脉脉。

努力工作的人，他对待生活的态度是积极、向上的。努力工作的人，爱岗敬业，他在岗位上的每一分钟，都是在积厚养深，所以注定会一鸣惊人，注定成为不平凡的人。而不努力工作，即使有天赋，你的天赋也会在时间的长河中被慢慢冲刷掉，你也会慢慢变得不适应岗位，不适应工作，最后不适应环境，最终被努力工作的人顶替。

心灵感悟

所谓人生，归根结底，就是一瞬间一瞬间的积累。所谓伟大的事业，归根结底，就是朴实、枯燥工作的积累。在朴实、枯燥的工作中，我们应紧紧抓住每一个今天，对工作持以"喜欢、迷恋、敬畏"的态度，从工作中寻找快乐，并将这种快乐当作精神食粮，创造性地去工作。我们从书中或者在现实里已经见识了，没有什么是唾手可得的，也没有什么是遥不可及的，如果我们要去的地方很远，要买的东西很贵，喜欢的人很完美，就从现在开始努力吧，努力会使你劳有所获。

2. 历练,从基层开始

“知屋漏者在宇下,知政失者在草野,知经误者在诸子。”大学生应到基层去历练,一步一个脚印,才能走出自己的康庄大道。

基层是锻炼人的好地方

大学生为什么要从基层做起?

从基层做起,就是指从最底层做起,从基础做起。大学生刚刚毕业,缺乏实践经验,为了更好地发展,从基层做起是最佳选择。“千里之行,始于足下。”只有从零开始,从基层开始,才能学到更多、更实际性的东西;在基层工作中锻炼自身、完善自我,才能拥有更多的发展机会、更广阔的发展空间。

大学生可从哪些基层做起?

大学生刚毕业,仿佛一张白纸。对于大学生而言,基层工作是使他快速、扎实成长的不二之选。基层工作的范围很广泛,比如支教、做大学生村官、到工厂实习等。

从事基层工作,大学生能够学到足够多的社会知识和经验,迅速提升个人的能力。

第一,大学生在基层工作会更好地增强沟通能力。

大学生在基层工作,会遇到形形色色的人,与各种各样的人打交道。基层工作人员较为坦诚、直率,只要大学生善于观察和学习,把自己当成他们中的一份子,和他们融洽相处,用不了多久,就会成熟很多,沟通能力自然也会在实践工作中得到提高。

第二,基层工作可以增强大学生处理矛盾的应变能力。

大学生从事基层工作,在工作中能学到各种工作技能,积累各种工作的实践经验,同时也会在工作中学会怎样处理各种复杂的关系。职场上有

上下级的领导关系、部门内同事之间的平等关系，以及与外界市场和客户的业务关系等。从基层做起，可以使大学生熟悉企业工作的多个环节和过程，掌握更全面和丰富的信息资源和途径。人在职场中，要想工作顺利，首先得懂得处理好人际关系。大学生在基层工作，会更能体会到群众的作用，发挥团队合作精神。

第三，基层工作有助于大学生提高心理素质和承受能力。

从基层工作做起，往往是做最普通的工种，担当最底层的职位。工作性质单一，劳动量重，同事们的素质参差不齐，薪金待遇低，和自己的心理预期相差很大。反过来，基层工作并不是那么简单就能完成的，大学生在基层工作中面对的各种失败和挫折，会大大锻炼其心理素质和承受能力，提高其抗压能力。基层，是一个锻炼人的地方。

第四，基层工作可以促进大学生的知识与实践迅速接轨。

大学生在实际工作中，要将理论与实践相结合，单方面地依靠理论主义或经验主义都是不可取的。理论知识源于实践的土壤，而不是理论研究者闭门造车的产物。理论没有实践的根基，只能筑起空中楼阁，最终成为空谈，其结果及其价值必然遭受怀疑。只有将理论与实践有机地结合起来，才能少走弯路，而基层工作是最直接的平台。

万丈高楼平地起。大学生去基层历练，为自己搭建的是一步一步走上事业巅峰的阶梯，收获的是坚韧、不屈不挠的品质。

丢掉包袱，乐到基层

如今，越来越多的高校毕业生选择到基层中去，如“三支一扶”（支农、支教、支医和扶贫工作）、大学生“村官”和西部志愿者等都是现在毕业生就业的热点。

到基层中去的大学生们顺应时代的号召，他们没有虚假的豪情壮志，愿意脚踏实地地为落后地区、贫困群体和父老乡亲服务，期待着获得更多的实践经验，以为社会做出更多的贡献。大学生对自己与现实的问题考虑得很细致，设想得很长远，选择基层无疑对他们终身的发展是极为有利的。

现在，有一部分大学生还对基层就业抱有许多的偏见。究其原因，还是就业观念在作怪，使得大学生对基层工作存在一些顾虑。

顾虑一：第一次就业重要的是工资待遇。

这是一种很普遍的就业观念，让很多大学生在基层就业门口止步不前。很多大学生不愿意去基层是因为工资低。现在社会竞争压力那么大，基层就业意味着低工资；低工资，意味着买不起房、结不起婚。这种理想和现实的差距的产生，成为很多大学生不愿意去基层工作的最主要原因。

其实，与其万人挤桥，不如另辟蹊径，到基层去追求更广阔的平台。另外，我国目前新出台的关于到基层的政策是非常优厚的。国家从大学生终身发展的利益出发，贴心周到地为大学生考虑，实施颁布了诸多鼓励大学生到基层就业的政策。

(1) 完善工资待遇进一步向基层倾斜的办法，健全高校毕业生到基层工作的服务保障机制，鼓励毕业生到乡镇特别是困难乡镇机关事业单位工作。

(2) 对高校毕业生到中西部地区、艰苦边远地区和老工业基地县以下基层单位就业，履行一定服务期限的，按规定给予学费补偿和国家助学贷款代偿(本专科学生每人每年最高不超过 8000 元、研究生每人每年最高不超过 12 000 元)。

(3) 结合政府购买服务工作的推进，在基层特别是街道(乡镇)、社区(村)购买一批公共管理和社会服务岗位，优先用于吸纳高校毕业生就业。

(4) 落实完善见习补贴政策，对见习期满留用率达到 50%以上的见习单位，适当提高见习补贴标准。

(5) 将求职补贴调整为求职创业补贴，对象范围扩展到已获得国家助学贷款的毕业年度高校毕业生。

另外，高校毕业生在中西部地区和艰苦边远地区县以下基层单位从事专业技术工作，申报相应职称时，可不参加职称外语考试或放宽外语成绩

要求。到省会及省会以下城市的社会团体、基金会、民办非企业单位就业的高校毕业生，所在地的公共就业人才服务机构会协助其办理落户手续，在专业技术职称评定方面享受与国有企事业单位同类人员同等待遇。到农村基层和城市社区从事社会管理和公共服务工作的高校毕业生，符合公益性岗位就业条件并在公益性岗位就业的，按照国家现行促进就业政策的规定，会得到社会保险补贴和公益性岗位补贴。

顾虑二：去基层就是去吃苦，而且是自讨苦吃。

一般来讲，"基层"既包括广大农村，也包括城市街道社区；既涵盖县级以下党政机关、企事业单位，也包括社会团体、非公有制组织和中小企业；既包含单位就业，也包括自主创业、自谋职业。现在的大学生大部分是独生子女，而且随着人民生活水平的提高，几乎没有吃过苦、受过累。去基层工作，对他们来说，是一个太大的挑战，工作条件艰苦，工作任务重，往往使得他们对基层工作敬而远之。也有很多大学生怀着干一番事业的决心来到基层，却又被环境的种种不如意吓退。

其实，真想做一点事情，就不能太挑环境。做一个踏实、认真的人，就不会被眼高手低所累；勇于吃苦、不怕麻烦，才不会满腹抱怨、裹足不前。而且，古今凡成大事者，无不经历过底层的历练和艰苦的考验。对于大学生来说，如果想有所作为，就离不开基层实践的一番锻炼。再者，基层是大学生学习、成长的最好课堂，是历练大学生的最好战场。无论我们的出身多么优越，在人生的道路上都要经受历练。大学生多"墩墩苗"，到基层一线和艰苦地区经风雨见世面，才可以在急难险重任务中锻炼提高，在改革发展稳定实践中勇于担当。

顾虑三：大学生的身份无法与基层的工作接轨。

对于基层工作，很多大学生无法接受的一个主要原因就是放不下架子，认为自己是天之骄子，不该去基层工作，应该在更大的用武之地施展才能。有人说，人类真正的伟大，在于认识到自己的渺小。其实，即使再位高权重的人，都是一个普通人。而且工作是没有高低贵贱之分的，只有做不好工作的人，并没有做不好的工作。踏踏实实在一个岗位上播撒汗水和心血，终会取得一番成就的。相反，好高骛远、眼高手低、不务实、不谦虚的人，在个人事业发展上很难有大的作为。

心灵感悟

“宰相起于州部，猛将发于卒伍。”作为一名大学生，我们应主动深入到艰苦地方、复杂环境的一线工作，砥砺品质，锤炼作风，增长才干。在人生的道路上，没有谁走的是一条一马平川的康庄大道，都是在以顽强的毅力、坚韧的品质，一步一步挥洒着汗水前进着的。人生，越努力越幸运。美国前总统卡特的母亲曾经说过，当总统的儿子值得她骄傲，当农民的儿子也值得她骄傲。作为一名大学生，选择职业时，切忌眼高手低，因为虚荣心和怕吃苦而逃避历练，以免成为被大浪淘沙所去除的糟粕。

3. 把握机遇与迎接挑战

“乘着顺风，就该扯篷。”人的成功离不开对机遇的把握。作为一名大学生，我们应清晰地认识到，机遇总会留给有准备的人，而挑战总是伴随机遇出现，在工作中，我们不仅要善于把握机遇，更要从容应对随之而来的挑战。

为机遇开门

在每个人的一生中，时时刻刻都充满着机遇，等待着人们去发现它、利用它，但是不同的人，心理品质、思想素质和科学文化水平参差不齐，导致了有些人最终能发现机遇，而有些人却错过了机遇。如果发现了机遇的这

些人同时把握住了机遇，那么他们很可能迈向成功。机遇犹如满天星斗，没有看见它时，不要以为它不存在于你的身边。作为一名大学生，我们应时刻做好准备，及时发现机遇、把握机遇。

成功，需要我们正确对待机遇。许多人总爱把自己的成功寄托于好的机遇，殊不知，这是不现实的。一个人的成功不在于机遇本身，关键在于他在发现机遇之前所做的准备。

机遇是成功的外因，主观努力是内因，内因是第一位原因，决定着事物变化发展的趋向，外因是第二位原因，它对事物的发展起加速或延缓的作用，是事物变化发展的条件。内因是事物变化发展的源泉，是事物变化发展的主要的、根本的原因，推动着事物的运动、变化和发展；外因是从属于内因的，外因必须通过内因才能发挥作用，外因对事物发展所起的作用，表现在对事物内部矛盾的影响上，即通过促使内部矛盾双方情况的变化而推动事物的运动、变化和发展。

所以，外因的作用再大，也必须通过内因才能起作用，外因不可能对事物的运动、变化、发展起决定作用。机遇不能决定成功，只能加速或延续成功的效率，内因才是成功的源泉、根本动力。

虽然成功的根本途径是主观努力，但并不意味着成功之中就没有机遇的成分。不容置疑，成功是主观努力与机遇共同作用的结果。主观努力充当支配者的角色，作为事物发展的内在根据，机遇充当从属者的角色，作为事物发展的条件，机遇在任何条件下都会受到主观努力的支配，成功与否不在于主观努力对机遇的支配程度的高低，而在于主观努力的多少，主观努力决定着我们的成功。但机遇并不是毫无意义的，不然，就不会有许多人希望机遇的降临能带给他们成功了。在取得成功时，要把内因（主观努力）和外因（机遇）正确地结合起来，认识内因与外因之间的相互关系，认清内因与外因对促进我们的成功而发挥的作用，辩证地对待自己的成功。

青霉素的发现者，英国细菌学专家弗莱明在当细菌学讲师时，花了几年时间专心研究对付葡萄球菌的办法，却一直一无所获。有一次，他看到一只培养葡萄球菌的碟子发了霉,他没有把发霉的培养液倒掉,而是拿到显微镜下去观察,终于发现了青霉素。有人把科学家的发现统统归结为偶然的外部机遇,这是不可取的,成功的降临并不只是机遇对事物发展发挥作用的结果,而是弗莱明前期的研究与机遇共同作用的结果。其中,弗莱明的前期研究是他发现青霉素的决定力量,而他的机遇,在于他没有将发霉的培养液随手倒掉,最终使他发现了青霉素。试想,弗莱明如果不是一个细菌学专家或者他对葡萄球菌没有经历数年的研究,或者他粗心大意地将培养液倒掉,那他还能成为青霉素的发现者吗?答案是否定的,不能。如果他没有多年研究的经验积累,即使他没有倒掉发霉的培养液,他也没有可能成为青霉素的发现者。

可见,自身的努力对成功是多么重要,机遇只是对勤奋努力者的一种奖励,激励他们向着成功的方向继续努力,在对待机遇是否制约成功时,要理清主观努力与机遇的比重,成功是努力与机遇的总和,缺少机遇,勤奋努力依旧可以取得成功,但缺少勤奋努力,纵有再多的机遇为你驻足,你只会因不学无术将机遇拱手让人。只要努力,成功只是早晚的事。

机遇一定不喜欢懒汉,也一定不欣赏投机者。与其说机遇是从天而降的幸运,不如说机遇其实是把握住它的那个人用自己的汗水和付出创造的。作为一名大学生,不管是在学习中、工作中,还是在生活中,都不应该投机耍滑,应充实过好每一天,当机遇来临时,做好为机遇开门的准备。

挑战面前,做迎难而上的勇士

1908年伦敦奥运会之前,瑞典奥委会的几位负责人前往那维亚山下,找到了一位叫奥斯卡□斯旺的老人。这几位负责人告诉斯旺老人,希望他的儿子能够代表瑞典队前往伦敦,参加奥运会射击比赛。

当时,斯旺父子是第一次听说奥运会。斯旺老人问:“奥运会有没有年龄限制?”为首的负责人说:“没有。”斯旺老人马上说:“那我能不能参加?”

负责人们望了望一把胡子的老人,互相对视后,说:“您这么大年纪了,

让儿子去就可以了。”言外之意是，斯旺老人岁数太大了。

斯旺老人是个倔强的老头，从年轻时就争强好胜，听到这儿，抓着自己的枪站了起来，说：“你们跟我来。”

一行人来到外面。斯旺老人提着枪，目光往远处搜索着。这时，一只鸟正好飞过，老人抬手一枪，“嘭”的一声，鸟落了下来。老人神乎其神的枪法震惊了奥委会的负责人们。他们欣喜地说：“其实我们这次就是闻您老的大名而来的，您这一枪打消了我们的顾虑，好，您和您儿子一起去吧！”斯旺老人这才笑了，他将枪一举，说：“我保证给瑞典队拿一块奖牌回来。”

在射击训练场地，斯旺老人虽然年迈，但他仍和儿子一样，每天完成训练任务。这让奥委会的负责人很感动，因为一个老人，别说训练了，就是在场地上站几个小时，也不容易。而斯旺老人没叫过一声累。

令人想不到的是，在集训中，斯旺老人的肘部不慎碰伤了，疼痛让他无法持枪。短短一周的时间，老人已是须发全白，仿佛一下子又苍老了许多。那天，老人吊着胳膊到训练场观看儿子训练，看着看着，老人突然淌下泪来。儿子知道老人的心情，他说：“您放心吧，我会为国家取得好成绩的。”老人看着儿子，仿佛看到了自己年轻时的样子，他突然说：“不行，我不能服老，既然我在委员们面前许下了诺言，就一定要去拼。”老人的倔强劲儿上来了。之后，斯旺老人靠着顽强的毅力，咬牙坚持训练，虽然每端起枪，就会使他痛苦不堪，但是，老人心底有个倔强的声音说：不能放下枪，不能服老。

1908 年伦敦奥运会跑鹿射击比赛中，已经 60 岁的斯旺老人以稳定的命中率，击败其他 14 名选手，为瑞典队获得了第一块奥运会射击金牌，之后又和儿子协力取得了射击团体赛冠军。

老人的神威震惊了看台上的观众，雷鸣般的掌声送给了这位奥运赛场上年龄最大的冠军。那天，国际奥委会主席顾拜旦和英国国王亲自为他颁发了奖牌。

在挑战面前，只要斗志在，老人尚且如此，更何况我们这些血气方刚的大学生呢？有时候敢于挑战是对人生的一种磨炼，坚持到底你就离成功不远了。敢于挑战是攀登智慧高峰的手杖。挫折是人生路上必不可少的一道关卡，是否能够通过就在于你是否有敢于挑战的毅力。有的人一碰到困难就调头走开，殊不知，没有挑战是不会成功的。

心灵感悟

根据道家学说，机遇与挑战是既相对又统一的，彼此相互依存，缺一不可。要抓住机遇就必须勇于挑战，敢于挑战才会有机遇。人的一生机遇和挑战无时不在。成功有赖机遇，英雄出自挑战。弱者在挑战中一蹶不振，而强者在挑战中更显英雄本色。强者犹如冰雪中绽开的梅花以傲然怒放回应严冬的肆虐，越是寒冷越是俏艳；强者又如突兀巍峨的山峰，以伟岸雄姿迎接风沙的挑战，越是飞沙走石，越能打磨出尖利的棱角。作为一名大学生，我们应保持一颗理智、进取的心，善于把握机遇，敢于迎接挑战。只有这样，我们才能活出更加精彩的人生。

4. 居安思危与临危不惧

“洪水未到先筑堤，豺狼未来先磨刀。”当今这个时代是个竞争极其激烈的时代。在职场中，只有始终保持清醒的头脑，不断地努力提升自己，才能保证不被强劲的浪潮吞没。在我们做到了居安思危后，当“危”真的来临时，我们才能做到不自乱阵脚，临危不惧，发挥自己潜力，力挽狂澜。

居安思危，思则有备

“生于忧患、死于安乐”，这是自然界和历史发展的辩证法。华为任正

非常说:“华为总会有冬天,准备好棉衣,比不准备好。我们该如何应对华为的冬天?”联想柳传志说:“我们一直在设立一个机制,好让我们的经营不打盹儿,你一打盹儿,对手的机会就来了。”戴尔电脑迈克尔·戴尔说:“我有的时候半夜会醒,一想起事情就害怕。但如果不这样的话,你很快就会被别人干掉。”微软比尔·盖茨也常常提醒自己:“我们离破产永远只有十八个月。”这警示我们,居安思危则存,贪图安逸则亡。居安思危是保证个人成才的前提,是实现一个企业持续盈利的一个条件。

为什么要居安思危?因为事物发展既有必然性,也有偶然性,有一些突发的偶然事件是人们始料未及的。“天有不测风云,人有旦夕祸福”,说的就是这种情况。这种意外的突发事件,往往会使人陷入困境,甚至会改变人的命运。所以作为商人,在事业蒸蒸日上之时,还要懂得留一半清醒,来观望竞争对手;作为农夫,在春播秋收时分,也要抬头看一看老天的脸色,以备不测;职场中的我们每个人,在生活无忧的时候,也要不忘记考虑一下未来人生的艰难考验。

每一个人的生活都不可能永远一帆风顺,坦途与荆棘,顺境与逆境,常常交替出现。所以作为大学生,更要增强忧患意识、居安思危,在取得成功的时候,要想到失败和挫折;在生活富裕的时候,要想到贫穷和困苦;在青春年少、风华正茂的时候,要想到人生的艰难和生活的辛酸。居安思危永远是我们人生的格言。

海尔集团是怎样成为一家16年平均增长速度达81.6%、年销售收入突破400亿元的世界知名企业的?那就是它超乎寻常的忧患意识,海尔集团(简称海尔)首席执行官张瑞敏时常挂在嘴边的一句话就是“战战兢兢、如履薄冰”。因为海尔清醒地认识到,虽然海尔在国内已是屈指可数的大企业,但与世界500强相比还有不小的差距。所以,如果海尔满足于现状,为这一点成就沾沾自喜,以为从此可以坐吃老本,而不是像现在一样事事比别人多想一点,多走一步,高度重视技术的创新和服务的升级,也许海尔会成为下一个巨人集团,一瞬间土崩瓦解。“居安思危,思则有备,有备无患”这样丰富的哲理，不仅对企业具有警示和指导意义，对于个人亦然。能居安思危的人，必然永远走在时代前列，永远成为生活的强者，是对生活有着深刻认识的智者。只有居安思危，我们才能创造人生的辉煌。

习近平总书记在2018年1月5日的重要讲话中提到：昨天的成功并不代表着今后能够永远成功，过去的辉煌并不意味着未来可以永远辉煌。站在新的历史起点上，面对波谲云诡的国际形势、复杂敏感的周边环境、艰巨繁重的改革发展稳定任务，要做到居安思危、保持创业初期那种励精图治的精神状态不容易。作为一名大学生，我们也应该具备忧患意识，在工作中不仅要做一个务实的、勤恳的劳动者，还要做一个有想法、有主见的思考者，更要做一个未雨绸缪者，以保证在职场这股激流中保持着稳步、持续前进的脚步。

丰满羽翼，临危不惧

“泰山崩于前而色不变，麋鹿兴于左而目不瞬”，这是令我们普通人羡慕的境界。可是生命中有太多偶然、太多变化、太多我们从未经历的未知，很多人在碰到突发事件时，往往头脑一片空白。这不是单纯的不擅长应变，而是平时对应变的知识储备和心理准备不足造成的。作为一名大学生，步入职场后，我们应加强知识的储备，做好心理准备，不断丰富自己的羽翼，以提高自己的职场竞争力。只有这样，在面对没有经验处理的事情时，在面对打破常规的安排时，才能做到进退有据、应对自如、淡定自若、有条不紊。

那么，大学生应该如何来打造自己的职场竞争力，从而做到临危不惧呢？

第一，大学生要学会自我剖析，认识自己的能力。

很多人都不能清醒地认识自己，了解自己的优势是什么，并据此思考下一步该往哪里走。正如在考大学时，很多人会根据目前社会上所谓的热门专业来报读，而不是想想做什么更符合自己的兴趣，结果在就业时就会

发现自己面临许多棘手的问题。一旦盲从、缺少目标、随遇而安成为职业生涯中的常态,不断地自我加分必然会成为空谈。

所以,正确的做法应该是,评估自己的优势,并分析怎样的职业状态才能充分发挥自身的优势,降低劣势。

第二,大学生应培养自己沟通、合作的能力。

“一个人要赚钱,78%靠的是人脉,22%靠知识。”首先在单位里,沟通能力是很重要的。与领导、同事交流时,一定要给人家留下好印象。与同事相处时,一定要看到别人的优点和长处,对别人的缺点要多包容,千万不要在别人后面嚼舌根。同时,和同事合作,一定要做好自己分内的事,不要让同事为你“擦屁股”。此外,多注意自己的一些生活细节,自己的行为一定要与工作相宜。

其次,与外界的沟通也是非常重要的,要注意运用沟通的技巧。如果你去拜访一个人,除非是非常熟悉或有突发事件,否则一定要预约。如果那个人的确很难见到,且又不认识,可以通过第三人如老乡、同学或朋友等引见。

第三,大学生应具有明确职业定位的能力。

要想走更远的路,我们必须马不停蹄地赶路,尽量少走弯路。一些成功人士一直强调,当前的大学生一定要明确自己未来的就业方向。对于现在流行的一种说法“先就业,再择业”,在目前的就业形势下,这种行为是可以理解的,但是在就业一段时间后,一定要根据自己的性格、能力、爱好等去明确自己将来所要走的路。工作最好不要有太多的变动,不然就会丧失很多的经验,而且现在很多公司也很看重员工的忠诚度。

第四,大学生应培养自己快速学习的能力。

“现在是快鱼吃慢鱼的时代。”方正集团董事长蒙坤伟幽默地说道,“你学习得越快,你就越有发展前途。大学能教给学生的是方法、开拓视野、增长见识,而所学到的专业知识则极少用到,更多的是在工作中学习,在工作中提高。”

蒙坤伟是这么强调学习的重要性的:“学习可以改变国家的命运、企业的命运,更可以改变个人的命运。”他希望大家能将学习当作一种工作,只要你有心、有毅力,就一定能学有所成,成为强有力的竞争对手。

第五,大学生应培养自己的团队合作能力。

现代化的企业已经很难单打独斗,而必须靠团队合作,因此企业最欢迎的人才,必须是好的团队合作伙伴。所谓合作,其实就是分工,而且能够做到互相支持,发挥综效,摒除个人英雄主义,信任其他团队成员,否则左手不知道右手在做什么,团队必败。

第六,大学生应培养自己抵抗职场外界压力的能力。

职场上的压力,会对员工的身心造成很大的影响,在生理方面,可能致病或职业伤害,而心理上的焦虑、忧虑、急躁、挫折、沮丧等症状,对身体精神也有伤害。

事实上,人需要适度的压力才能激发上进的斗志,不过如果压力超过负荷,则必定会影响工作的品质与绩效,为了工作而损伤身心健康很不值得。人类先天的抗压能力有大有小,不过还是可以通过修炼来提高,最好是找出压力源从根本解决,也可以找主管或知己亲友协商,分享你的困难或挫折,说不定有更好的解决方案。其次要找到舒压方式,也许是游山玩水,也许是唱歌跳舞,也许只是静坐听音乐,无论什么方式,对自己有效的,就是对的舒压方式。

第七,大学生应敢于承担责任,多做多问。

勇于承担责任一直是大学生应该传承的传统美德。在日常的工作中,每个人都担负着不同的责任,每个人必须明确自己的职责,努力拼搏、互相协作,整个社会才能发展。如果每个人只想着自己,不去考虑自己的责任,每个人都不去干自己该干的事,那么整个社会就会混乱。

心灵感悟

“思所以危则安矣，思所以乱则治矣，思所以亡则存矣。”国家的兴盛需要有忧患意识，企业的发展需要有忧患意识，而个人的进步同样离不开忧患意识。我们每个人都应该居安思危。当安逸的时候，时刻保持头脑清醒，有思危的思想；而当危险突袭时，做到从容不迫、临危不惧。“谁是不可战胜的人？那种在任何时候都临危不惧的人。”在平常的工作、生活中，我们每个人都应有意识地不断锻炼自己，提升自己各方面的能力，做到处变不惊、镇定自若。

经纬人生

走向成功的“晶台”

——记黄冈师范学院校友龚文

2008年，龚文创办了深圳市晶台股份有限公司（以下简称晶台）。今天的晶台，投资规模达5亿多元，是一家专业研发、生产SMD LED、大功率LED的高新科技企业。目前，公司除设在深圳的总部外，还在苏州和惠州开设了子公司。

1994年，龚文考入黄冈师范学院（简称黄冈师院）。通过在黄冈师院四年的学习，龚文筑牢了工业制造方面的知识和能力基础：每天上午扎扎实实的四节课教学，为他日后创业积累了厚实的知识功底；多种形式的实验教学和社会实践活动，培养了他在机械制造、电子设备方面的动手能力。

对于学校开设的基础课、专业课，龚文总是怀着浓厚的兴趣，学得乐此不疲。对于他来说，更为有趣的，是那些实验操作课程以及学校组织的为当地居民修理电视机、电冰箱等便民服务活动。他至今还记得，一次实验课，自己因操作不慎而

引起电子管爆裂，弄得满教室都是烟雾，同学们见此情形纷纷“逃离”，而他却若无其事地在那里摆弄着那些元器件。

回忆学校生活，龚文满怀感激。他认为，是四年的学习为他日后走向职场打下了坚实的基础。刚到深圳时，他应聘到了一家台资企业做一名普工。不到两个月，他就受到了厂方的关注。那时他还是一个实习生，公司业务主管为了检验其专业知识，专门出了一套试卷要他现场作答，他取得了98分的好成绩。在这之后不久，听说公司决定报废两台价值100多万元的设备，龚文主动提出利用业余时间修理，公司负责人答应了他的请求。在一个月的时间里，他每天除了上班和短暂休息，时间都花在了修理这两台机器上。一个月后，他果然让那两台设备重新运转了起来。正是这样两件事，让公司的高层领导见识了他的专业知识、动手能力和敬业精神，奠定了他在公司作为技术主管的地位。

论及个人独立创业，在同期毕业到深圳的同学中，龚文起步并不算早。他的工校94级同学在深圳开工厂、办公司的有30多人。在一些同学开办的工厂、创办的公司搞得红红火火的时候，他依然在打工。

创业之初，龚文投入的资金只有几十万元，但是公司起步非常顺利：他不缺技术，十多年专注LED产品的生产与研发，使他成为行业中的技术能人；占有充分的市场优势，拥有广泛的人脉资源。客户们听说龚文自己开办公司，纷纷前来订货，并且提前把货款打到了公司的账户上；原料供应商也前来与他洽谈供货协议，并承诺先发货，后付款。

龚文对待事业很是专注、专一。从黄冈工校毕业南下深

圳至今，从十多年的打工生涯到七年的自主创业，他做的都是一件事，即从事LED的生产与研发。如今，他的公司在LED产品生产行业已经处于领先行列。

据龚文讲，来深圳后，许多人早早购置了房产，可他长期租房住，直到前不久才买了一套房。龚文对自身财富的积累不太关注，他考虑较多的是比他更年轻的合作伙伴，因为他们更需要经济上的扶持。

晶台看似一帆风顺的创业历程反映出龚文内在的优秀品质。知识、技术、专注、包容，以及作为当代企业家所具有的理想和价值观，是支撑着龚文和他的晶台一路破浪扬帆的动力要素。

点评：厚积才能薄发，爱岗敬业才会有事业。在学校里，当你的同学还在迷茫中混沌度日，在酣睡里做梦，而你在学习中废寝忘食，在寂静的夜里挑灯看书时；在工作中，当别人厌烦了一日一日重复而又单调的工作，对待工作开始变得敷衍、不认真、不上心、不积极，而你却突破了这重复和单调，乐意去拿实践检验所学所长，敢于尝试有挑战性的任务，享受在实践中提升、拓宽理论知识时，你就已经走在了让自己"鹤立鸡群"的路上了。学习就是学生的工作，也是工作后的需要。不缺乏学习的精神，踏踏实实做好本职工作，那么，即使是单调而又重复的工作，也是极有意义的，它丰富着你的羽翼，提升着你的能力，当有一天，你想遨游天际时，就只需展一展臂。

三、拼搏创业

1. 千锤成器，百炼成钢

“刀不磨要生锈，人不学要落后。”如果把职场当作一所历练人生的学校，那么磨炼就是成长所必须经历的过程。人成熟的过程是一个磨炼的过程，只有不畏困难，把困难当作磨炼自己的砾石对待，才能百炼成钢，才能早日适应社会的需要，作为一名大学生，步入社会后，应做到充分认识自己，做好充分准备，在职场这个舞台充分展现自己的实力，博得他人的喝彩，赢得自己的满足。

勇于磨炼，适应职场

职场就是一个瞬息万变的战场，想要成功地稳立于竞争的潮头，就必须顺应职场的法则，战胜自我，勇于接受挑战，否则，就会被无情淘汰。

在职场中，大学生要保持谦虚和妥协的心态。

在职场中，大学生需要尽快学会与人合作、沟通；也不宜太张扬，引起大家的反感。同时，职场新人对上司应尊重、磨合，对同事应支持、学习。不管你认为上司和同事有多少缺点，对于刚到企业的职场新人来说，不如谦虚一点，不要急功近利，多了解企业的文化和管理风格，多观察和学习，少说多干，做到谦虚、忍耐、妥协，虚心请教上司和同事，提高自己的能力，以谋求更好的发展。

毕业生初入职场，只有学会改变自己的心态，才能提高职场适应能力；

同时，只有保持积极的心态，明确努力的目标，采取积极主动的行动，才能造就职业辉煌。

在职场中，大学生需练就乐观的心态。

同一件事，分别用悲观、乐观的心态去看待，结果截然相反。初入职场，大学生一般从事基层工作，属于“蓝领”阶层，与他们想当“灰领”甚至“白领”的期望和理想有很大的落差，他们认为自己整天都在打杂，碌碌无为，而且谁都可以使唤他们，觉得在公司受到了不公平待遇。其实，“职场新人”多做事，就会得到很多学习和锻炼自己的机会，同时，也会得到更多表现自己才华和能力的机会。作为一名大学生，应谨记，步入职场后，当上司很多工作不再派给你，你的担子越来越轻的时候，这是一个危险的信号，因为“忙”是好事情，当你不忙的时候，公司或部门裁员时首先想到的可能就是你。

大学生应理性面对工作初期的枯燥、乏味。

很多大学生在进入职场后，用学生的眼光看待企业，对企业现状不满，接受不了企业的“规矩”，没有耐心去适应企业。其实，工作初期的一些没有技术含量的工作，比如早会布置工作等，对“职场新人”学习知识和技能、尽快适应企业具有非常重要的作用。同时，每个企业都有优势和劣势，最重要的是学会适应新的环境，快速融入企业，在和企业相互深入了解后，找到适合自己的位置。

实践是检验真理的唯一标准。大学生在校学习的知识毕竟是有限的，而且仅仅靠掌握书本上的知识是远远不够的。知识到应用有一个过程，这个过程在职场中就是磨合，是理论和实践的磨合，更是大学生从学生身份向职员身份转变的磨合。

作为一名大学生，在职场中，首先要找准自己的定位，快速融入团队，并成为群体中受欢迎的一份子，踏踏实实，从零做起，主动接受职场中的磨砺，使自己能更快地适应工作环境；在团队中，充分运用自己的知识，展现自己的才华。随和、稳重、高效和低调的做人做事风格是任何职场、任何环境都欣赏的职场形象。作为一名大学生，在步入职场后，应改掉自己的坏习惯，去掉自己思想上存在的杂质，克制冲动，遇事“三思而后行”，做到以静制动；做任何事情一定要干脆利索，接受的工作要尽心尽力地去做，设定期限的事情必须提前完成，没有设定期限的事情尽早完成，做到自己经手的事情有始有终、有质有量；把要做的事情分好轻重缓急，做事时先急后缓、先重后轻，做到既有效又有序，打造“能干、精干、骨干”的形象；做到在得意时不忘形，失意时不抱怨，做到宠辱不惊。

超越自我，路在脚下

在自然界，有一种十分有趣的动物——大黄蜂。它的身躯十分笨重，而翅膀却出奇地短小。根据流体力学原理，大黄蜂是绝对飞不起来的。可是，它不仅会飞，而且飞得一点儿也不差。这是为什么呢？答案很简单，大黄蜂必须飞起来，否则就是死路一条。正是在这种严酷现实的重压下，大黄蜂充分发掘自己的潜能，战胜了与生俱来的弱点，在蓝天下翱翔。

与大黄蜂一样，我们每个人的身上都有尚未发掘的潜力，有没有发挥出来的优势。如果能将自己的才能最大限度地发挥出来，将自己的弱点转化为强项，那么，我们的人生必将更加精彩。人类正是在不断地战胜自我、超越自我中得以进步的。

超越自我有一个前提，那就是对自我的状态有一个合理的定位，所以每一个即将踏入职场的大学生，都应清楚自我定位的重要性，认识自我、找准自我，进而明确超越的标杆。

明确了职业定位后，就要树立职业目标。应该做什么、从何做起、如何去做，什么时候做到什么程度，这就是职业目标。作为一名大学生，应先从近期目标做起，然后再逐步实施中期目标和远期目标。

一旦有了明确的职业目标，接下来就需要有耐心。打井有一个普遍现象：有人没有耐心，挖了一段时间发现还没有水，就断言此处没有水源，转而换一个地方重新挖，如此反复，最终未挖得一口井。有些职场新人也是

如此，职场中稍有不顺，就觉得这是不适合自己的岗位，立即放弃，频繁跳槽，干一行弃一行，几年下来，发现自己两手空空。职场是丰富多彩的，它会给你很多选择的机会；职场又是冷酷无情的，它不会给你后悔的机会。所以，大学生步入职场后，确定了目标就要持之以恒。只有持之以恒，才能实现超越，因为“深井”才有取之不尽的“水源”。

超越自我，就要敢于直面人生、正视自己，坚守自己的本性，找到自己的不足，克服软弱、摒弃劣行、塑造自己、完善自我。在生活中，有太多的诱惑和太多的无奈，面对这些诱惑和无奈，只有坚守住自己，才能避免被空虚和浮躁引向沉沦的深渊；只有在每一分、每一秒的坚持中，不断发展和完善自己，才能拥有一个更开阔的视野和胸怀，走上更高的台阶。

超越自己也是一个不断挑战自我的过程。作为一名大学生，我们不能被专业知识、技能和经验束缚手脚、挡住视线。从某种意义上讲，一切进步与发展都是对原有事物的否定。越是经验丰富的人，在思考问题的时候越容易在固有思维定式中徘徊；而一些没有经验和阅历的年轻人却大多敢想敢干，虽然想法不见得成熟，其中却充满着开拓创新的思想，这些略带“异想天开”的创新思想正是经验丰富甚至权威的人所缺少的。有时超越的动力源于梦想，梦想让一切变得有可能。人类不具备飞翔的能力，但从不间断的飞天梦让我们得以飞上蓝天。

心灵感悟

善于奋飞的人天上有路，敢于攀登的人山中有路，敢于造船的人海里有路，勤奋的人腿和嘴就是路。职场是一个适者生存的残酷的竞争环境，职场人应抓住每一个可以得到磨炼的机会，快速适应职场环境，不断超越自我，才能在竞争中坚守住自己的岗位，并有所成就。欲戴王冠，必承其重；欲握玫瑰，必承其伤。成功是由汗水、泪水还有血水浇灌出来的。经过风吹雨打的树苗才能长成参天大树，经历过断翅的雏鹰才能学会搏击长空。作为一名大学生,我们不应畏缩,应坚守梦想,勇往直前,不断超越,大刀阔斧地开创自己人生的"盛世"。

2. 知耻而后勇

朱起凤青年时代博览群书,熟读经史,是一个满腹经纶的青年,闻名乡里,极受长辈们的宠爱和器重。他的外祖父吴浚宣是清末进士。光绪二十一年(1895年),朱起凤的外祖父吴浚宣任海宁安澜书院院长,朱起凤随往。外祖父因忙于其他事务,就叫朱起凤代替自己批阅课卷。一次,他用策论考学生,发现试卷中有人引用"首鼠两端"一词,不知可与"首施两端"相通,用朱笔在词上打了杠杠,改批为"当作首鼠"。卷子发下后,众生大哗,讥笑说:"《后汉书》都没有读过,怎能批阅文章!"原来"首鼠""首施""首尾"三词是可以通假的。学生并未写错,在《后汉书·西羌传》《邓通传》和《乌桓鲜卑传赞》里面不但赫然写着"首施两端",而且注明了"首施即首鼠也"。当然,朱起凤也不是持之无故,《史记·魏其武安侯列传》和《汉书·灌夫传》《三国志·吴书·诸葛恪传》等都写为"首鼠两端"。

因弄不清"首施两端"和"首鼠两端"可以通用,误批了学生的作文,受到了人们的耻笑,朱起凤深感学业上的不足。从1896年开始,朱起凤便广泛阅读古籍,他觉得,对古书中众多的通假词和词组,前人尚没有整理出一部较全面系统的工具书出来,给人们的学习研究带来了诸多不便。于是,他决心对古汉语中的通假词和词组做一番深入的搜集和研究。

光绪二十八年(1902年),朱起凤离院发愤读书,昼夜不息,潜心于训诂学的研究,花三十年时间,收集了三万条词语,加以编排,博举例证,加以解释,独力著成《辞通》。《辞通》收词类四万多条,三百余万字,与《辞源》《辞海》并称"三辞"。

朱起风在嘲笑中反省自己并奋起的事迹，是令人震撼的。的确，人并不是生来就十全十美的，只要是人，总会有缺点，总会犯错误，但重要的是自己能否把因为犯错而受到的各种嘲笑、讽刺、挖苦等化为自己前进的动力，从失败的地方奋起，从摔倒的地方爬起来。

没有无缘无故的失败，就像没有随随便便的成功一样。而经不起失败，就注定无法成功。很多事物的发展，都是一个螺旋式上升、波浪式前进的过程。只要不服输，输就是暂时的。

有很多人在经历了很多次失败后，就放弃了自己的努力，这最终的结局只有一个，那就是失败。可是，也有一部分人将失败当作前进的动力，从不放弃，用发愤图强实现了自己的崛起，成了自己命运的主宰。

一个人能克服暂时的困难并不难，难的是坚持克服不断出现的困难，难的是无畏坎坷，一直坚持到最后的胜利。

《简・爱》的作者夏洛蒂・勃朗特说过这样一段话："人活着就是为了含辛茹苦。人的一生必定会承受各种各样的压力，于是内心总是受煎熬，但这才是真实的人生。曾经失败并不意味着永远失败，曾经达不到并不意味着永远遥不可及。"

这段话告诉我们，一时的失败并不是什么大不了的事，真正重要的是被打倒后还能爬起来继续奋斗。如果小小的失败就将你打败了，那么你心中的理想就难以实现。

有竞争就难免有失败，失败对于强者来说近乎耻辱，而耻辱具有双重性，它既是一个挑战，又是一个机遇；既是一种障碍，又是一种锻炼。人似乎只有在知耻后，才可能有卧薪尝胆的决心和勇气，否则就不能正确认识自己的错误和不足，就可能会没出息地裹足不前。

成功者之所以能成功，必定承受住了来自精神和身体等多方面的煎熬。一个人在对现状不满的情况下积累出足够的痛苦感受，往往会产生改变现状的强烈动机，发掘出自己最大的潜力。

每个人都有一个绚丽的梦想，而现实往往是实际的、残酷的，再美再绚丽的梦想终究要靠我们的行动来实现。所以，面对困难和险阻，我们应永不言弃，绝不能退缩。退缩是对人生困难的一种逃避，也是对命运的一次屈服。我们不应哀叹命运，不应为自己找逃避的理由，一个人精神的可贵之处正在于自强不息、奋斗不止。一个自强不息的人，在他的人生词典中永远没有失败一词，所有的挫折和磨炼，都是成功对他的考验，都是他的勋章。

做人要有一定的境界，保持一种积极的心态，在事业一帆风顺时不得意忘形，在事业跌落谷底时不灰心丧气。事业发展好的时候，我们要有危机感、警觉心和忧患意识；事业不顺的时候，我们更要充满自信，越挫越勇，树立必胜信念。

成就一番大事业，必须要有坚强的意志。大凡成大事者，必定能忍常人所不能忍，为常人所不能为，在任何尴尬和艰难中都懂得审时度势，毫不犹豫地做出对未来最为有利的抉择。

无数事实证明，成功绝不能唾手可得，那些心浮气躁、不思进取的人是很难成就大事的。成功者必定有着一颗坚韧的心，能摒弃对自己不利的浮躁的情绪，坚信失败只是暂时的，为了最后的成功，积厚养深，最后实现自己的理想。

心灵感悟

事业越是成功的人，遇到的挫折就越多。或许可以说，正是遇到的这些挫折成就了他。挫折具有双面性，它令意志不坚定者心生畏惧，停滞不前；也令自信心强大者心生不服，越挫越勇。人生从来都不是坦途，沿路的风景也不全是鸟语花香、阳光明媚。在安谧恬静的午后，挫折伴随着苦难，有时会如同狂风裹挟着乌云，猝不及防间，从天际席卷而来，霎时，暴雨倾盆，满地狼藉。面对突如其来的挫折与苦难，故作潇洒和豁达，以阿Q精神麻痹自己，是永远没有用的逃避。挫折是人

生中摆在你面前的一道坎儿，你可以谦卑地趴在坑底，忘记过去，可是这样你一辈子都会活在坑底；你也可以默默地积蓄力量，奋力起跳，跃过沟壑，从此迈向生活的新天地。

3. 就业、择业与创业

大学四年时光，转瞬即逝。大学生毕业该何去何从？尤其现在社会，好多大学生毕业就意味着失业，处于迷茫期，即使去找工作，也找不到自己的理想工作，陷入高不就、低不入的局面。有的大学生要花费很长时间才能找到工作，导致把第一份工作看得太重，完全依赖于第一份工作，把当初的理想与激情磨灭得一干二净，安于现状。有的大学生抱怨社会很现实，比不了“官二代”和“富二代”。随着大学生毕业人数逐年不断增加，就业形势越来越严峻。作为大学生如何面对就业、择业和创业三个选择呢？

树立正确的就业观

就业观念是就业的指南、求职的心理准备，它比求职过程中的技巧重要得多。2015 年高校应届毕业生人数近 750 万，2016 年高校应届毕业生人数约 765 万，2017 年高校应届毕业生人数约 795 万，就业形势一年比一年严峻。在这种局势下，作为大学生，我们要树立正确的就业观。正确的就业观能够帮助我们顺利毕业，也会为我们以后在工作中克服困难、做出成绩和得到社会的认可打下良好的基础。

第一，大学生应树立勇于面对竞争的观念。

社会主义市场经济最显著的特点之一，就是竞争。竞争可以发挥人们自立、自强、自主的精神，调动人们的内在潜能，增强人们工作和社会活动的能力。没有竞争，这个市场就会失去活力，经济就不能很好地发展，社会也难以进步。大学生就业市场同样存在激烈的竞争。首先，竞争体现了公平，有利于企业选择人才；其次，竞争提供了实力较量，有利于人尽其才和优胜劣汰；最后，竞争使得毕业生在就业中由被动变为主动，通过竞争寻求理想的职业。因此，竞争意识是现代毕业生必备的素质之一。面对就业竞争的现实，大学生应当摆脱被动依赖、消极等待的状态，敢于竞争，树立“爱拼才会赢”的观念，做好各方面的竞争准备。

首先，大学生要有强烈的竞争意识。

全国每年有几百万的大学毕业生在短短几个月内集中就业，这对每个毕业生来说都是一定的压力。如果没有强烈的竞争意识，不把外在的压力转化为内在的动力，而且还没有竞争的思想准备和积极参与应聘的行为，显然是难以顺利就业的。人才市场中的供求关系总会存在不平衡，同一种职业往往受较多的就业者青睐，而要想实现自己的期望目标，则唯有勇于参与竞争。

其次，大学生要具备雄厚的竞争实力。

大学毕业生要想在就业竞争中获得成功，仅有竞争意识是远远不够的，还必须具备雄厚的竞争实力。竞争实力是综合素质的体现，包括思想品德、专业素质、文化素质和身心素质等。竞争实力是在大学的学习和生活过程中逐步培养和塑造起来的。在公开、公平、公正的竞争原则下，竞争实力就是个人实现就业理想的资本。

最后，大学生要有良好的心理承受能力。

有竞争就有风险，参与竞争就难免受到挫折。对于处在就业竞争中的大学生来说，应注意提高遭受挫折后的心理承受能力，把挫折看作锻炼意志、增强能力的好机会；保持良好的竞争心态，主动摆脱遭遇挫折后的颓丧情绪，并认真分析失败的原因，调整自己的心态和就业标准，鼓足勇气，争取新的机会；受到挫折后，绝不能灰心丧气，一蹶不振。

第二，大学生应树立先就业再择业的观念。

在我们的传统观念里，稳定是生活的基本条件。在计划经济条件下，一次就业定终身的观念，经过历史的积淀，形成了一种普遍性的就业心理。

而现代社会为人们提供了独立的发展空间，市场资源优化配置、合理流动，因而不再有从一而终的职业。毕业生不必在短时间里找一个固定的“铁饭碗”，要学会在流动中求生存、谋发展。大学生要打破一步到位的就业观，树立职业流动、不断进取的观念。

第三，大学生应树立正确对待待业的观念。

部分毕业生不能及时落实就业单位，出现短期内待业已成为不可避免的事实：有的毕业生因为就业期望过高导致错过就业的良机，从而待业；有的毕业生因为对自己要求不严，学习态度不端正，学习动力不足，导致在就业竞争中被淘汰而待业；有的毕业生由于缺乏一定的就业技巧和能力，不能积极、主动地推销自己而待业。另外，人才需求高层次化，社会对毕业生的层次要求提高、质量要求提高，而数量要求降低，毕业生人数却在逐年增加，也导致了一些大学生待业。

其实，在我国每年数百万的大学毕业生中，有少数毕业生一时落实不到岗位是很正常的现象。不管是何种原因造成的暂时性待业，我们都应正确对待。

第四，大学生应树立正确对待工作单位和所学专业的观念。

一方面，大学生在选择单位和具体工作时，要量力而行，切忌好高骛远。

就业是一种双向选择的行为，毕业生要衡量单位的各项条件，如单位性质、工作环境、工资待遇和劳动强度等，单位也会考核毕业生的各项条件，如学历、年龄、学习成绩、道德品行、待人接物的态度和思想觉悟水平等。只有双方的条件都能被对方接受，才能实现就业。所以，毕业生在选择单位和具体工作时，要实事求是地从自身条件出发，衡量招聘单位提出的要求，选择与自己要求基本一致的单位，切不可不顾自身条件，一味要求工作轻松、工资高、待遇好。

另一方面，大学生应明白，要求专业对口的思想是合理的，但不是绝对的，切不可过分强调专业对口。

毕业生在学校里针对某个专业进行了系统的学习，想找一个专业十分对口的工作发挥才智，是理所当然的。学校在推荐安排就业时，也是尽量做到专业对口。但是，实际需求与所学的专业往往难以做到完全吻合，毕竟还要考虑社会和单位的实际需要。所以，毕业生在选择职业时，只要求在大方向上专业对口即可，用在学校中培养起来的素质去适应工作的需要，并做出成绩。

大学生如何创业

创业是指某一个人或某一个团队，不局限于外界现有的资源，运用个人或团队的力量开创性地去寻求机遇，创立企业和实业并谋求发展的过程，通过这个过程来满足其精神和物质的需求与愿望。创业是一个发现和捕捉机会并由此创造出新颖的产品、服务或实现其潜在价值的过程，而创业者就是追求这些机会的人。

如今的时代是一个以创业为潮流的时代，百姓创家业，能人创企业，干部创事业，由此汇集成中华民族共创民族大业、共创中国特色社会主义千秋大业的伟大时代。大多数大学生有着向传统观念和传统行业挑战的信心和欲望，不甘于满足现状，而这种精神也成为大学生创业的动力，成为他们得以成功创业的精神支柱。

大学生要想成功创业，首先要对自己有足够的认识，要具备充分的创业素质和创业知识，懂得创业投资的注意事项，具备实际操作的能力等。

创业前，大学生应做好以下几个方面的准备。

第一，大学生应做好充分的市场状况调查。

任何人在创业之前都必须非常谨慎地进行市场分析，对市场进行综合调查。在决定从事某种产品生产或经销之前，要对产品成本和市场定价进行充分的调研，对可能购买产品的顾客有充分的了解，获悉到底有多少潜在的顾客。同时，要尽量了解竞争对手的产品质量、价格和营销等各方面的优势和劣势。了解竞争对手的目的是吸取别人的经验和教训，并制订竞

争策略。

第二,大学生要有长期的创业规划。

在公司的发展中,稳健永远比成长重要,立得起来才走得下去。因此,大学生在创业前一定要做好长跑的规划。规划应包括创业目的、达到目的的程序、进度时间表,并列出任何可能会影响到规划的情况,考虑好调整、应变的措施。

第三,大学生应评估自己的财力,量力而行。

公司是由人才、产品和资金所组成的,如果自有资金不足,向外筹借资金,往往会导致大学生创业者利息负担过重,成本加大,经营难以为继。因此,大学生创业者要有“有多大实力做多大事”的观念,不能过度举债经营。公司应“做大”而非“大做”,“做大”是指有利润后再逐渐扩大,“大做”则是勉力举债而为,只有空壳没有实体,遇到风险则难逃失败。

第四,大学生要慎选行业。

成功者的经验被广泛传播之后都多多少少地戴上了理想主义的光环,盲目跟风是创业的第一大忌。大学生创业者首先要认识自己的性格、特长和适合做什么行业,最好选择自己熟悉又精通且有一定人脉关系的行业。在初定项目后,大学生创业者还要从地理位置、人口分布、市场需求等方面着手,进行具体的可行性研究。

第五,大学生创业者还应具有良好的心理承受能力。

具有良好的心理承受能力,是创业成功的关键。一个人想成功、要致富,必须首先从心理上摒弃一夜暴富的幼稚想法,具备进入投资行业的正常、健康的心理状态。

在创业的过程中,大学生创业者还应注意以下事项。

第一,慎选伙伴。

对投资合伙人的选择,要搞清楚投资来源,最好是自有资金,避免因经营不善而掉入连环债的怪圈。对经营合伙人的选择,必须找到真行家,真行家能带来一定的技术、经营渠道,这是一种无形的投资。对企业赢利后的分配和亏损共负，应当事先约定好，以文字形式列明，与合伙人签字盖章后各执一份，共同信守。

第二，任人唯贤。

在企业发展初期，可能是几个合伙人，甚至是家族成员管理这个企业的财物、采购、销售等关键部门，但随着企业的成长，经营者应突破家族式的管理模式，突破亲情关系，把优秀的人才放在相应的岗位上。很多私营小老板不能成为企业家，就是因为他们突破不了亲情、友情关系的束缚，不能完成经营理念的全面蜕变。

第三，尽力而行。

一些大学生财力有限，而办理企业登记时总想把注册资金定得高一些，于是到处张罗贷款，但注册后一旦借来的资金抽走了，对企业经营的影响却是实实在在的。况且，工商管理部门每年都要验资，如果你的企业一年内不能用赚来的钱补足注册资金的实际数额、形成真正的自有资金，不仅要受罚，还要如实核减注册资金。

第四，诚信经营。

诚信是创业、经商之本。企业能够从小到大、由弱变强，无一不需要诚信的支持。对于企业来说，诚信与企业的发展息息相关，甚至可以说，诚信就是创业者的生命线。所以，大学生创业者一定要秉承诚信创业。

第五，健全规章。

大学生创业者在创办合伙企业或公司制企业时，要认真借鉴股份制、股份合作制等资产组织形式，把企业的制度根基打好。无论你的企业规模如何小，都要有明确的章法可循。只有这样，经营才会有条不紊，管理才会出效益。

心灵感悟

大学毕业，意味着人生的一个重要阶段暂时告一段落，我们开始走上社会，人生即将翻开新的一页。大学毕业，有的人选择先就业，有的人选择先择业，也有的人选择先创业。其

实，不论哪一种选择，我们都无法去直接认定它是一个明智的选择。但是，只要我们做到不好高骛远，脚踏实地，诚实守信，信念坚定，我们就敢断言，这就是最好的选择。人生中，选择很重要，但更重要的是付出。大学临毕业的我们，正是风华正茂的年纪，应该热烈地迎接人生的每一次挑战，做奋发向上实现理想的践行者，用奋斗的泪泉和牺牲的血雨去浇灌我们的那一朵成功的花。

经纬人生

总有激情在心中

——记湖北精诚钢股份结构有限公司董事长孙秋正

湖北精诚钢结构有限公司董事长孙秋正，于 1996 年从鄂东职业技术学院机电一体化专业毕业后，完成了先打工，后创业，再当老板的过程。从打工仔到老板的经历，并非孙秋正一人独有，但孙秋正的经历，似乎显得更加从容，更加充满激情。

孙秋正读书时的志向是当一名公务员，结果这一年没有选调生的指标。为了生存，他只身来到浙江，开始了打工生涯。

很快孙秋正被浙江天得电机有限公司（台资）录用，做了一名工人。进天得公司后，孙秋正每天主动加班到晚上 11 点。短短几个月，他不仅把自己的专业课本翻了好几遍，还借了同事的专业书来看，学到自己特别感兴趣的知识时甚至整夜无眠。凭借着勤奋、积极、能干，在天得公司的两年间，孙秋正先后担任了制造课课长、技术课课长、销售部副经理。

1998 年，只做出口生意的天得公司开始筹备做内销，成立了专门的销售课，任命孙秋正为课长。孙秋正上任后很快打开了南京、上海、深圳等地的市场，被公司提升为副经理。当公司取消内销计划、把他调回设计课时，他选择了离开。他认为自己在销售领域的潜力更大，价值更大。

1999年，孙秋正进入浙江潮峰钢结构有限公司（简称潮峰）做业务员。在潮峰的头两个月，孙秋正在温州做了200万元业务，并由此当上了温州办事处主任，后来晋升为温州分公司经理，一年内拿下温州5000万元业务，占整个公司业务量的三分之一。一年后，孙秋正成为潮峰销售副总经理。

从打工的第一天开始，自主创业的梦想便在孙秋正的脑海里萌生、成长。2003年，孙秋正和几个温州人一起创办了浙江凯达钢结构有限公司，他担任常务副总经理，负责生产和销售。凯达钢构经过3年多的发展，到2006年产值近亿元。初次创业的成果催生了孙秋正更大的梦想，那就是回乡创业，为家乡发展做点贡献。

2006年6月，孙秋正回黄冈为母校"祝寿"，遇到校友团风县委书记孙璜清（时任县长），在交谈中，孙书记极力邀请他回乡创业。在县政协的帮助下，孙秋正在团风成立了湖北精诚钢股份结构有限公司（简称精诚）。一期主体钢结构车间工程于2007年7月10日正式投产。当年承接制作安装钢结构件合同6000吨，实现产值2035万元，利税200万元。二期工程于2008年6月底正式投产。一、二期工程现已形成年产钢构件2万吨的生产能力，可实现年销售收入1.8亿元，年创利税1500万元，可安置当地180人就业。2008年精诚重钢项目成立，新建厂房及附属设施26 200平方米，上重钢生产线5条。项目建成投产后，年产钢结构件3万吨，年产值2

亿元，年利税3000万元，安置120人就业。孙秋正在2007年、2008年、2009年连续被评为“团风县优秀民营企业家”。如今，湖北精诚钢股份结构有限公司已具备钢结构建筑施工总承包一级资质、钢结构制造一级资质、钢结构专业承包一级资质、建筑设计乙级资质，并于2016年10月成功在新三板挂牌，是“中部钢结构基地”的一支有着独特优势的主力军和团风县重点企业。

但这一切孙秋正认为只是过程，精诚的初衷是把企业创建为行业的一流企业，将企业推向主板市场为社会做出更大的贡献，前方的路将会更长更宽。我们完全有理由相信，在孙秋正永葆激情的创业下，精诚会越走越远。

点评：大部分大学生在工作之初，都还是野心勃勃的。随着工作慢慢的深入，一部分大学生在重复、单调且技术含量不高的工作中趋于安逸，慢慢消磨掉了自己的斗志，最后屈于做一名普普通通的职员，悠闲度日。求变，总是伴随着动荡和风险。太多的人在安稳的生活中丧失了冒险精神和上进心。而勇往直前的人，总是敢于放弃眼前的“面包”，顶着风霜雨露，砥砺前行，去采摘生长在悬崖边上的花。做一个艳美他人功成名就者，不如做一个埋头苦干的务实者，在职场中力求所向披靡，在事业上力求无人能及。